마음의 비밀

THE SECRET LANGUAGE OF THE MIND

마음의 비밀

의식의 신비 속으로 떠나는 시각적 탐구

데이비드 코언 / 원재길 옮김

A VISUAL ENQUIRY INTO THE MYSTERIES OF CONSCIOUSNESS

DAVID COHEN

문학동네

THE SECRET LANGUAGE OF THE MIND
by David Cohen

Copyright © Duncan Baird Publishers Ltd., 1996
Text Copyright © David Cohen, 1996
Artwork and Commissioned Photographs Copyright © Duncan Baird Publishers Ltd., 1996
Korean Translation Copyright © MUNHAKDONGNE Publishing Corp., 2004
This Korean edition is published by arrangement with
Duncan Baird Publishers Ltd., London through Korea Copyright Center, Seoul, Korea.
All Rights Reserved.

이 책의 한국어판 저작권은 KCC를 통해 Duncan Baird Publishers Ltd.와
독점 계약한 (주)문학동네에 있습니다.
저작권법에 의해 한국 내에서 보호를 받는 저작물이므로
무단 전재 및 무단 복제를 금합니다.

이 도서의 국립중앙도서관 출판시도서목록(CIP)은 e-CIP 홈페이지
(http://www.nl.go.kr/cip.php)에서 이용하실 수 있습니다.(CIP제어번호: CIP2004001219)

인간의 마음은 이 세상의 진정한 차원이며
지식은 마음의 척도이다.
마음은 이해력이 방대해서
온 세상이 찾아낼 수 있는 것보다 많은 세상을 담고 있다.
따라서 지식은 모든 인간의 마음이 이해할 수 있는 범주를
훨씬 넘어선 곳까지 스스로를 확장한다.

— 펄크 그레빌(1554~1628),
『인간 학습 협정 *A Treaty of Human Learning*』(1633)

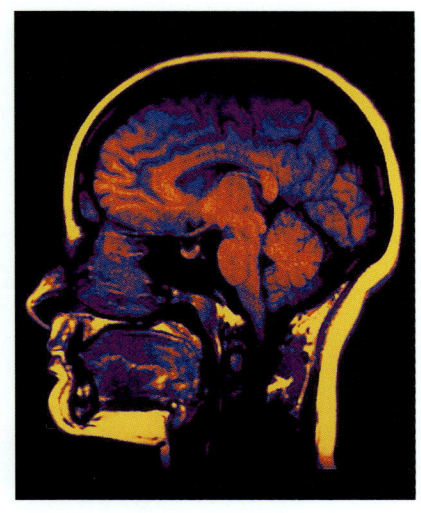

때로는 등대, 때로는 바다 같은, 깊이를 알 수 없는 마음!
— 사뮈엘 베케트

차례

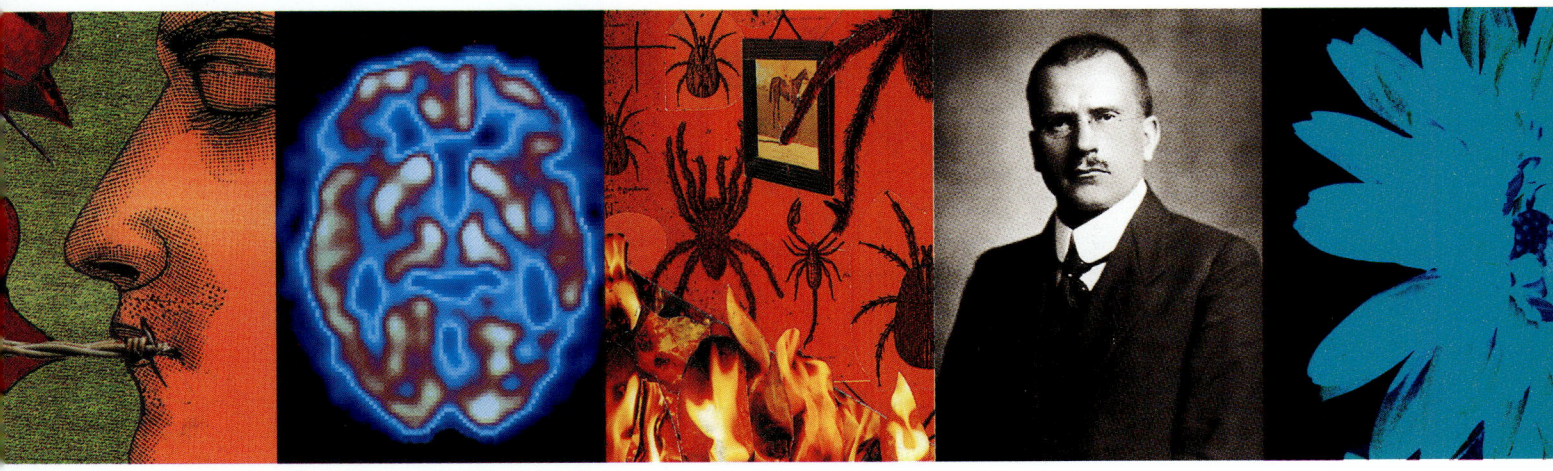

서문
Introduction

위대한 18세기 독일 시인이자 철학자 괴테는 이렇게 빈정댔다. "너 자신을 알라니! 내가 나 자신을 안다면 멀리 달아나버릴 거야." 따라서 그를 기리고자 매년 시상하는 유명한 괴테 상이 1929년에 정신분석학의 아버지 지크문트 프로이트에게 돌아간 건 역설적인 사건이다. 삶의 두 가지 중심 목표─사랑하는 능력과 일하는 능력을 갖추는 것─를 이루려면 자신에 대한 앎이 반드시 필요하다는 프로이트의 혁명적인 믿음은, 인간이 자신에 대해 생각하는 방식을 뿌리째 바꾸는 데 한몫했다. 현대인은 과거 어느.때 이상으로 자신을 알고 이해하고자 노력하고 있으며, 이처럼 치열한 통찰력 탐구는 20세기의 특징이었다. 하지만 이런 통찰력을 얻는 건 쉬운 일이 아니다. 19세기 미국 수필가 헨리 데이비드 소로는 비유를 들어서 이렇게 말했다. "자기 자신을 들여다본다는 건 고개를 돌리지 않고 뒤를 바라보는 일만큼 어렵다."

자신에 대한 앎을 위한 탐구는 독일 심리학자들이 분류한, 근본이 다른 두 가지 연구법을 통해 이루어졌다. 하나는 과학(Wissenschaft), 또 하나는 이해(Verstehung)였다. '과학'은 의학의 통찰력을 모색하는 객관적 탐구로서, 가령 심리학 연구에선 그룹 단위의 사람을 상대하는 연구에 치중한다. 예를 들면 특정한 약을 먹은 실험대상자 그룹의 측정 가능한 반응이나 행동을, 약을 먹지 않은 걸 빼면 모든 면에서 비슷한 "대조 표준" 그룹의 반응과 비교한

다. '이해'는 주관적인 방법으로, 약을 먹은 개개인의 보고 내용을 토대로 이들의 경험을 상세히 분석한다. 이런 경험이 삶 전체에 어떤 영향을 미쳤는지 밝혀내기 위해서이다.

객관적 연구법의 중심 목표는 뇌의 작용방식을 알아내는 것이다. 이런 연구법을 실천한 과학 전통은 초기 그리스 의사들의 세계로 거슬러 올라간다. 기원전 5세기의 히포크라테스와 기원후 2세기의 갈레노스는 질병이 하나님이 내린 형벌이라는 견해를 비난하면서, 질병의 기원은 자연이라고 주장했다. 가령 간질(이전까지 "신성한 질병"으로 알려졌던)에 대해서 히포크라테스는 "다른 질병보다 신성하지 않으며 자연스럽게 생겨난 것이다. 간질의 원인을 신성시하는 건 인간의 무지 때문"이라고 말했다. 그리스 로마 시대의 의학계 선구자들은 실험과 해부를 통해서 수많은 정신질환과 장애를 종종 놀랄 만큼 정확히 묘사했다. 그리고 그들이 개발한 일부 의료절차는 오늘날에도 활용되고 있다.

그러나 로마가 망한 뒤에 마음 이해 작업은 중단되었다. 그리스 과학과 철학 전통이 사라지면서 실험 방법은 의혹을 샀고, 죽은 자에 대한 모독으로 여긴 교회에 의해서 해부가 금지되었다. 의사들은 사이비 치료법과 민속 및 연금술의 엉터리 술수를 퍼뜨리는 사람으로 전락했다. 윌리엄 하비가 혈액 순환을 발견하면서 17세기에 이르러

서야 의학은 과학의 자리를 되찾았다. 하지만 의학의 부활은 속도가 더뎠다. 프랑스 극작가 몰리에르는 마지막 작품 『심기증(心氣症) 환자 Le malade imaginaire』(1673)에서 의사를 협잡꾼으로 풍자했다(몰리에르는 직접 심기증 환자 역을 맡아서 공연하던 중에 무대 위에서 죽었다). 18세기에 들어서도 고지식하고 매우 부정확한 몸과 마음 이론이 널리 퍼져 있었다. 가령 스코틀랜드 강연자이자 소설가 존 브라운은 질병이 두 가지(무력증과 항진증)뿐이며 치료법도 자연히 두 가지(흥분제와 진정제)밖에 없다고 믿었다.

몰리에르의 냉소주의는 19세기 중반까지 타당한 것으로 받아들여졌다. 의사들은 일부 질병을 다룰 줄 알았지만, 그들의 과학 지식은 다른 분야보다 한참 뒤떨어졌다. 가령 토목기사 조지 스티븐슨이 최초로 여객용 철도를 만든 1825년 시점에서 우위를 점한 뇌기능 이론은 골상학이었다. 골상학 의사들은 두개골 돌출부의 크기와 위치를 연구함으로써 개개인의 성격과 능력을 알아맞힐 수 있다고 주장했다. 오늘날 우리는 이런 주장이 대부분 엉터리라는 걸 잘 알고 있다. 보호를 위해서 포장된 뇌는 두개골 속에 약간 "떠 있는" 상태여서, 뇌와 두개골의 생김새는 서로 엄밀한 관계가 없다. 그러나 당시에 이런 이론은 확고부동한 것이었다. 아인슈타인이 상대성 이론을 발표한

1905년 시점에서도 인류의 생리학 지식은 빈약했고, 오늘날 우리가 스스럼없이 받아들이는 페니실린이나 아스피린 같은 약은 꿈도 꿀 수 없었다.

지금껏 지난날을 되짚어본 건, 뇌 과학이 발달한 건 최근의 일임을 깨달을 필요가 있기 때문이다. 역사가 일천한 결과로 여겨지는데, 뇌 과학은 특히 해부학과 생리학과 생화학 같은 분야에서 기본 철학의 상당 부분을 빌려왔다. 이런 철학은 환원주의 성격이 두드러진다. 즉 뇌 속의 모든 세포와 호르몬과 조직의 도면을 만들고 그것들의 관계를 알아낸다면, 뇌의 기계적 작용뿐 아니라 의식 자체에 관한 완벽한 이론을 만들어낼 수 있다고 가정한다. DNA 구조의 공동 발견자이자 생화학자인 프랜시스 크릭 같은 저명한 뇌 과학자들은 이런 연구법이 결실을 거둘 날이 올 것이며, 현재 다소 불명확하게 "마음"이라고 부르는 것을 따로 분리해서 정의를 내릴 수 있으리라고 믿는다.

환원주의 연구법은 흥미로운 여러 의미를 내포하고 있다. 가령 마음과 의식은 비교적 단순한 뇌 작용의 산물일 뿐이며, 이 모든 작용을 완전히 이해하여 전체 지도를 만들어냈다고 가정해보자. 이론상으로는 매우 정교한 두뇌 스캐너—아직 발명되지 않은—를 통해서, 나 또는 여러분이 생각하고 느끼는 것을 정확히 밝혀낼 수 있을 것이다. 이런 주장은 불길한 동시에 있음직하지 않은 일로 여겨진다. 불길한 이유는, 온갖 방식의 마음 제어를 가능케 할 것이기 때문이다. 있음직하지 않은 이유는, 사고의 흐름, 그리고 생각과 느낌과 기분의 혼합은 매우 진행 속도가 빨라서 포착하는 게 쉽지 않기 때문이다. 관찰을 위해

서 오래도록 이런 것들을 붙잡아두려고 애쓰는 건, 젓가락으로 모기를 잡으려 애쓰는 거나 다를 바 없다.

게다가 환원주의 철학은 화학의 비유를 들어 설명할 수 있는 한층 구체적인 이유에서 비판을 받았다. 물의 성분이 H_2O라는 걸 확인함으로써 한 잔 물의 가치를 평가하고, 각 분자를 분리시키는 건 가능한 일이다. 하지만 한 걸음 나아가서 H_2O를 구성 원자(수소와 산소)로 분리시킬 경우엔, 갈증을 풀어주는 음료수가 아니라 폭발물과 직면하게 된다. 따라서 환원주의는 나름의 한계를 갖고 있다. 마음과 의식 연구에서 어느 지점에 이런 한계를 설정할 건지는 난감한 동시에 해결하기 힘든 문제로 여겨진다.

환원주의적인 마음 연구에 맞서는 지적인 대안은 프로이트와 후계자들의 주관적인 방법이다. 이 연구법의 본질은 비관론에 가깝다. 다른 사람의 실제 느낌을 알아낼 수 있으리라는 희망을 사실상 제시하지 않기 때문이다. 프로이트는 가장 복잡한 신경증은 물리적 화학적 변화의 형태로 뇌 속에 담겨 있다고 믿었다. 그는 온건한 반(反)경험주의자가 아니었다—자신을 과학자 중의 과학자로 여겼다. 1895년에 그는 사후에야 발표된 첫번째 논문 「과학적 심리학을 위한 계획」을 썼다. 이 글에서 그는 기억과 학습 이론 개발에 착수했다. 뇌를 일종의 에너지를 전달하는 서로 연결된 신경세포들의 망으로 보는 견해에 기초한 것이었다. 이후에 그는 이런 작업을 무시하고 자신의 연구에서 주류를 형성하게 되는 것에 관심을 집중했다. 그는 자신이 위의 논문에서 제기한 이론이 성숙도가 떨어진다고 여겼다. 신경생리학은 지나치게 원시적인 과학이어서,

그 스스로 환자들의 정신을 분석하는 과정에서 드러난 경험과 현상을 설명해주지 못한다는 생각에서였다.

프로이트가 신중한 태도를 보인 건 현명한 일이었다. 오늘날까지도 다양한 심리상태─두려움, 공포증, 불합리하고 반사회적인 행위─에 대해선 제법 상세하게 기록이 이루어진 반면에, 각각의 심리상태와 연관된 뇌 조직을 찾는 일은 어디서부터 손대야 좋을지 전혀 실마리를 얻지 못한 상황이기 때문이다. 프로이트는 신경증 이론에서 불안을 유발하는 유년기 경험을 강조했는데, 이런 경험은 과연 뇌 속에서 비정상적인 신경망을 만들어낼까? 아니면 단지 심리에 영향을 미치는 데 그치는 걸까? 프로이트의 사례는 대규모 정신요법 산업을 낳았다. 이런 산업의 목적은 사람들이 자신의 주관적인 경험을 묘사하고 설명하는 걸 도움으로써, 프로이트가 설정한 인생 목표를 이루어 만족스러운 삶을 살게 하려는 것이다. 요법사들의

치료법은 "과학으로 위장한 허구"라는 이유에서 환원주의자들의 비판을 받았으며, 실제로 나름의 함정을 갖고 있다─그러나 자신의 마음상태와 느낌과 감정에 대한 인간 개개인의 통찰이 없다면, 신경과학은 존립 근거를 상당 부분 잃게 될 것이다. 뇌가 흥미로운 대상인 이유는, 인간이 자신을 표현하는 능력의 근원이자 인간으로서의 복잡성의 근원이 바로 뇌이기 때문이다.

이 책의 원제는 '마음의 비밀 언어'이지만, 사실상 마음 과학의 두 가지 전통은 우리에게 각각 다른 언어를 물려주었다─하나는 객관적인 과학의 언어로서, 경험을 통해 검증된 약물과 신경과학에 관한 사실들을 다룬다. 다른 하나는 개개인의 통찰과 요법에 관한 주관적인 언어(비판자들은 이를 "심리 요법 은어"라고 부른다)로서, 사람들에게 자신의 감정과 희망과 의도와 실망을 묘사하는─동시에 설명하는─방법을 일러주고자 노력한다.

정상에서 벗어난 행동을 보이는 사람을 치료하는 방식은 당대에 우세한 마음에 대한 태도를 보여준다. 중세인은 마음을 영적 실재로 여겼다. 광기는 악마가 일으킨다고 여겨서 귀신물리기(exorcism)로 치료하려 했다. 최초의 정신병자 전용 병원은 15세기 영국에서 문을 열었다. 베들레헴 성 마리아 병원이 그곳인데, 일반인에게 "베들램"(아수라장)으로 알려졌다. 환자들은 거의 치료를 받지 못했으며, 병원이라기보다는 달갑지 않은 사회 구성원을 격리시키는 감옥에 가까운 역할을 했다. 다소 위생 처리가 이루어진 베들램 풍경을 왼쪽 그림에서 볼 수 있다. 오늘날에도 정신병에 대한 일반인의 두려움은 여전하다. 생리학과 심리학 연구를 통해서 뇌와 마음의 비밀을 일부분 밝혀냈지만, 많은 나라에서 정신병자들은 여전히 가혹한 대우를 받고 있다.

두 가지 연구법을 결합하는 작업은 양쪽이 서로를 공공연히 경멸한다는 데 어려움이 있다. 완고한 과학자들은 모호한 사상을 퍼뜨리는 "낭만주의자"라 부르면서 상대를 무시한다. 생전에 심리학자 도널드 브로드벤트는 그 자신 한 사람의 실험자로서, 학생들이 인생을 살아가는 방법에 대한 통찰력을 얻기를 바라는 마음에서 심리학을 선택하니 정말 걱정이라고 나에게 말했다. 실험자의 입장에서 통찰력은 일종의 함정이며, 마음의 복잡한 작용을 규명하는 데 필요한 건 직감이 아니라 실제 사실이라는 얘기였다. 이런 태도의 반대쪽에선 과학, 특히 인위적인 연구실 실험을 지나치게 강조하는 것에 환멸을 느껴왔다. 영국 엑서터 대학의 폴 클라인은 저서 『심리학의 실상 *Psychology Exposed*』(1990)에서 실험 심리학의 성과는 대부분 시시한 것이며, 명확한 사실을 과학자들의 전문 용어로 치장한 것에 지나지 않는다고 탄식한다.

두 가지 연구법 사이의 갈등은 20년 전보다는 다소 누그러졌지만, 심리학 정신을 위한 투쟁은 여전히 진행 중이다. 앞으로도 오랜 세월 마음의 완전한 이해—직관적인 측면과 생리적인 측면 모두의 이해—에 이르는 건 불가능한 일로 여겨진다. 그럼에도 마음을 탐구하는 건 흥미진진한 작업임이 분명하다.

마음과 물질
Mind and Matter

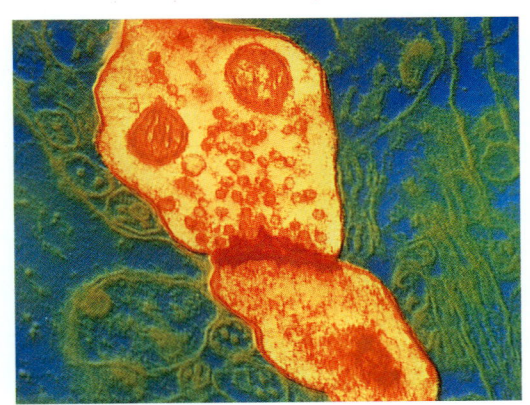

신경학자들은 의식 또는 "마음"에 상응하는 생물학적 작용의 이해에서 상당한 진척을 보았다. 그들은 뇌신경 세포들 사이의 각 접합점 또는 시냅스(위)가 가장 발달한 컴퓨터의 "스위치"보다 훨씬 정교하다는 걸 밝혀냈다. 각 시냅스는 매우 적응력이 뛰어난 응답 기능을 갖고 있으며, 각 신경세포는 소형 프로세서처럼 행동한다. 인간의 의식은 몇조에 이르는 시냅스들을 통해 교신하는 수십억 신경세포들의 동시 작용에서 생겨난다. 문제는 어떻게 이런 일이 벌어질 수 있느냐 하는 것이다.

많은 이들이 언어 구조 연구를 개척한, 놈 촘스키를 지난 30년의 천재 가운데 하나로 꼽는다. 그러나 촘스키는 무엇보다 복잡한 마음 작용의 연구에서 성공을 거두었음에도 뇌 연구의 미래를 낙관하지 않는다. 1977년에 나와의 인터뷰에서 그는 말했다. "우리의 생물학적인 재능으로는 도달하기 힘든 이론에 마음 이론이 포함된다는 건 지극히 당연한 일로 여겨집니다. (……) 우리는 생물학적인 유기체로서 사실상 마음을 규명할 이론을 손에 넣지 못할 것이기 때문에, 결국 인간은 신비롭고 난해한 특성을 지닌 존재라는 게 밝혀질 겁니다."

마음의 완전한 이해는 보통 난감한 작업이 아니다. 가령 붉은색 삼각형을 바라보고 있다고 가정해보자. 우리는 그것이 붉은색이며 삼각형이라는 걸 알 수 있다. 과학자들은 언젠가는 삼각형이 망막과 뇌의 지각 중추에서 일으키는 모든 물리적 화학적 사건을 도면으로 만들어낼 것이다. 그러나 흥분하는 신경의 종류, 그리고 신경 활동의 형태에 대한 상세한 지식을 얻는다고 해서, 과연 삼각형을 바라보는 경험을 제대로 설명할 수 있을까? 마음의 언어 이해는 서로 다른 두 가지 이야기를 알게 된다는 걸 의미한다. 하나는 객관적인 과학의 재료인, 뉴런과 회로망과 생화학 변화에 관한 생리적인 이야기이다. 또 하나는 감정과 경험과 사고에 관한 "심리적인" 이야기이다.

모든 전문가가 촘스키의 비관론에 동의하진 않는다. 인공 지능(AI)의 권위자인 캘리포니아 대학의 테리 세즈놉스키와 패트리샤 처칠랜드는 뇌의 수수께끼를 푸는 것이 불가능하다는 견해를 공격한다. 이들은 이런 견해를 "상상력 결핍의 소산"이라고 비난하면서, 지난 100년간 신경 과학 분야에서 이루어진 눈부신 진보를 거론한다. 생화학의 전문 지식, "뇌파"와 DNA 발견 등이 마음 유전자 연구의 문을 열었고 심리학 연구 기술을 향상시켰으며, 이전까지 불가해한 것으로 여겨왔던 문제들에 답을 제공하고 있다는 것이다.

마음 이해의 또다른 어려움은 해부학, 생리학, 생화학, 유전학, 신경학, 정신의학, 심리학 같은 수많은 전문 분야가 뇌 연구에 관여한다는 데 있다. 모든 분야가 서로 상당히 다른 관점에서 뇌와 마음을 바라보며, 제각각 나름의 기본 개념과 선입견을 지니고 있다. 이런 연구법들을 통합한다면 한 단계의 엄청난 지적 발전이 이루어져서, 지난 2000년 동안 철학자와 심리학자와 과학자들을 혼란스럽게 만들었던 마음의 비밀을 얼마간 해결하는 데 도움이 될 것이다.

마음의 진화 *The Evolution of the Mind*

찰스 다윈은 1859년에 『종의 기원 *On the Origin of Species*』을 발표하면서 성경의 창조 이야기에 의문을 제기하여 과학자와 성직자와 일반인에게 충격을 주었다. 인류는 유인원 조상에서 진화했다는 그의 주장은 당시에 분노와 비웃음을 불러일으켰지만, 오늘날엔 거의 모든 사람이 그의 자연 선택에 의한 진화이론을 현대 과학의 중요한 토대로 인정하고 있다.

인간의 뇌는 수십억 년의 시행착오를 거친 진화의 산물이라는 데 심각한 이의를 던지는 현대인은 드물다. 그럼에도 자연 선택 같은 "생각이 없는" 작용을 통해서 박테리아와 단세포 유기체(원생생물)가 인간의 지성, 독창력, 자의식으로 발전했을지도 모른다는 가설에 대해선 많은 이들이 의아해한다.

삶은 정의하기 어려운 단어로 악명이 높다. 19세기 철학자 프리드리히 엥겔스는 삶을 "알부민을 함유한 물질의 행동방식"으로 보았는데, 이런 기준을 따른다면 프라이를 만드는 중의 달걀은 생명체로 간주할 수 있다. 신학자 카디널 뉴먼은 "삶의 유일한 증거는 성장"이라고 말함으로써 진리에 한층 접근했다. 성장과 자기 증식은 우리가 인식할 수 있는 모든 형태의 삶의 특징이기 때문이다.

살아 있는 생물은 성장과 번식을 통해서 주위의 무질서에서 갈수록 증대되는 질서를 만들어낸다. 이를 위해선 서로 합쳐지는 일이 없도록 질

인간의 의식—주위 세계를 상징하는 표현을 만들어 사용하는 능력—은 250만 년 전에 시작된 구석기 시대 중의 어느 시기에 진화한 듯하다. 당시에 만든 인간의 초기 유물은 우주, 죽음을 피할 수 없는 운명, 삶의 순환 등에 대한 인식을 보여준다. 유물 가운데 동굴 벽화가 있는데, 어떤 벽화는 우주의 표현으로 여겨지며, "비너스" 조각(오른쪽)은 다산성의 상징으로 보인다.

서가 덜 잡힌 환경으로부터 자신을 분리시켜야 한다. 따라서 인간에서 원생동물에 이르는 모든 유기체가 "존재"를 "비존재"로부터 분리시키는 신체의 경계선으로 자신을 에워쌌다. 이 경계선은 단지 유기체가 밖으로 흘러나가는 걸 막는 것 이상의 역할을 한다. 또한 이곳은 유기체와 환경이 만나는 지점이며, 이곳에서 유기체는 자신에게 유익한 물질을 흡수하고 유해한 물질은 물리친다. 더욱 중요한 것은 이 경계선에서 유기체가 외부세계에 반응한다는 사실이다. 단순한 원생동물조차 외부 자극에 기본적인 반응을 보인다. 유해한 화학물질에 맞서서 표면 일부를 수축하거나, 경계선의 얇은 막 속으로 음식물 미립자를 빨아들인다.

세포들의 이러한 민감성은 신경계 진화의 출발점이다. 외부 자극에 보다 민감한 세포들이 다른 세포들보다 자연 선택 가능성이 높으리라는 걸 쉽게 예측할 수 있다—가령 약탈자 앞에서 재빨리 수축하는 세포는 동작이 느린 세포보다 살아남을 가능성이 높다(따라서 번식을 하게 된다). 유기체는 간단한 단세포에서 한층 복잡한 다세포체제로 진화했다. 자연히 일정한 세포가 외부 자극에 관한 정보를 몸 한쪽에서 다른 쪽으로 전하는 일을 전담하게 되는 과정을 상상할 수 있다. 이러한 진화는 유기체가 몸 일부분이 아니라 몸 전체로 자극에 반응하게 해준다. 결국 유해한 물질 앞에서 표면 일부를 수축하는 차원을 넘어서서, 유기체 전체가 수축하거나 자극물을 피해서 멀리 헤엄쳐 달아나는 일까지 가능해진다.

오늘날 가장 널리 알려진 단순한 신경계는 말미잘과 히드라 속에 들어 있다. 각 뉴런(또는 신경 세포, 26쪽 참조)이 몸의 한 부위에서 자극을

접수하여 다른 부위로 충격을 전달하면 근육 수축이 일어난다. 한층 고급한 유기체에선 이런 체계가 더욱 정교하므로 뉴런이 세 가지 형태로 나뉜다. 어떤 뉴런(지각 뉴런으로 알려진)은 자극 탐지를 전담하고, 또 어떤 뉴런(운동근육 뉴런)은 근육이나 근육 집단을 활동시키는 일을 전담한

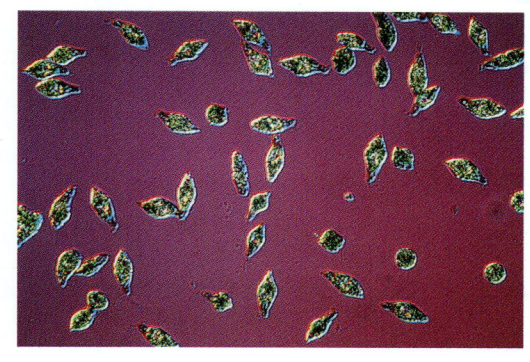

단순한 유기체들도 환경의 자극에 반응하는 매우 정교한 구조를 갖고 있다. 원생동물 연두벌레(왼쪽)는 광합성을 통해 영양분을 얻기 때문에 생존을 위해선 빛이 필요하다. 연두벌레는 편모라고 부르는 길고 얇은 돌기를 퍼덕거려서 헤엄친다. 돌기 아래쪽에 빛에 민감한 부위가 있는데, 그 곁에 색소로 채워진 "안점(眼點)"이 있다. 연두벌레의 몸에 빛이 와닿으면, 안점은 빛에 민감한 부위로 그림자를 던진다. 연두벌레는 그림자에 반응하여 빛을 향해 헤엄쳐서 생존과 번식의 기회를 한껏 넓힌다.

다. 나머지 뉴런(매개 뉴런)은 위의 두 가지 뉴런을 연결하여 종합 반응을 만든다. 이런 기본 신경조직을 지닌 동물들(해파리 같은 경우)은 먹이를 잡고 헤엄치는 일 같은 비교적 정교한 행동 반응을 보인다.

동물들이 한층 복잡해지고 활동이 늘면서 신경계는 정교한 측면에서 진화를 계속했다. 감각 뉴런들이 모여서 제각각 빛과 소리와 냄새를 전담하는 기관을 만들었다. 진화 역사를 거치는 중에 이런 감각기관들은 동물의 앞쪽(환경과 가장 먼저 만나는 부위)에 집중되어 매개 뉴런에 의해서 운동근육 뉴런(몸 전역의 근육들을 활동시키는)과 연결되었으며, 이런 뉴런들이 한데 합쳐져서 동물의 몸 전역을 관장

하는 중추신경계를 만들었다. 수백만 년 세월이 흐르는 동안 중추신경계는 앞쪽 끝부분이 커지고 더욱 복잡해져서 뇌를 형성했는데, 뇌의 목적은 지각 정보를 통합하고 동물의 운동근육 반응을 조정하는 것이었다.

모든 동물(해면동물과 매우 전문적인 기능을 지닌 여러 기생충을 제외한)은 뉴런들로 이루어진 신경계를 갖고 있

고고학자들은 인간의 뇌가 얼마나 커졌는지 측정하고자 두개골 용적을 연구했다(아래). 350만 년 전에 살았던 오스트랄로피테쿠스 아파렌시스(1)의 두개골은 용적이 500cc였으며, 인류 조상 가운데 최초로 도구를 사용한 호모 하빌리스는 650cc로 늘어났다(2). 불을 만들 줄 알았던 150만 년 전의 호모 에렉투스는 1000cc였고(3), 놀랍게도 네안데르탈(호모 사피엔스 네안데르탈리스)은 1400cc로서 현대인(5)보다 약간 용적이 컸다. 그러나 두개골 크기의 변화는 의식의 진화를 설명해주지 못한다.

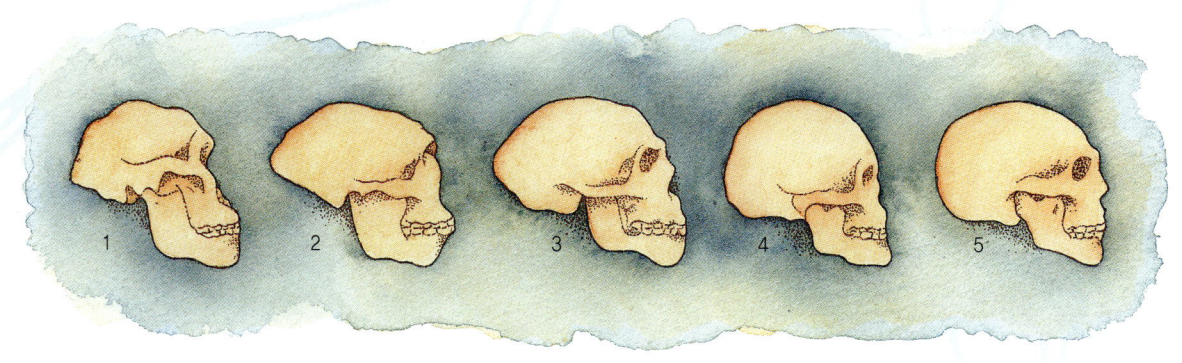

다. 뉴런은 간단한 기본 단위이다—흥분하거나 흥분하지 않는 걸 통해서 외부 신호에 반응하며, 인간 뇌의 뉴런은 다른 동물들과 대체로 비슷한 방식으로 작용한다. 인간 의식의 수준이 탁월한 것은 인간의 뉴런과 다른 종들의 뉴런이 질적으로 달라서가 아니라, 인간의 뇌가 규모와 복잡성과 유연성(26쪽 참조)에서 다른 동물들과 차이점이 있다는 데 이유가 있다. 유인원 조상의 두개골 화석들(17쪽 참조)을 조사하는 걸 통해, 언제 어떻게 이런 차이점이 진화했는지를 어느 정도 알아낼 수 있다. 가령 한 줄로 늘어놓은 두개골은, 기원전 30만 년 전부터 인간 뇌의 좌반구가 우반구에 비해서 발달하고 중량이 늘었음을 보여준다. 오늘날 신경학자들은 오른

손잡이의 경우에 좌반구가 말과 언어를 다스린다는 걸 알고 있다. 따라서 언어, 또는 언어의 선행 행태가 그 시기에 발달하기 시작하여 좌반구의 밀도를 높임으로써 그런 불균형이 생겼다고 볼 수도 있다. 그러나 이는 사변에 치우친 이론이다. 화석 유물은 조각을 주워서 맞춘 것이기 때문이다. 또한 뇌의 잠재력을 적잖이 좌우하는 건 뇌 속 뉴런들의 상호 연결 횟수와 복잡성인데, 두개골 크기만으로는 이런 요소들에 대해서 알아낼 수 있는 게 거의 없기 때문이다.

화석 증거는 다소 모호한 구석이 많지만, 임신상태에서 각 개인의 뇌가 어떻게 발달하는지는 한층 자세하게 알려져 있다. 뇌는 태아 바깥층의 세포판에서 생겨난다(발생학적으로

중추신경계의 매개 뉴런은 진화 시대에 숫자와 복잡성이 늘었났다. 망상 조직을 통해서, 지각 정보를 처리하여 근육으로 보내는 일이 가능해진 것이다. 간단한 회로망 세 가지를 밑에 그려놓았다. 매개 뉴런은 유입되는 자극을 분류하여 여러 운동근육 뉴런으로 보낼 수 있다

(왼쪽). 또한 여러 곳에서 만들어낸 자극을 단일한 매개 뉴런에서 모을 수 있으며, 유입량이 많을 경우엔 매개 뉴런이 흥분한다(오른쪽 위). 그리고 자극이 자신에게 돌아오게 만듦으로써 순환 고리를 만드는 경우가 있다(오른쪽 아래).

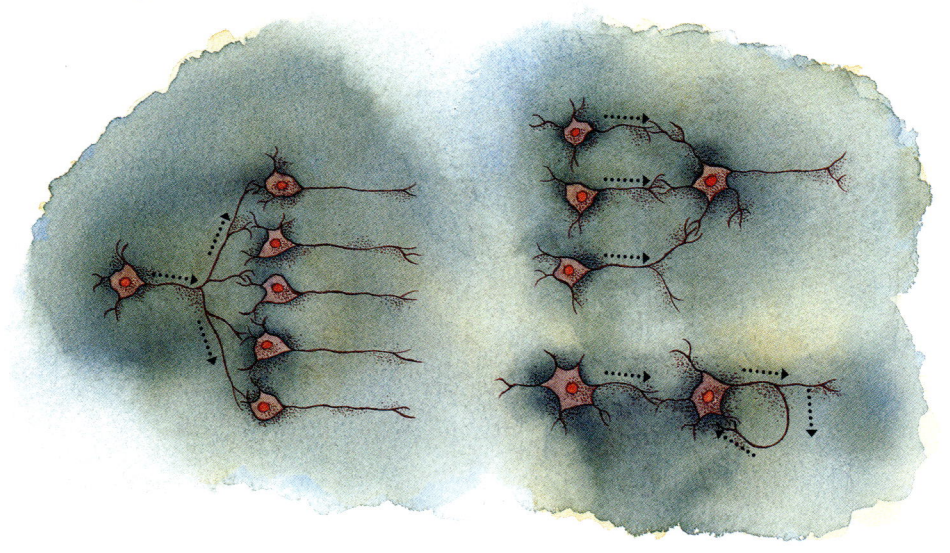

인간의 비교적 고급한 특성과 행위—지성, 창조성, 이타주의 등등—는 인간의 뇌 속에서 어느 정도까지 미리 결정되어 있는 걸까? 일부 이론가들은 각 세포의 나선형 DNA 분자에 들어 있는 유전자가 이런 특성을 결정한다고 주장한다.

피부가 발달하는 층과 동일한 층—자신과 외부세계 사이에 위치하는 매우 중요한 "경계층"—에서 뇌가 만들어진다는 건 흥미로운 일이다). 3주가 지나면 이 세포들은 태아의 다른 세포들과 구별되어, 동그랗게 말려서 속이 빈 원통 또는 신경관(管)을 형성한다. 이 신경관은 척수관을 형성한다. 4주가 지난 태아에선 신경관 앞쪽으로 돌출부 세 개를 볼 수 있다. 이것들이 발달하여 뇌의 세 가지 주요 부위인 전뇌와 중뇌와 후뇌가 된다(22쪽 참조).

뇌는 척수보다 성장 속도가 빠르다. 뒤쪽 돌출부는 발달 과정에 있는 이목구비의 지각 뉴런들로부터 정보를 받는다. 태아의 몸에서 급속히 진화하는 또다른 조직은 식욕과 혐오감과 희망과 두려움을 다루는 시상하부이다. 시상하부는 중추신경계와 내분비계의 발달을 제어하는 일을 돕는데, 내분비선은 성장과 신진대사 활동과 성적(性的) 발달을 조절하는 호르몬을 분비하는 곳이다. 갓 태어난 아기의 뇌는 해부학적으로 놀랄 만큼 완벽하다.

이러한 설명에 따르면 뇌는 고정된 발달 계획을 갖고 있으며, 부모한테서 물려받는 DNA 속에 암호화된 유전자가 이런 계획을 결정하는 걸로 여겨진다. 뇌 속의 일부 "경로"들의 배선 작업을 지휘하는 건 유전자이다(가령 눈과 시신경, 시각 염색체 교차, 시각 피질의 관계를 결정한다). 그러나 뇌 속의 다른 경로들은 학습을 통해서—심지어 인위적인 습관으로 부를 수 있는 걸 학습함으로써—만들어지는 것 또한 사실이다. 위대한 러시아 생리학자 이반 파블로프는 개를 훈련시켜서 종소리에 침을 흘리게 만들 수 있음을 입증했다. 이전까지 내부 생리에 종속되었던 반응을 새로운 인위적 자극을 통해서 유발할 수 있음을 보여준 것이다. 파블로프는 이런 사실이 새로운 신경 경로가 만들어져서 이전까지 분리돼 있었던 뉴런들을 서로 연결한다는 걸 의미한다고 주장했다.

뇌 속의 뉴런들의 관계는 대부분 유아가 집중적으로 지각과 근육운동을 경험하는 출생 초기의 몇 달 안쪽에 이루어진다. 이 시기에 유아는 자신의 행동을 인식하고 제어하는 법을 배운다(스위스 심리학자 장 피아제는 유아의 출생 초기 몇 달을 "지각근육운동기"로 불러야 한다고 주장했다. 78쪽 참조). 그러나 아기가 엄마 자궁에 들어 있을 때조차도, 뇌 발달은 아직 정돈되지 않은 유전암호를 발사하는 수준을 넘어선다. 산모의 나쁜 식습관, 알코올이나 담배의 과용은 태아의 뇌 발달을 저해한다. 더욱 놀라운 건 벨파스트 퀸 대학의 피터 헤플이 입증한 사실이다. 태아 때 특정한 음악을 접

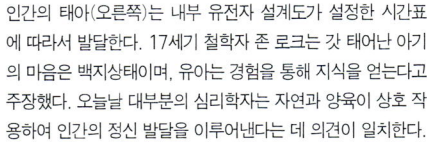

인간의 태아(오른쪽)는 내부 유전자 설계도가 설정한 시간표에 따라서 발달한다. 17세기 철학자 존 로크는 갓 태어난 아기의 마음은 백지상태이며, 유아는 경험을 통해 지식을 얻는다고 주장했다. 오늘날 대부분의 심리학자는 자연과 양육이 상호 작용하여 인간의 정신 발달을 이루어낸다는 데 의견이 일치한다.

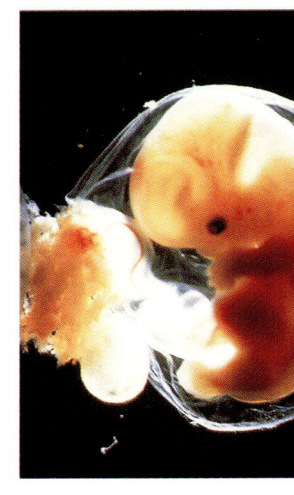

20세기 초에 러시아 생리학자 이반 파블로프(왼쪽)는 오늘날 고전이 된 일련의 실험을 행했다. 종소리를 사용한 실험에선 개들이 인위적인 자극에 반응하여 침을 흘리도록 훈련시키거나 조건반사를 일으키게 만들 수 있음을 입증했다. 뇌의 뉴런들의 관계에 물리적 변화를 주어 조건반사 작용을 유발할 수 있다는 그의 이론은 지금껏 타당성을 인정받아왔다.

한 아기가 출생 뒤에 같은 음악에 대해서 드러내는 반응을 보면, 이미 자궁 속에서 그 음악을 인지했음을 알 수 있다. 지금껏 외부세계에 나온 뒤에야 뇌의 뉴런들이 서로 관계를 맺는 걸로 추정해왔지만, 이는 사실이 아니라는 얘기이다.

헤플의 경우 같은 신생아 연구에서의 발견은, 인간 발달 과정에서 자연과 양육이 행하는 역할—선천적인 것과 후천적인 것의 영향—에 대한 오랜 논쟁에 새로운 장을 열어준다. 이런 연구들은 논쟁에서 사용되는 용어들이 시대에 뒤떨어진 것일 수도 있음을 보여준다. '선천적'이라는 용어와 '후천적'이라는 용어의 중요한 차이점은, 인간이 태어나면서 지니고 있는 모든 것은 선천적인 것이라는 데 있기 때문이다. 그러나 자궁 속에서 학습을 시작하는 게 가능하다면, 두 용어를 분명히 구분하는 건 한층 어려워질 것이다.

뇌의 해부 *The Anatomy of the Brain*

오랜 진화 역사는 인간의 뇌가 오래된 요소와 새로운 요소가 공존하는 구조임을 보여준다. 어떤 해부학자는 뇌의 일정한 부위—호흡과 감정 같은 자율 행동 조절에 관여하는 부위—가 파충류의 뇌와 놀랄 만큼 비슷하다는 사실을 지적했다. 따라서 우리 모두는 자신을 셰익스피어나 아인슈타인 같은 사람으로 만들어줄 수도 있는 회백질을 소유하고 있지만, 이와 동시에 악어의 뇌를 일부 지니고 있음을 잊어선 안 된다.

뇌는 정보처리 장치이다. 감각 기관(눈, 귀, 피부 등등)과 몸(심장, 폐, 소화관 등등) 속의 수용체는 몸 안팎의 환경에 관한 정보를 접수한다. 이런 정보를 발송하는 건 말초신경계로 알려진 신경섬유로서, 자극을 전자 충격 형태로 바꾸어 뇌와 척수로 구성된 중추신경계로 전달하는 신경들로 이루어져 있다. 중추신경계에서 정보가 처리되면 대체로 작동체(作動體) 뉴런을 자극하는 형태로 적절한 반응이 만들어지며, 작동체 뉴런은 신경 충격을 전달하여 근육이 수축하거나 이완되게 만든다.

중추신경계는 나름의 조절 체계를 갖고 있다. 여러 단순한 자극은 반사작용으로 처리한다. 가령 우리는 뜨거운 접시를 만졌을 때 즉시 손을 뗀다. 뇌는 반사작용엔 관여하지 않는다—이런 작용은 척수 속에서 미리 결정되어 있다. 물론 뇌가 반사작용에 제동을 걸 때도 있다. 가령 우리는 접시가 못

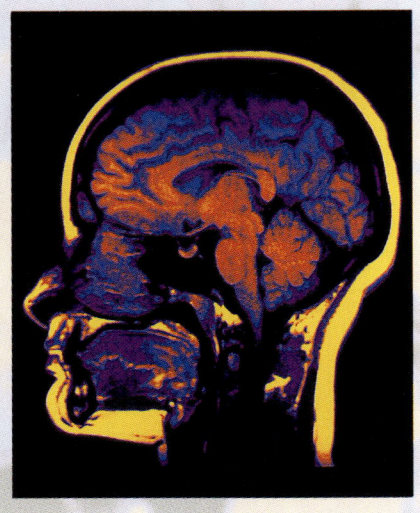

위의 건강한 사람의 뇌 화상은 MRI 기술(182쪽 참조)로 만든 것이다. 이 기술을 통해서 신경학자들은 의식이 깨어 있는 사람의 두개골 속을 들여다볼 수 있다. 여러 색깔(컴퓨터로 입힌)이 제각각 밀도가 다른 부위들을 보여줌으로써, 서로 다른 뇌 조직들을 구별하는 걸 도와준다.

견디게 뜨겁거나 다급한 상황이 아닐 경우엔 음식이 담긴 접시를 떨어뜨리지 않는다. 뇌가 다루는 건 복잡한 기능이다. 호흡, 균형 잡기, 음식 삼키기, 소화—우리가 일부러 의식하지 않지만 섬세한 조절과 조화로운 편성이 필요한 "자율" 기능— 따위는 비교적 오랜 역사를 지닌 뇌 부위가 다룬다. 이와 달리 가령 길에서 누군가 내 이름을 부를 때 뒤돌아볼 건지 결정하는 일은 그보다 역사가 짧고 "한층 수준 높은" 중추에서 다룬다.

이런 구분법은 불가피하게 문제를 단순화한 것이다. 뇌는 수백억 개의 세포로 이루어진 엄청나게 복잡한 기관이며, 각 부위들이 협력하는 방식을 완전히 이해하기란 불가능하다. 그럼에도 불구하고 뇌를 구성하는 여러 조직을 분석하고, 매우 폭넓은 관점에서 각 조직에 어떤 기능이 있는지 거론하는 건 충분히 가능한 일이다.

뇌와 척수는 뼈(제각각 두개골과 등뼈)의 보호를 받으며, 충격을 흡수하는 역할을 하는 수액이 주위를 감싸고 있다. 뇌의 옆모습은 꽃양배추와 다소 비슷하며, 평균 무게는 남성이 1.2킬로그램(2파운드 9온스), 여성은 1킬로그램(2파운드 3온스)이다. 뇌는 세 가지 주요 부위, 즉 전뇌와 중뇌와 후뇌로 나눌 수 있다. 혼란스럽게도 이런 부위들은 각 이름에서 제시하는 위치와 무관한 곳에 놓여 있다(가령 전뇌의 위치는 앞쪽이 아니다). 태아의 뇌 속에서 각 부위가 놓인 위치

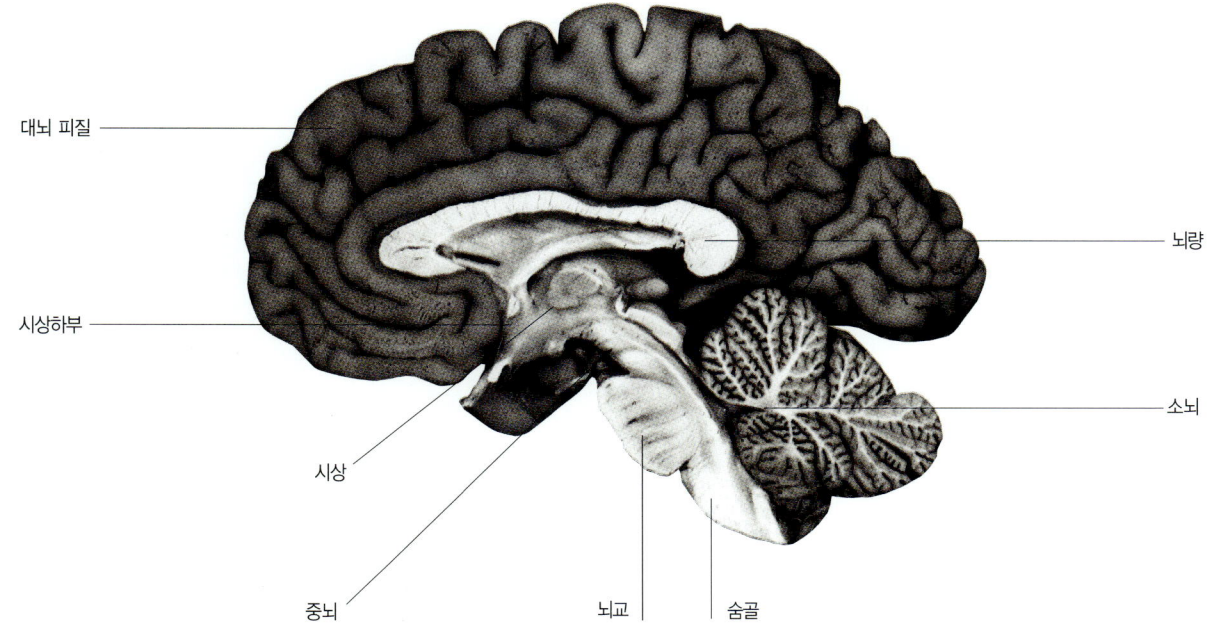

대뇌 피질 ——————

뇌량

시상하부 ——————

소뇌

시상

중뇌   뇌교   숨골

어른 뇌의 세로 단면은 중추신경계의 주요 조직을 보여준다. 전뇌는 피질, 시상, 시상하부, 변연계(邊緣系, 이 그림에선 보이지 않음)로 구성돼 있으며, 후뇌는 숨골, 뇌교, 소뇌, 망상층(역시 보이지 않음)으로 이루어져 있다. 인간의 중뇌는 다른 포유동물의 중뇌보다 상대적으로 크기가 작다(위). 전뇌의 피질 반구 두 개(24쪽 참조)는 위쪽에서 볼 때 한층 뚜렷한 모습을 드러낸다(아래).

와 연관된 이름이기 때문이다. 이런 위치는 태아 발달 과정에서 바뀐다.

후뇌는 머리 아래쪽에 놓여 있다. 기능이 다른 네 구역, 즉 숨골과 뇌교(腦橋), 망상층, 소뇌로 이루어져 있다. 숨골은 몸 왼쪽의 척수 신경과 뇌 오른쪽 부위, 그리고 몸 오른쪽의 척수 신경과 뇌 왼쪽 부위가 서로 교차하는 지점이다. 심장박동, 혈액순환, 호흡, 소화 같은 자율 기능을 다스린다. 뇌교는 비교적 수준 높은 뇌 중추들 사이에서 정보를 전하는 중계국이며, 망상층과 더불어 우리가 잠을 잘 건지 깨어날 건지를 결정하는 일에 관여하는 걸로 보인다. 망상층은 주로 각성과 주의력을 조절한다―즉 뇌의 다른 부위들을 "활성화"하는 작업을 하는 걸로 여겨진다.

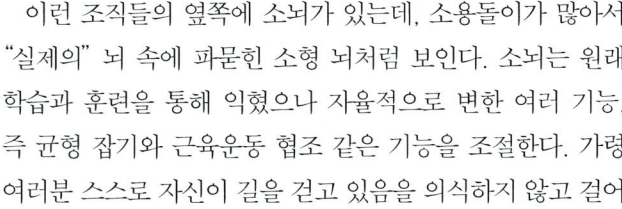

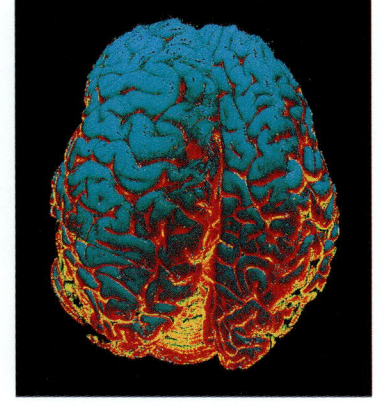

이런 조직들의 옆쪽에 소뇌가 있는데, 소용돌이가 많아서 "실제의" 뇌 속에 파묻힌 소형 뇌처럼 보인다. 소뇌는 원래 학습과 훈련을 통해 익혔으나 자율적으로 변한 여러 기능, 즉 균형 잡기와 근육운동 협조 같은 기능을 조절한다. 가령 여러분 스스로 자신이 길을 걷고 있음을 의식하지 않고 걸어갈 때, 이런 몸동작을 제어하는 건 소뇌이다.

중뇌는 비교적 작은 신경중추이다. 역시 망상층을 갖고 있으며, 청각과 시각의 일부 측면(눈동자 운동 같은)을 담당한다. 인간보다는 다른 포유동물의 경우에 한층 중요한 역할을 하는 걸로 보인다. 인간의 경우엔 소뇌의 여러 기능이 전뇌에게로 넘어갔다.

전뇌는 뇌에서 가장 넓은 구역이다.

가장 눈에 띄는 부위는 피질인데, 평균 수백억 개의 뉴런을 함유하고 있으며 다른 모든 뇌 조직의 정상에 놓여 있다. 또한 기능에서도 뇌의 "정상"으로서, 사고, 자발적인 행동, 그리고 의식으로 불리는 것 등의 "비교적 수준 높은" 기능을 책임진다.

전뇌의 여타 중요한 부위는 시상(視床), 시상하부(視床下部), 변연계이다. 시상은 여러 신경중추로 이루어져 있으며, 지각 신호와 일부 운동근육 신호의 "집배(集配) 센터" 역할을 한다. 가령 눈과 귀에서 보낸 정보를 피질의 적절한 부위로 보낸다. 시상하부는 식욕과 성욕 조절에 관여하는 걸로 여겨지며, 여타 생물학적인 충동을 조절한다.

시상하부와 시상, 중뇌, 후뇌(소뇌는 제외됨)는 이른바 뇌간(腦幹)을 구성한다. 뇌간은 모든 기본적인 생명 과정을 책임지며, 이 부위의 활동량이 부족하면 의사들은 "뇌사"를 선언한다.

이러한 뇌의 중심핵과 피질 사이에 변연계("변연"은 라틴어로 "경계"를 뜻한다)가 있다. 이 부위는 해부학 용어에서 시상하부와 밀접한 관계가 있는데, 우리로 하여금 본능의 욕구를 제어하게 해준다(가령 우리가 우연히 자신의 발을 밟은 사람한테 즉시 주먹을 날리지 않는 건 이런 이유에서이다). 변연계는 세 가지 주요 조직을 지니고 있다. 편도선과 격막(膈膜)은 분노, 공격성, 두려움 조절에 관여하며, 해마상(海馬狀) 융기는 새로운 기억을 "기록하는" 능력에 결정적인 역할을 하는 걸로 여겨진다.

피질(또는 대뇌 피질)은 뉴런들의 얇은 판인데, 두께가 5밀리미터(0.2인치)밖에 안 되지만 너비는 155제곱센티미터

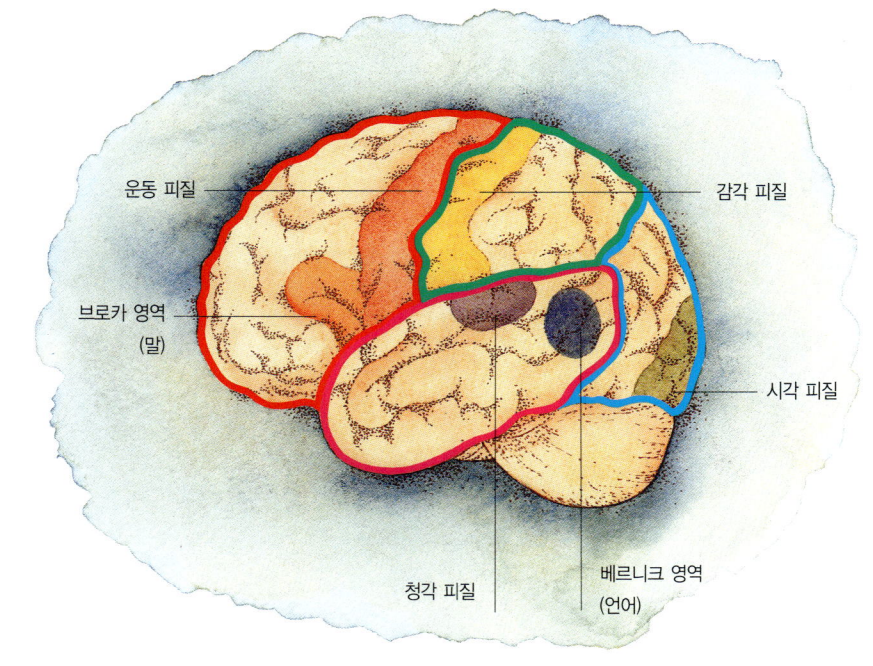

전두엽

후두엽

두정엽

측두엽

운동 피질

감각 피질

브로카 영역
(말)

시각 피질

청각 피질

베르니크 영역
(언어)

(2제곱피트)에 이르며 뇌의 70퍼센트를 구성한다. 두개골 용적에 잘 맞도록 접힌 모습이어서, 뇌는 특유의 쭈글쭈글한 형상을 갖게 된다. 피질의 뉴런은 정보를 처리한다. 빛깔은 회색이며(피질을 "회백질"로 부르는 이유이다), 피질들간에, 그리고 뇌의 다른 부위들과 광범위하게 연결돼 있다. 서로 멀리 떨어진 뇌 부위들을 연결하는 일은 지방질 절연체—미엘린—로 덮인 뉴런들이 담당한다. 지방질 때문에 이들은 흰색에 가까운 빛깔을 띠고 있다(이들을 통칭하여 "백질"로 부른다).

피질은 전체가 균일하지 않으며, 조직과 기능이 다른 여러 구획을 갖고 있다. 가장 눈에 두드러지는 건 좌반구와 우반구의 분리이다. 일부 전문가들은 각각의 반구가 그 자체로 뇌에 가깝다고 주장한다(32쪽 참조). 두 개의 반구를 연결하는 건 뇌량(腦梁)이라는 커다란 섬유 덩어리이다. 뇌량은 한쪽 반구가 하는 일을 다른쪽 반구에게 전하여 뇌 작용을 통합하는 걸 돕는다.

또다른 중요한 피질 구획은 네 개의 엽—측두엽(側頭葉), 전두엽(前頭葉), 후두엽(後頭葉), 두정엽(頭頂葉)이다. 제각각 가장 가까운 두개골 뼈의 이름을 딴 것이다. 비교적 작은 뇌 부위인 이런 엽들에 어떤 기능이 얼마나 할당되어 있는지에 대해서 오랜 세월 논의가 이어져왔다. 전두엽은 주의와 집중력, 측두엽은 언어와 기억, 두정엽은 감각 정보, 후두엽은 시각과 인식에 꼭 필요한 부위로 여겨진다. 그러나 대부분의 인식 작용은 뇌의 여러 부분의 복잡한 상호 작용에 의존하는 걸로 보인다.

뇌의 실수에서 얻는 지식

뇌의 특정 부위가 지닌 기능을 밝히는 건 쉬운 일이 아니다. 우리의 지식은 뇌 일부를 다친 사람들에 대한 연구에서 얻는 게 많다. X 부위 손상이 Y 업무 수행력에 영향을 미친다면, X가 Y의 제어에 관여하는 게 분명하다고 추정하는 식이다. 그러나 X 부위는 몸동작 제어 같은 업무 수행의 한 가지 주요 측면만을 담당하는 걸로 볼 수도 있다. 1848년에 바위 폭파 작업 중에 다친 피니어스 게이지의 사례는 이런 문제들을 부각시킨다. 당시에 쇠지레가 그의 두개골을 꿰뚫어 전두엽을 통과했다(오른쪽). 그는 기적적으로 목숨을 건졌으며, 의식을 되찾았고 뚜렷한 회복세를 보이는 듯했다. 그러나 성격이 극적으로 바뀌었다. 원래 착실한 기술자였는데 신뢰하기 힘든

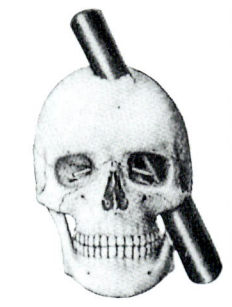

사람으로 변했고 욕설과 공격성이 두드러졌다. 그의 사례는 전두엽이 성격을 관장한다는 걸 보여주는 증거로 인용된다. 그런데 실제로 쇠지레가 게이지의 지각력, 또는 자신의 행동이나 뇌의 화학 작용을 제어하는 능력에 영향을 미쳤을까? 오늘날 신경학자들은 PET 스캔(양전자 방사 단층촬영, 183쪽 참조)처럼 컴퓨터의 도움을 받는 기술을 통해서, 살아 있는 뇌에서 특정한 정신 활동이 벌어지는 위치를 알아낸다(왼쪽).

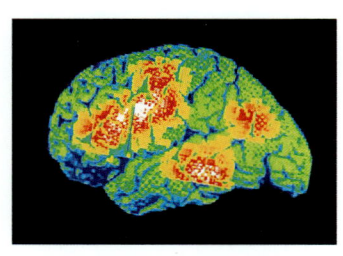

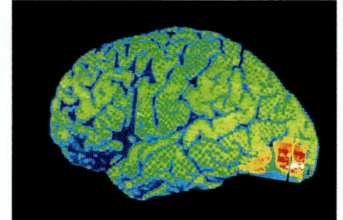

뇌의 기본 언어 *The Basic Language of the Brain*

몸의 다른 기관들처럼 인간의 뇌는 특정한 기능 수행을 전담하는 세포들의 집합에 지나지 않는다. 대체로 말하면 뇌의 세포 또는 뉴런은 다른 뉴런에서 정보(전자 자극 형태의)를 입수하고, 수신 정보를 종합하고, 수정한 정보를 다른 여러 뉴런으로 보내는 기능을 한다. 일부 예외가 있지만 대부분의 생리학자는 인간 뇌의 "천재성"이 이런 정보처리 시스템의 단순한 규모와 복잡성에서 생겨난다고 믿는다. 가장 우수한 산정 자료에 의하면 2000억 개 남짓한 뉴런이 두개골 속에 빼곡히 들어 있으며, 각 뉴런은 평균 5000여 개의 다른 뉴런과 연결되어 있다. 모두 1000조 개의 뉴런 접속이 이루어져 있다는 얘기이다 — 지난 10년간 미국에서 이루어진 전화 통화 횟수보

다도 많다. 이처럼 수치가 엄청난데도 불구하고 뇌 과학자들은 각 뉴런의 기본 특성 이해에서, 그리고 뉴런들이 서로 통신하는 데 사용하는 언어 해독에서 눈부신 성과를 올렸다.

뇌와 중추신경계엔 여러 유형의 뉴런이 들어 있지만, 모두 "체제"가 비슷하며 작동방식이 같은 걸로 보인다. 뉴런은 다른 유형의 세포들과 동일한 특징을 많이 지니고 있다 — 가령 세포의 관리 기능을 총감독하는 핵을 갖고 있으며, 여타 세포들처럼 지방질 막에 덮여 있다. 그러나 뉴런은 생김새로 미루어볼 때 고도의 전문성을 지닌 게 분명하다. 대부분의 인간 세포는 대체로 둥근 형상이지만 뉴런은 매우 가늘고 길다 — 한 곳에서 다른 곳으로 정보를 효과적으로 전달하기에 이상적인 형상이다.

인간의 뉴런은 비교적 분명하게 구분되는 세 부위 — 세포 몸체, 수지상(樹枝狀)돌기, 축색(軸索)돌기 — 를 갖고 있다. 세포 몸체엔 세포핵이 들어 있다. 이곳에서 사방으로 튀어나온 건 잔가지 또는 수지상돌기이다('수지상'은 그리스어로 "나무"를 의미한다). 세포 몸체와 수지상돌기는 다른 뉴런들로부터 정보를 수신한다. 세포 몸체에서 돌출한 건, 길고 가늘며 때때

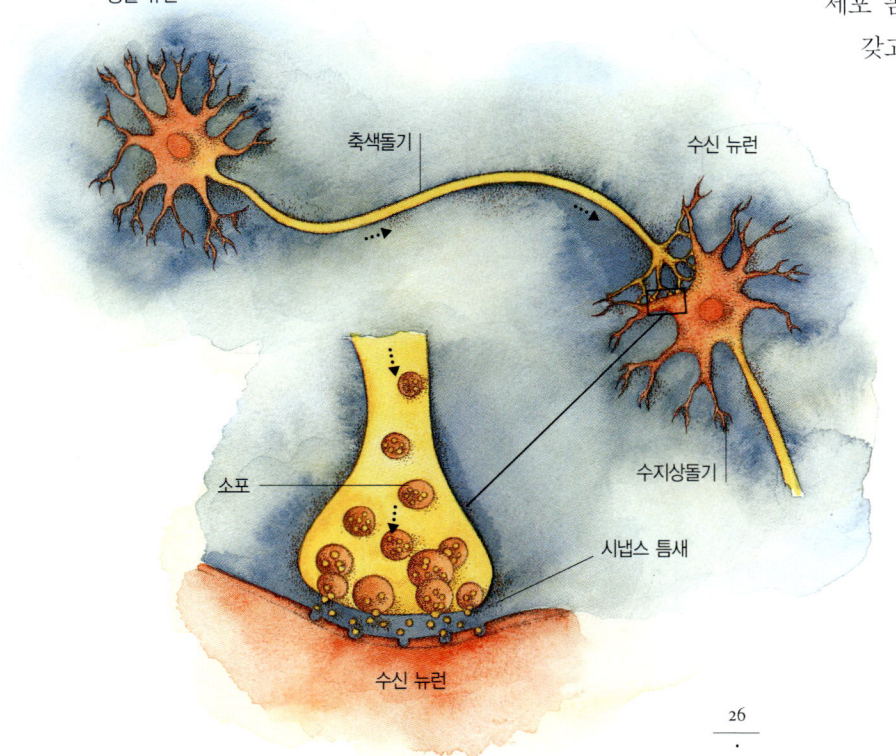

송출 뉴런

축색돌기

수신 뉴런

소포

시냅스 틈새

수지상돌기

수신 뉴런

인간 피질의 "전형적인" 뉴런은 지름이 1마이크로미터도 안 되며, 대체로 수천 개의 다른 뉴런에 의해서 접속이 이루어진다. 이런 접속의 한 가지 사례를 왼쪽 그림에서 볼 수 있다. 전자 자극이 "송출" 뉴런의 기다란 축색돌기를 타고 신경 말단의 작은 돌출부에 이른다. 이곳에서 자극은 작은 주머니(또는 소포)로 하여금, 수신세포의 나뭇가지 같은 돌기(수지상돌기)와 송출세포 사이의 작은 틈새(시냅스 틈새)에 화학성 신경전달물질을 방출한다. 이런 신경전달물질은 틈새에 흩어져서 수신세포 표면의 화학성 문을 연다. 그 결과 수신세포가 흥분하면서 세포 자체의 축색돌기로 자극을 전달하게 된다.

로 잔가지가 달린 축색돌기라는 관이다. 척수 전역을 관리하는 뉴런처럼, 어떤 경우에 단일 세포의 축색돌기는 길이가 몇 피트에 이른다. 축색돌기는 뉴런의 "출력 케이블"이다. 끝에서 다른 뉴런의 수지상돌기나 세포 몸체와 만나는 접합점 또는 시냅스를 형성하여, 세포와 세포 사이에서 자극이 전달되게 만든다.

신경계의 특징은 어떤 뉴런의 경우엔 수많은 뉴런들과 접속하며, 또 어떤 뉴런은 스스로 접속을 시도하는 일이 드물고 수많은 뉴런에 의해 접속이 이루어진다는 점이다. 이러한 조직의 차이는 기능의 차이를 만들어낸다. 가령 소뇌의 푸르키네 세포(우리가 몸동작을 조정하는 법을 익히는 과정을 관장하는) 같은 경우는 각각 20만 개 이상의 세포들에 의해서 접속이 이루어진다.

생리학자들은 마치 뉴런이 총이라도 되는 것처럼 곧잘 뉴런 "발포"에 대해서 말한다. 그러나 사실상 뉴런이 흥분할 때 벌어지는 일은, 전자 자극이 축색돌기를 타고 시냅스를 향하여 세포 몸체에서 멀어지는 것이다. 자극은 오로지 이 방향으로 움직이며 자극의 세기는 늘 일정하다. 일단 자극이 축색돌기를 타고 이동하기 시작하면, 세포는 자극을 중지시키거나 수정할 수 없다. 나아가서 신경 자극은 전선으로 흐르는 일반 전류와 다르다. 오히려 이온—전기를 띤 원자—운동에서 생기는 전하(電荷) "파동"에 가깝다. 이런 전자식 정보 전달

위의 현미경 사진은 인간 뇌에 들어 있는 뉴런들의 복잡한 체제를 선명하게 보여준다. 그러나 뉴런은 중추신경계 세포의 유일한 형태가 아니다. 사실상 뉴런보다는 신경교(神經膠) 세포의 숫자가 월등히 많다. 신경교 세포는 뇌의 관리 기능을 수행하는데, 특히 뉴런들에게 영양분을 공급하고 제자리를 유지하게 만드는 일을 한다.

을 통해서 모든 뇌 활동이 이루어지는 거라면, 그리고 전자 신호가 컴퓨터 회로를 질주하는 것과 동일한 방식으로 뉴런이 다른 뉴런에게 곧바로 전자 자극을 전하는 거라면, 상상만으로도 귀가 솔깃해지는 이야기이다. 그러나 실상은 그렇게 단순하지 않다.

뉴런(세포 A)의 축색돌기 끝에 이른 자극은 곧장 다른 세포(세포 B)의 수지상돌기나 몸체로 건너뛰지 못한다. 한 개 이상의 시냅스("걸쇠로 걸다"는 의미의 그리스어에서 파생한 단어)에 의해서 두 세포가 분리돼 있기 때문인데, 시냅스는 200나노미터 너비의 틈새이다. 그곳에서 자극은 세포 A의 시냅스 말단에 있는 소포(小胞, 용액으로 채워진 주머니)들이 틈새를 향하여 폭발하게 만든다. 소포엔 신경전달물질 분자가 가득 담겨 있으며, 소포가 폭발하면 속에 든 신경전달물질들이 시냅스 틈새로 방출된다. 분자들은 세포 B까지 짧은 거리를 이동하여 세포 표면의 특정한 수용체에 들러붙는다. 이곳에서 세포 B의 행동에 영향을 미침으로써, 이 뉴런이 흥분하거나 흥분하지 않게 만든다.

모든 신경전달물질이 동일한 건 아니다. 어떤 물질은 세포 B를 "자극하여" 흥분 가능성을 높이며, 또 어떤 물질은 억제력을 갖고 있어서 흥분 가능성을 낮춘다. 인간 피질의 "전형적인" 뉴런(세포 B 같은)은 수천 개의 다른 뉴런들에 의해서 접속이 이루어질 가능성이 있음을 이미 앞에서 살펴보았다.

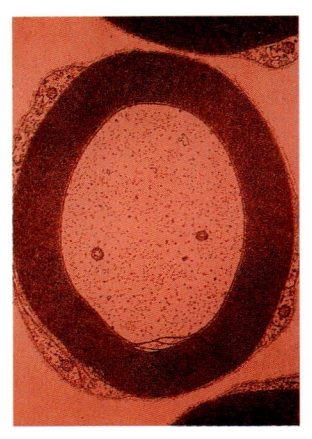

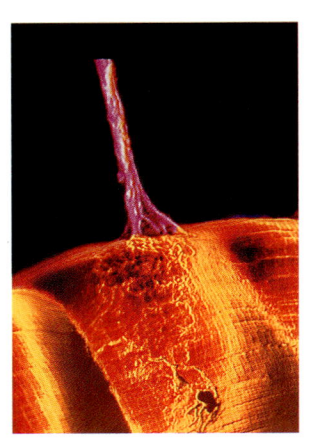

넓은 지역을 담당하며 뇌의 한 곳에서 다른 곳으로, 또는 뇌에서 몸통으로 자극을 전하는 뉴런들은 대체로 미엘린이라는 지방질 절연체로 덮여 있다. 미엘린은 전달 속도를 높이는 역할을 한다. 왼쪽 사진에서 미엘린 "덮개"는 중앙의 축색돌기를 감싼 한 쌍의 동심원 고리로 모습을 드러낸다. 미엘린을 만드는 건 축색돌기를 감싸서 지탱해주는 다른 종류의 세포들이다. 미엘린이 손상되거나 파괴되면 신경 기능에 결함이 생긴다. 가령 다발성 경화증 환자의 경우에, 중추신경계 축색돌기를 따라서 불규칙한 시간 간격으로 미엘린 덮개가 손상된다.

뉴런들은 전문화된 기능을 갖고 있다. 망막세포 같은 수용체 뉴런은 빛에 반응하여 물리적인 자극을 전자 자극으로 바꾼다. 이런 뉴런은 정보가 신경계로 들어가는 지점이다. 맞은편에 있는 운동근육 뉴런은 근육과 분비샘으로 정보를 전달하여 몸동작 같은 결과물을 만들어낸다. 운동근육 뉴런이 흥분하면 축색돌기 끝에서 화학 변화를 일으켜 근육 섬유를 수축시킨다(오른쪽). 그러나 대부분의 뉴런은 수용체도 작동체도 아닌 매개 뉴런으로서, 신경계 전역에서 자극을 중계하는 역할을 한다.

이런 뉴런들 가운데 어떤 건 자극성 신경전달물질을 방출할 것이고, 또 어떤 건 억제성 신경전달물질을 방출할 것이다. 각 뉴런은 제각각 다른 신경전달물질을 함유한 여러 개의 소포뿐 아니라 여러 전문 수용체 구역을 갖고 있다. 각 구역은 특정한 신경전달물질을 맞이할 준비를 하고 있다. 세포 B의 발포 여부는 접속된 모든 세포들의 총 활동량과 이런 뉴런들이 만드는 접속 형태에 달려 있다.

인간 피질의 주된 자극성 신경전달물질은 글루타민산염 분자이며, 주된 억제성 분자는 머리글자를 따서 GABA로 널리 알려진 감마아미노부티르산이다. 그러나 이 또한 실상은 그렇게 단순하지 않다. 오늘날 신경과학자들은 최소한 50개에 이르는 또다른 신경전달물질이 있다는 걸 알고 있다. 이런 물질들은 단독으로 또는 서로 협력하여 뇌 활동을 조절한다. 일부는 자극성 물질이고, 어떤 건 억제성 물질이며, 또 어떤 건 환경에 따라서 두 가지 성질 사이를 오간다. 신속한 반응을 유발하는 게 있는가 하면, 어떤 물질은 뇌의 수용상태나 전반적인 활동에 변화를 일으키는 걸로 여겨진다. 또 어떤 물질은

뇌의 한쪽엔 존재하고 다른쪽엔 존재하지 않는다.

오랜 세월 과학자들은 신경 자극이 엄청나게 빠른 속도로 뇌 일대를 질주한다고 믿어왔다. 그러나 오늘날 우리는 자극이 1초에 약 1.5미터(5피트)의 속도—자전거보다 조금 느린 속도—로 피질의 전형적인 뉴런 속을 이동한다는 걸 알고 있다. 하지만 척수 전역을 관리하는 축색돌기처럼 미엘린에 덮인 기다란 축색돌기들은 신경 자극의 이동 속도가 매우 빨라서, 무려 초속 100미터(330피트)에 이른다.

일부 뉴런의 특정한 시냅스는 뇌의 사건에 의해서 행동에 변화가 생긴다. 이런 시냅스에게 과거의 흥분 형태를 "기억"하게 만드는 게 가능하다는 얘기이다. 특정한 방식으로 시냅스에 자극을 주면, 뉴런 속으로 칼슘이온을 받아들이는 통로가 열린다. 뉴런에 칼슘이온이 들어 있을 경우엔 아직 규명되지 않은 일련의 복잡한 화학반응이 일어나서, 이전에 유입된 적이 있는 자극에 대한 시냅스의 반응을 한층 강화시킨다. 장기간 강화라고 부르는 이런 작용이 만드는 체제를 통해서, 뉴런은 낯익은 자극에 반응하여—처음 그런 자극을

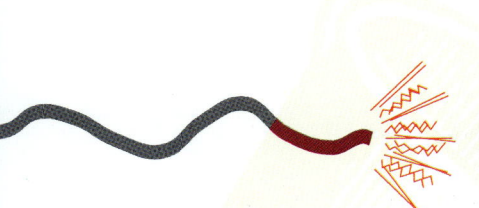

겪은 지 며칠, 몇 주, 심지어 몇 년이 흐른 뒤에도—한층 수월하게 흥분하게 된다. 어떤 신경학자들은 이런 과정이 기억을 만들고 회상하는 인간 능력의 토대가 된다고 믿는다.

수십억 개까지는 아닐지라도 수백만 개에 이르는 세포들의 연락망 전역을 전자 화학 신호가 뒤덮고 있다. 지금껏 불가피한 사정으로 간략하게 묘사한 뇌의 기본 "언어"에 따르면, 이런 신호들의 복잡하면서 미묘한 상호 작용의 결과가 바로 인간의 사고이다. 뇌의 물리적 화학적 작용을 정신적인 사건—사고, 감정, 기억—과 동일시하려고 애쓰는 신경학자들은 만만찮은 난제를 상대하고 있는 게 분명하다.

화학적 의식

신경외과 의사 R. G. 히스의 작업에서 신경전달물질이 인간 사고에 영향을 미친다는 걸 보여주는 결정적인 증거를 얻을 수 있다. 그는 의식이 깨어 있는 상태의 정신병자들을 수술하는 중에 편도선 근처의 격막 부위에 신경전달물질을 몇 방울 떨어뜨렸다. 이곳은 일부 정서적인 행위를 담당하는 걸로 알려진 부위이다. 환자들은 신속하면서 극심한 기분 변화를 보였다. 어느 사내는 거의 치명적인 병에 걸린 아버지를 떠올리며 막 눈물을 흘리려던 순간, 갑자기 아주 노골적으로 히죽대면서 지금 화끈한 데이트 계획을 짜는 중이라고 히스 박사에게 말했다.

오늘날 의사들은 특별히 고안한 분자들을 우울증에서 정신분열증에 이르는 여러 정신질환 치료에 사용하고 있다. 신경전달물질의 작용을 모방하거나 억제하거나, 또는 작용에 변화를 주는 분자들이다. 항우울제의 주된 유형을 포함한 어떤 약들은 일정한 신경전달물질의 집중력을 높여준다. 또한 프로작(플루옥세틴) 같은 약은 이동 중인 특정한 신경전달물질에 대한 반응을 억제한다. 이와 동시에 이런 물질들은 비교적 효능이 강한 여러 "기분전환" 약의 주성분이다. 가령 강력한 환각제인 LSD는 신경전달물질 세로토닌의 활동을 방해하는 걸 통해서, 감정을 다루는 일정한 뇌 부위가 과도한 자극을 받게 만든다.

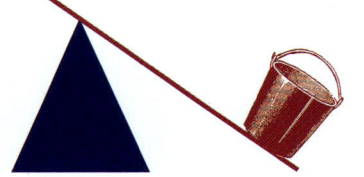

신경전달물질 생산의 불균형은 뇌 기능에 심각한 문제를 일으킬 수 있음이 이미 밝혀졌다. 신경전달물질인 도파민 과잉은 정신분열증과 관계가 있다. 쉽게 얘기해서 뉴런이 너무 쉽게 흥분하면 환각처럼 앞뒤가 많지 않는 사고를 유발하는 걸로 보인다. 반대로 도파민 결핍은 파킨슨병의 몸 떨림 증상과 근육운동 협조 능력 상실증과 연관이 있다. 알츠하이머병 환자들은 특히 해마상 융기(기억 형성에 중요한 뇌 부위) 속에 존재하는 신경전달물질인 아세틸콜린을 충분히 만들어내지 못한다.

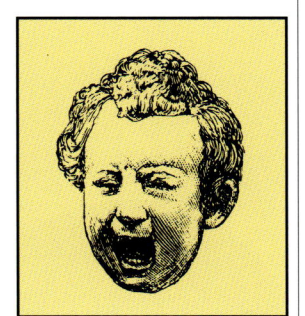

마음의 모델 *Models of the Mind*

학자들은 어려운 개념을 규명할 경우에 늘 비유법을 사용하고 싶은 욕구를 느낀다. 마음 연구자들도 예외는 아니어서, 마음의 기능에 관한 여러 다양한 모델이 존재한다는 사실은 심리학자 같은 이들이 풍부한 상상력을 지니고 있음을 보여준다. 이런 모델은 늘 최신 과학기술에 영향을 받아왔다. 어떤 모델은 역사적인 측면에서 흥미로우며, 또 어떤 모델은 뛰어난 통찰력을 보여준다. 고대 그리스인들은 마음을 줄로 조종하는 꼭두각시에 비유했다('뉴런'은 그리스어로 '줄'을 뜻한다). 17세기 프랑스 철학자 르네 데카르트는 수리학과 분수의 아름다움에 지대한 영향을 받은 사람으로, 신경을 용액으로 채워진 관으로 보았다(물론 그는 종교 당국의 심기를 건드리지 않으려고 신중하게 처신하여, 자신의 수력학 모델에 영혼이 들어갈 자리를 일부 남겨두었다). 영혼 개념은 18세기에 완전히 무시되었는데, 프랑스 의사 J. O. 메트리가 『인간 기계 *L'bomme machine*』(1747)에서 보여준 모델이 좋은 예였다. 그는 마음 전체가 물질이며 세포 다발에 지나지 않는다는 견해를 처음으로 제기한 사람이었다. 현대의 마음 이론은 이런 기계론적인 가정에서 출발한다.

19세기 초에 일부 해부학자는 뇌의 일정한 부위가 기억, 언어, 허영심, 재치, 놀라움 같은 특성을 지배한다고 주장했다. 그들은 두개골의 융기를 만져보면 이러한 특성이 발달한 정도를 알아낼 수 있다고 공언했다. 이런 과학은 골상학으로 알려졌는데, 골상학 개업의들은 각 특성의 위치를 나타내는 머리 "지도"를 만들었다. 1880년 시점에서 그들은 돌팔이라는 비난을 받았지만 일부 주장엔 귀담아들을 대목이 없지 않았다.

20세기 초에 신경학자들은 단순한 정보망에 바탕을 둔 뇌 모델에 매료되었다. 전화 교환국처럼 뇌는 신호를 받고 보낼 수 있으며, 이런 신호는 시스템 속에서 혼선과 "소음"에 시달리긴 해도 통과하는 중에 급격히 바뀌는 일은 없다. 결국 뇌는 종합 중계국이라는 얘기였다.

오늘날은 정보처리 모델이 우세하며, 많은 이들이 뇌와 컴퓨터 구조의 비교에 상당한 노력을 쏟고 있다. 그러나 신비주의자가 아니더라도 뇌는 정보처리 이상의 많은 일을 한다는 걸 알 수 있다. 뇌는 우리가 우리 자신의 선택을 행동으로 옮기고 실천하도록 허용하는 듯하다. 즉 인간은 자유의지를 갖고 있거나, 또는 최소한 이를 갖고 있는 걸로 추정하는 일이 가능하다. 자유의지가 환상인지 아닌지의 문제는 기계론적인 마음 모델이 여전히 직면하고 있는 중요한 과제이다.

1960년까지 특히 미국의 마음 연구자들은 인간을 기계로 보는 견해를 스스럼없이 받아들였다. 그들은 이른바 행동주의 이론을 신봉했다. 존 B. 윗슨(1878~1958)과 B. F. 스키너(1904~1990) 같은 심리학자는 자유의지를 환상으로 보았다. 행동주의 이론에 의하면, 우리는 자신이 원하기 때문에 치약을 산다고 생각하지만 사실상 과거 경험의 영향 때문에 그렇게 행동하는 것이다—모든 행동은 과거의 상벌(賞罰)의 산물이다. 달리 표현하면 우리는 스키너가 개개인의 조건적응의 역사라고 부른 것에 따라서, 행동하는 것이 아니라 다만 반응하는 것에 불과하다.

스키너는 치밀한 당근과 채찍(상벌) 계획표를 통해서 의식과 의지에서 비롯된 것처럼 여겨지는 복잡한 행동을 "만들어낼 수"(사실상 창조해낼 수) 있음을 입증하려 했다. 구경거리가 될 만한 실험에서 그는 탁구를 칠 수 있도록 비둘기들의 행동을 "만들어냈다." 비둘기들을 길들여 그런 행동을 하게 만드는 게 가능하다고 할 때, 인간 또한 길들이는 걸 통해서 지금껏 알려진 모든 인간 행동을 하게 만들 수 있지 않을까?

스키너는 인간에게 자유의지가 없을 뿐 아니라, 자유의지가 존재한다는 환상은 인간의 많은 불행의 원인이라고 믿었다. 그는 유토피아 소설 『월든 투 *Walden Two*』에서, 어린이 교육을 위해 상을 주고 이따금 벌을 내리는 방법을 쓰는 평화롭고 창의적인 사회를 그려 보였다. 영국 작가 올더스 헉슬리가 악몽 같은 "멋진 신세계"를 목격한 곳에서, 스키너는 진취적이고 협동심이 뛰어나면서 잘 제어된 사회를 보여주었다.

행동주의는 1913년부터 1970년대 중반까지 모든 심리학 분야에 큰 영향을 미쳤으며 여러 가지 점에서 유익한 기능을 했다. 그러나 지난 20년 사이에 행동주의는 한계가 노출되었으며, 오늘날 대부분의 심리학자는 자신의 이론에 의식을 포함시켜야 한다고 믿는다. 완고한 일부 환원주의자를 제외한 대부분이 인정하듯이, 의식의 토대를 규명하기 전엔 인간이 행동하는 방식과 이유를 제대로 규명할 수 없을 것이다.

왼쪽 뇌, 오른쪽 뇌 *Left Brain, Right Brain*

첫눈에 인간의 뇌는 완벽한 대칭으로 보인다. 즉 두 개의 대뇌 반구가 거울에 비쳤을 때처럼 좌우 반대의 상을 이루고 있다. 그러나 좀더 자세히 조사해보면 구조와 기능 모두에서 한쪽으로 다소 치우쳤음을 알 수 있다. 피질 좌반구는 우반구보다 약간 크며, 다른 방식으로 기능이 배정되어 있는 걸로 보인다.

피질 좌반구는 몸 오른쪽을 제어하고 우반구는 몸 왼쪽을 제어한다. 가령 좌반구에 뇌졸중이 생기면 오른쪽 얼굴과 오른손 제어에 문제가 생긴다. 그러나 이는 단순히 각 뇌반구가 몸 한쪽을 제어하는 차원의 문제가 아니다. 신경학자들은 기능에서도 많은 비대칭이 있음을 밝혀냈으며 "뇌의 우월성"이라는 용어를 사용한다. 모든 사람의 90퍼센트와 오른손잡이의 100퍼센트에 가까운 이들이 좌반구가 우월하며, 왼손보다 튼튼하고 솜씨 좋은 오른손을 갖고 있다.

의미심장한 건 대부분의 유아가 평소에 오른손으로 사물을 가리킨다는 사실이다. 사람들은 일단 손으로 사물을 지적한 뒤에 이름을 부른다. 오른손으로 사물을 지적한다면 그 순간에 좌반구를 사용하고 있는 것이다. 따라서 (최소한 오른손잡이의 경우에) 언어 기능이 이루어지는 곳은 좌반구라는 추정이 가능하다. 심리학자들이 아기들의 사물 지적 방식을 연구하기 오래 전인 1891년에, 프랑스 외과의사 피에르 브로카는 좌반구의 특정 부위를 다치면 말을 거의 못 하는 결과가 생긴다는 걸 입증했다. 이 부위는 그에게 경의를 드러내는 의미에서 브로카 영역으로 불리게 되었다.

언어 기능이 뇌의 한 부위에 배정되어 있다면, 뇌의 다른 활동들은 어느 정도까지 같은 방식의 구역 분할이 이루어져 있는 걸까? 신경과학자들이 이런 의문에 답하기 시작한 건 지난 50여 년 사이의 일이다. 1950년대에 로스앤젤레스 외

과의사 조지프 보겐은 간질병 환자들을 치료하면서 뇌량(腦梁) ─ 뇌의 좌우반구를 연결하는 넓은 신경 통로 ─ 을 절단

뇌 기능이 좌우반구로 분할되어 있음을 분명하게 보여주는 증거를 PET(양전자 방사 단층촬영, 183쪽 참조)에서 얻어낼 수 있다. PET 스캔(왼쪽 아래)은 언어 작업을 수행하는 오른손잡이의 좌우반구에서 이루어지는 신경활동을 보여준다. 좌반구의 격렬한 활동(노란색과 오렌지색)과 우반구의 무활동은 언어가 좌반구 속에 존재한다는 걸 의미한다. 반대로 왼손잡이의 뇌(오른쪽 아래)는 우반구의 왕성한 활동과 좌반구의 무활동을 보여준다. 그러나 모든

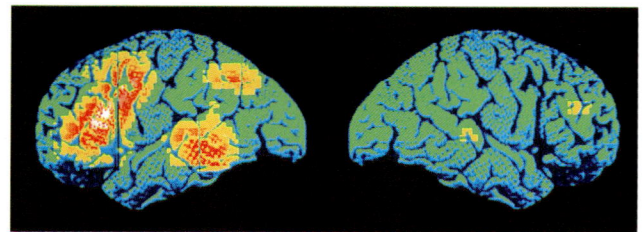

하는 방법을 사용했다. 그는 이런 과격한 수술로 간질병의 특징인 뉴런의 무분별한 흥분을 막을 수 있음을 알아냈지만,

사람한테 이런 분할법이 적용되는 건 아니다. 양손잡이, 그리고 원래 왼손잡이로 태어났지만 강요에 의해서 오른손을 사용해온 사람은 좌우반구 모두에 언어처리 부위가 있다. 많은 신경학자들이 로저 스페리의 이론을 토대로 삼았지만(34쪽 참조), 근년 들어서 일부 신경학자는 창의력, 감정, 지성 같은 비교적 수준 높은 기능의 위치를 특정 부위에 엄격히 한정하는 것에 이의를 제기했다.

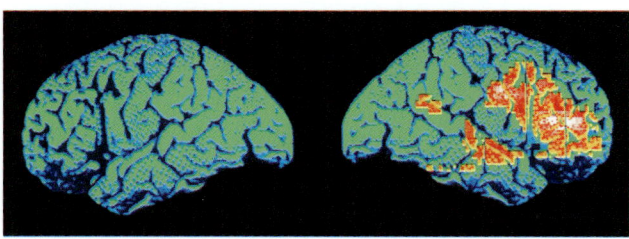

그 밖의 어떤 결과를 낳을지 알아낼 필요가 있었다. 그래서 이 문제를 캘리포니아 과학기술연구소의 정신생물학자 로저 스페리한테 제시했다. 당시에 스페리는 고양이와 원숭이의 뇌량 절단 결과를 연구하는 중이었다.

스페리는 "분할뇌"(分割腦, 좌우반구가 별개로 작용하는 뇌) 환자들의 한쪽 반구에만 정보를 주었다. 첫번째 연구는 촉각에 관한 것이었다. 환자의 눈을 가리고 왼손에 물건을 쥐어주었다. 이 손은 아무렇게나 늘어놓은 물건들에서 다시 그 물건을 골라내는 확률이 매우 높았지만, 오른손은 우연히 같은 일을 해내는 수준을 넘지 못했다. 시력에 대해서도 같은 실험을 했다. 시야의 왼쪽에 일순간 영상을 비춰주면, 오로지 뇌의 오른쪽만 그걸 "볼" 수 있었다. 분할뇌 환자는 자신이 본 것을 말로 묘사하지는 못했지만, 늘어놓은 그림들에서 그 영상을 골라낼 수 있었다. 비슷한 여러 실험을 통해서 뇌의 왼쪽은 언어와 논리와 "복잡하고 방대한 분량 계산"을 다루며, 오른쪽은 형태와 공간 인식과 창의력과 음악 재능을 담당한다는 이론이 만들어졌다.

또한 스페리의 작업은 모든 사람이 두 개의 자아를 갖고 있으며, 각 뇌반구가 자아를 한 개씩 담고 있다는 흥미로운 가설을 만들어냈다. 어떤 분할뇌 환자(여성)는 자신의 왼손이 특정한 반응을 보이는 걸 바라보며 이렇게 주장했다. "나는 그런 행동을 하지 않았어." 그녀의 자아 인식은 그녀의 왼손과 전혀 무관한 것처럼 보였다. 더군다나 그녀의 왼쪽 절반과 오른쪽 절반은 서로 다른 성격을 지닌 것처럼 보였다. 전자는 논리적인 성격, 후자는 상대적으로 거칠고 본능적인 성격이었다.

여러 가지 마음 *In Many Minds*

1950년대에 로저 스페리가 분할뇌 환자들을 상대로 혁신적인 실험(33쪽 참조)을 행하기 이전까지, 마음의 단일성에 의문을 던진 사람은 거의 없었다. 뇌와 마음과 사람은 제각각 하나뿐이라는 생각이 일반 정설이었다. 스페리의 작업은 연구 풍토에 변화를 일으켰다. 하버드 대학의 하워드 가드너, 스탠퍼드 대학의 로버트 오언스타인 같은 과학자는 스페리의 작업에 의거하여 복잡한 뇌 분석 이론을 만들어서, 단순한 오른쪽/왼쪽 분할보다 훨씬 정교하게 뇌의 구성요소를 나누었다.

이런 이론은 뇌 속에 "모듈"이 들어 있다고 단정한다. 모든 "모듈"은 서로 분리돼 있고 어느 정도 독립성을 갖고 있으며, 조직과 기능에 관련된 기본 구성단위를 말한다. 모듈—오언스타인은 "복합마음", 가드너는 "복합지능"으로 불렀다—은 서로 협력할 때도 있고 경쟁할 때도 있다. 어떤 사람의 경우엔 다른 모듈보다 발달한 모듈이 있는 것으로 보인다. 마음은 단일체가 아니므로, 어떤 사람을 가리키면서 그가 "지능이 있는" 사람인지 아닌지를 물어선 안 된다. 다만 각 모듈이 지배하는 특정한 기술 가운데 어떤 기술이 뛰어난지를 물어야

한다.

가드너의 복합지능 개념은 영국 심리학자 리엄 허드슨의 작업에서 다소 도움을 받았다. 1960년대에 허드슨은 매우 영리한 남학생들의 문제해결 능력을 연구했는데, 말 재능을 지닌 아이들과 과학 재능을 지닌 아이들로 뚜렷이 구분된다는 걸 알아냈다. 허드슨이 보기에 "예술가"는 과학자와 다른 지능이나 마음을 갖고 있는 걸로 여겨졌으며, 진정한 박식가는 극히 드물었다.

가드너가 밝혀낸 지능은 두 가지가 아니라 일곱 가지였다 — 언어학 지능, 논리수학 지능, 공간 지능(가령 지도 찾기나 형태 인식에 사용), 음악 지능, 신체 운동감각 지능(근육운동협조 기능 관장), 대인관계 지능(다른 사람들을 이해하는 능력, 그리고 이런 이해에 의거하여 그들의 행동을 예측하는 능력), 자기 내면 지능(자기 자신을 이해하는 데 사용하는 능력) 등이었다.

가드너는 이러한 기술 가운데 한두 가지에 재능이 있지만 나머지는 아주 형편없는 아이들이 있는데, 교육계 전체가 이를 무시한다고 주장한다. 그의 저서 『복합지능 *Multiple Intelligences*』(1993)은 교육자들이 별개 능력들을 인식하고, "지능들" 사이에 거의 연관성이 없을 가능성이 매

이 그림(오른쪽)을 그린 영국 화가 스티븐 윌서(1975~)는 자폐증으로 어려움을 겪고 있지만 시각 기억이 매우 정확해서, 아주 잠깐 바라본 건물을 몇 년 뒤에 놀라운 솜씨로 재현해내는 능력이 있다.

마음이 여러 구획으로 분리돼 있다는 개념은 캐나다 태생의 화가 윌리엄 쿠렐렉(1927~1977)의 그림 〈미로〉에 생생하게 묘사되어 있다. 런던 모드슬리 병원에서 정신병 환자로 지내던 시기에 그린 그림이다. 그는 자신의 뇌를 불행한 사고로 채워진 미로로 보았으며, 탈진하고 낙담한 상태로 중앙 칸막이 속에 웅크린 흰쥐로서는 미로에서 빠져나갈 길이 없다고 보았다. 흰쥐는 쿠렐렉 자신의 영혼을 의미한다고 여겼다.

우 높다는 사실을 현실로 인정할 것을 간청한다.

가드너의 이론은 상식에 호소한다. 가령 학교의 "낙오자"가 영향력 있는 지도자나 산업계의 수장이 되는 경우가 많다. 세상사에 초연한 철학교수가 물이 새는 수도꼭지 하나를 제대로 못 고친다는 고정관념은, 우리가 생각하는 것 이상으로 옳은 이야기일 수 있다. 그런데 이런 이론을 뒷받침하는 한층 구체적인 증거들이 있다. 뇌의 국부 손상이 특정한 "지능들"에 미치는 영향에 관한 연구, 그리고 때로는 '천재 백치'라고 부르는 비범한 사람들에 대한 장기간의 추적검사 같은 경우이다. 이런 사람들은 전통적인 IQ 검사에서 낮은 점수를 받지만, 놀라운 기술이나 지능을 갖고 있다. 예를 들면 나디아라는 아이는 심각한 신경기능 장애에 속하는 자폐증을 앓아서 정서적으로 매우 위축되었지만, 말[馬]을 그리는 능력이 상상을 초월하는 수준이었다.

가드너는 인간에게 일곱 개의 지능 또는 마음이 있다고 주장하지만, 로버트 오언스타인은 숫자에 관해서 덜 명확하다. 그 또한 뇌를 단일체로 보아선 안 된다고 주장하면서, 여러 불연속층(위에서부터 피질, 중뇌, 소뇌가 놓인)을 지닌 뇌 구조와 역시 불연속상태인 마음의 여러 작용들을 비교한다.

뇌 속에서 여러 "지능" 또는 여러 "복합마음"의 위치가 제각각 어디인지 알아낸 사람은 지금껏 아무도 없다(가드너가 위치에 관해서 심사숙고하긴 했지만 말이다). 그러나 만일 이런 일이 가능한 거라면, "후각의 논리는 청각의 논리와 전혀 다르다"는 오언스타인의 주장이 실제로 옳은 거라면, 마음과 뇌를 이해하기 위해선 서로 '종류'가 다른 언어들에 대한 이해가 필요하다는 사실이 밝혀질 것이다.

뇌는 어떤 종류의 컴퓨터일까? *What Kind of Computer is the Brain?*

최초의 디지털 컴퓨터 — 열이온관으로 채워진 방 크기의 거추장스러운 기계 — 는 1940년대에 만들어졌다. 오늘날 랩톱 컴퓨터의 능력을 아주 조금밖에 지니지 못했지만, 정보를 익히고 처리하고 회상하는 초보적인 능력은 컴퓨터 계산 작업의 선구자들에게 컴퓨터과학 발달에 관해서 야심만만한 예언을 하게 만들었다. 1950년대 초반에 영국 수학자 앨런 튜링은 20세기 말에 이르면 "생각하는 기계"가 현실이 될 거라고 예언했다. 뿐만 아니라 사실상 인간과 흡사한 행

동을 하는 기계가 만들어지리라 여겼다. 이후로 인공지능(AI) 탐구가 이어졌지만, 기계가 지능을 얻거나 심지어 인간 정신의 여러 측면을 그럴듯하게 흉내낼 날이 올지에 대해선 여전히 의견이 분분하다. 일부 AI 전문가는 컴퓨터가 인간에 버금가거나 인간을 능가하는 의식을 획득하는 건 시간문제라고 주장하는 선까지 나아간다. 이런 극단적인 견해는 주로 컴퓨터 과학자들이 제기하는데, 오늘날 컴퓨터가 뇌 기능 이해에 전혀 기여하지 못한다고 믿는 심리학자와 신경학자는 거의 없다. 대부분이 뇌 피질과 컴퓨터를 비교하는 마음 모델에 매료된 상태이다.

뇌 과학자 중에서 인공지능에 대해 "완고한" 입장을 고수하는 이들, 그리고 "온건한" 입장을 고수하는 이들을 구별하는 건 의미 있는 일이다. 온건한 입장은 뇌가 어떻게 문제를 해결하는지 이해하려면, 동일한 문제를 컴퓨터가 어떻게 해결하는지 조사하고 유용한 유사점을 모색하는 것이 도움이 된다고 주장한다. 완고한 입장은 유사점을 찾는 것에 만족하지 않는다. 이들은 뇌가 컴퓨터와 동일한 내부 배선을 갖고 있다고(아직까지 이런 수준의 컴퓨터는 만들어지지 않았지만) 주장한다. 또한 인간의 업무를 훌륭하게 수행하도록 컴퓨터 프로그램을 작성하는 게 가능하다고 할 때, 뇌 역시 그런 업무를 수행하도록 같은 방식으로 프로그램이 짜인 게 틀림없다고 주장한다.

뇌와 컴퓨터의 비교는 확실히 매력적인 측면을 갖고 있다. 컴퓨터와 뇌 모두가 단순한 여러 기본단위 — 하나는 트랜지스터, 또 하나는 뉴런을 갖고 있다 — 로 이루어져 있다. 컴퓨터는 2진법 언어 — 일련의 "온"과 "오프" 전자 파동 — 를 통

튜링 테스트

1950년에 영국의 컴퓨터 개척자 앨런 튜링은 컴퓨터가 인간의 지능을 지녔는지를 테스트하고자 "흉내 놀이"를 고안했다. 튜링의 테스트엔 남자 하나와 여자 하나, 그리고 공정한 "질문자"가 글을 주고받는 형식의 여러 번의 "대화"가 포함되었다. 질문자는 두 남녀에게 질문(외모와 무관한)을 던졌다. 만일 컴퓨터가 한 응답자를 대신하여 답변해서, 문답의 70퍼센트에서 질문자로 하여금 컴퓨터 자신을 인간으로 믿게 만들 수 있다면, 그 컴퓨터는 "지능을 갖춘" 걸로 간주한다는 게 이 테스트의 취지였다. 현재까지 어떤 컴퓨터도 튜링의 테스트나 여타 비슷한 테스트를 시종일관 계속하여 통과하지 못했다.

00111 01 001 11001 010110 110 10 00 0110 11001 010110 001

해서 작동하는데, 뉴런 역시 전자 파동을 전달하거나 통행을 차단하는 동일한 작동방식을 갖고 있다. 그리고 컴퓨터는 뇌의 "병렬처리" 구조를 지향한다.

그러나 많은 이들이 유사점을 지나치게 과장하는 걸 경계한다. 철학자 패트리샤 처칠랜드와 신경학자 테리 세즈놉스키는 "신경계는 자연스럽게 발달한 컴퓨터이며, 여전히 작동방식을 알 수 없다"고 주장한다. 뇌는 낡고 쓸모없는 모델을 폐기하고 새롭게 설계한 모델로 대체하는 "디자이너" 없이 발달했다. 내부에 이미 확정된 작업수행 방식이 있는 게 거의 확실하다는 얘기이다. 또한 처칠랜드와 세즈놉스키는 뇌를 다목적 디지털 컴퓨터에 비유하는 건 옳지 않다고 주장한다. 오로지 특정한 연산이나 절차를 처리하도록 뇌에 프로그램을 입력하는 건 불가능한 일이기 때문이다. 이와 달리 뇌는 업무 수행력이 탁월하지만 융통성엔 한계가 있는, 서로 연결된 매우 전문적인 체계들의 집합으로 여겨진다. 가령 시각 피질은 소뇌의 기능을 대신해서 처리할 수 없다. 나아가

서 두 사람은 AI 이론이 생리적인 사실들을 통합해야 한다고 강조하면서, 하등동물인 바다가재가 어떻게 음식을 먹는지에 관한 연구를 예로 든다. 바다가재의 위장 분쇄기는 소화를 위해서 음식물을 가루로 만드는 역할을 하는데, 이런 기능을 맡는 근육을 다스리는 조직은 불과 28개의 뉴런으로 구성된 구강위 신경절(節)이다. 28개 뉴런의 기본적인 전자생리학적 특성과 해부학적 특징은 이미 분류가 끝난 상태이다. 따라서 조직의 작용방식을 이론으로 규명하는 작업이 남아 있다. 바다가재의 위장은 규칙적인 반복운동으로 음식을 소화한다. 그러나 집중적인 연구에도 불구하고, 지금껏 28개 뉴런 가운데 소화 분쇄를 맡는 뉴런 또는 기본단위를 단한 개도 밝혀내지 못했다. 바다가재의 소화방식 하나를 측정하는 것도 쉽지 않은 상황에서, 많은 심리학자들이 컴퓨터의 마음 모델은 옹호자들이 인정하는 것 이상의 한계를 지니고 있을지 모른다고 여기는 건 지극히 당연한 일이다.

00111 01 001 11001 010110 110 10 00 0110 11001 010110 001

비물질 마음 *The Non-Material Mind*

유기체와 비유기체는 차이점이 있기 때문에, 컴퓨터 모델은 일부 열광자들이 제시하는 것 이상의 한계를 지닌 걸로 보인다. 최근에 이런저런 유물론적인 이론이 위세를 떨치고 있지만, 어느 시대나 이러한 이론은 모든 사실을 설명하지 못하며 앞으로도 그럴 거라고 주장하는 과학자들이 존재했다.

고(故) 앨리스테어 하디 경은 해양 생물학자로 명성을 떨쳤으며 바다 플랑크톤 분포도를 만들었다. 그러나 그 역시 1925년부터 10년간 영국 언론이 발표한 모든 종교 현상과 영적 체험 기사를 오려서 파일을 만들었다. 그는 심리학과 생리학이 영적 차원을 포함해야 한다고 믿었기 때문에 옥스퍼드 대학에 종교체험연구소를 세웠다.

하디는 신경학자가 아니었지만 뇌 활동이 모든 정신 행위를 설명하지 못한다고 믿었다. 이런 믿음을 공유한 또다른 사람은 신경자극 전달에 대한 전통적인 경험주의 작업을 통해서 1963년에 노벨상을 받은 생리학자 존 이클리스 경이다. 『뇌의 진화 *The Evolution of the Brain*』(1989)에서 그는 모든 포유동물이 의식을 갖고 있지만 인간은 특별히 자의식을 갖고 있다고 주장한다. 다윈의 자연 선택 진화론을 인정하는 반면에 이런 이론이 와해되는 시점이 있다는 것이다. 이는 우리의 원인(原人) 조상이 질적으로 다른 의식인 자의식의 징후를 보여주기 시작한 시점을 의미한다.

수학 문제

오늘날 생물학적인 뇌 체계에서 어떻게 비교적 수준 높은 뇌 작용들이 이루어질 수 있는지에 대해서 사리에 맞는 추측을 떠올리는 것이 가능해졌다. 그러나 여전히 많은 비밀이 남아 있다. 가령 1970년대의 어느 연구에서, 영국 셰필드 대학의 수학과 학생 여러 명이 뇌의 상당량이 없다는 게 밝혀졌다. 어느 남학생은 피질을 30퍼센트밖에 갖고 있지 않았다―나머지는 물로 여겨졌다. 그러나 이런 장애에도 불구하고 그 학생은 무난히 학위를 취득했다. 어떻게 이런 일이 가능했던 건지 제대로 아는 사람은 아무도 없다.

$$\sum \pi \ \% \notin \kappa = \Phi$$

고고학 연구는 네안데르탈인이 출생과 죽음을 구분하고자 제의를 활용했음을 보여준다. 이클리스의 주장에 의하면, 죽음을 피할 수 없는 운명에 대한 이러한 인식은 다른 동물의 의식을 넘어서는 획기적인 도약을 의미한다. 그는 논쟁의 여지가 있는 견해를 덧붙인다. "초자연적인 영적 창조에 의해서 자아 또는 영혼의 유일성이 생겨났다는 걸 인정하지 않을 도리가 없다."

이클리스는 물질 마음과 비물질 마음을 연결하는 모델을 개발했다. 그는 바깥세계(빛, 소리, 냄새, 감촉)와 내면세계(사고, 느낌, 기억, 꿈, 이미지 형성, 의도)를 구분한다. 특히 내면세계는 "연락 뇌"와 연결되어 있다. 연락 뇌는 자아, 자신, 영혼을 담고 있으며 의지의 근원이다. 이클리스 이론의 핵심은, 연락 뇌는 물질과 거리가 멀지만 그럼에도 물질 뇌에 영향을 줄 수 있다는 주장이다.

이클리스는 연락 뇌와 연결된 뇌 부위를 밝혀내고자 노력했다. 뇌 우반구 두정엽의 두 부위가 최신 피질―매우 새로운 피질이라는 의미에서 그 스스로 붙인 이름이다―이라는 부위를 구성한다는 견해를 그는 제시한다. 원숭이는 이곳이 제대로 발달하지 않았으며, 인간 태아의 경우엔 뒤늦게 발달하는 걸로 보인다. 따라서 이 부위는 진화과정에서 뒤늦게 인간 뇌에 추가되어, 창의력과 "지식에 관한" 기능을 맡게 되었다고 그는 주장한다. 달리 말해서 이곳이 바

로 영혼과 연결되는 부위라는 것이었다.

　이클리스가 시험적으로 신체 이론을 제시한 건 자신의 마음 모델이 안고 있는 위험부담을 줄이기 위해서였다. 그러나 현대 양자물리학과 관련지어 바라볼 때 그의 제안은 어쨌든 그럴듯한 주장으로 여겨진다. 불확정성 원리에 따르면 원자보다 작은 미립자의 위치와 에너지를 동시에 측정하는 건 불가능하다. 미립자의 에너지를 측정할 땐 위치를 정확히 파악할 수 없으며, 오로지 개연성에 의거해서 위치를 묘사할 수 있을 뿐이다. 모든 물질은 이런 미립자들로 구성된다. 따라서 직접적인 원인과 결과의 형식에 의지하는 유물론 이론으로는 "개연성의 장"으로 작용하는 걸로 여겨지는 인간의 뇌

같은 복잡한 체계의 작용을 제대로 묘사할 수 없다. 더군다나 양자물리학에서 최근에 발견한 무엇보다 놀라운 사실은 각 미립자의 운명 — 그것이 이리로 움직일지 저리로 움직일지에 관한 — 이 관찰자의 존재 여부에 달려 있다는 것이다.

　많은 과학자들이 이클리스의 이론(과학적 정설을 정면으로 반대하는 게 분명한)을 거부하면서, 그의 견해는 영혼이 뇌의 송과선(松果腺)에 들어 있다는 데카르트의 믿음의 현대판이라고 말한다. 그러나 정밀하면서 일견 그럴듯한 그의 생물학적 모델은 일부 학자들에게서 지지를 받았다.

마음의 정신역학 모델 *Psychodynamic Models of the Mind*

마음을 이해하려는 학자들은 상당히 다른 세 종류의 이론을 비교할 필요가 있다. 하나는 뇌의 생물학과 생리학과 생화학에 관한 기계론이고, 또 하나는 인간이 주위 환경 속의 사건들을 인지하고 해석하는 방식을 다루는 현상론이며, 나머지는 마음을 심령 에너지의 여러 원천의 집합으로 보는 정신역학론이다. 심령 에너지는 늘 우리의 의식을 피해서 숨어 있으며, 이런 에너지들의 역동적인 상호 작용이 인간 행위를 만든다는 것이 정신분석학의 관점이다.

　지금껏 많은 정신역학 이론가들이 활동해왔다―카를 융, 앨프리드 애들러, 멜라니 클라인, 빌헬름 라이히, D. W. 위

니코트는 모두 마음 이해에 중요한 공헌을 했다. 그런데 대부분이 1890년대에 정신분석 이론을 개발한 지크문트 프로이트의 작업에서 영감을 얻었다. 정신분석 이론은 숨어 있는 심령 에너지를 들추어내서 검사하는 방법이며, 무의식을 의식할 수 있는 대상으로 만드는 방법이다.

　프로이트의 중심 이론 가운데 인간 사고를 두 가지 기본 단계―의식(우리가 인식하는 대상)과 무의식(인식하지 못하는 대상)―로 나누는 이론이 있다. 그는 용납하기 힘들거나 금기시된 사고와 소망과 기억(대체로 생물학적 기본 충동에 관한 유년 시절 경험과 연관 있는) 등은 억압되거나 의

셰익스피어 작품을 매우 좋아한 지크문트 프로이트 (1856~1939)는 『폭풍우 *The Tempest*』의 반인반수 칼리반 (오른쪽)이 이드의 표현이 틀림없다고 주장했다.

식 밖으로 추방당하지만, 무의식 속에서 계속 머물게 된다고 믿었다. 외부 사건 또는 연상은 이런 억압된 내용물이 의식 속으로 돌아오게 만든다. 그 결과 당사자는 그런 내용물이 처음에 유발했던 근심과 갈등을 다시 체험하게 된다.

프로이트에 의하면 무의식적인 갈등은 성격의 세 가지 측면—이드, 자아, 초자아—사이에서 행동화가 이루어진다. 이러한 측면들은 그의 저서 『자아와 이드 *The Ego and the Id*』(1923)에 잘 묘사되어 있다. 이드 ("it"에 해당하는 라틴어)는 개개인의 본능 에너지의 무의식적인 근원이다. 이드는 리비도—성욕과 "생명력"—의 대형 저장소를 형성한다. "쾌락 원칙"이 지배하는 이드는 희생을 고려하지 않는 신속한 만족감을 모색한다. 이런 무수한 충동에서 인간 성격의 실용적이고 합리적인 자아("I"에 해당하는 라틴어)가 발달한다. 자아는 이드를 충족시키려 애쓰지만, 현실세계의 구속을 받는 가운데 그 일을 해야 한다는 걸 스스로 잘 알고 있다. 초자아는 우리를 겁쟁이나 성자로 만드는 양심이다. 이드의 거친 충동을 억제하며, 우리들이 리비도 에너지를 한층 "건설적인" 용도로 전환하게 해준다. 또한 초자아는 우리가 몸담고 살아가는 사회의 규칙과 열

망이 담긴 무의식 속의 설계도로 볼 수 있다.

인간은 주로 무의식적인 갈등이 끝없이 꼬리를 무는 상태 속에 놓여 있으며, 자아는 서로 맞서는 이드와 초자아의 여러 요구에 맞서서 이것들의 균형을 이루고자 노력한다. 자아는 불안감을 유발하는 내용물을 다루는 걸 피하게 해주는 방어 기제를 통해서 이러한 갈등으로부터 자신을 지킨다. 프로이트의 이론이 묘사하는 수많은 방어 기제 가운데 "주관의 객관화"는 자신이 품고 있는 용납하기 힘든 생각과 욕망을 다른 사람 탓으로 돌리는 것이다. "부정"은 근심을 불러일으키는 무언가가 존재한다는 사실을 전혀 인정하지 않는 것이다. "억압"은 용납하기 힘든 충동을 무의식 속으로 돌려보내는 것이다. "승화"는 추잡한 충동이나 생각이 창의적인 행동을 지향하게 만드는 것이다.

많은 해석자들이 비과학적이면서 경험을 통한 입증이나 반증이 불가능하다는 이유에서 프로이트의 이론을 비판했다. 저명한 아동심리학자 장 피아

스위스 심리학자 카를 융(1875~1961)은 바젤 대학에서 약학, 취리히 부르크횔츨리 병원에서 정신의학을 공부했다. 여러 해 동안 지크문트 프로이트 곁에서 공동 작업을 하면서 정신분석 이론 개발을 도왔다. 그러나 융이 성(性)을 강조하는 프로이트의 이론을 거부하고 마음의 영적 측면을 탐구하기 시작하면서 둘 사이에 불화가 생겼다. 융은 집단무의식과 개인무의식이 구별된다는 걸 의미하는 의식 이원성 이론을 폈다. 인간의 마음을 역사적인 맥락에서 이해하려 했으며, 신학과 문학과 강신술과 연금술에서 영감을 얻었다.

제(78쪽 참조)는 지난 50년 동안 연구 생활을 하는 중에, 프로이트의 견해 가운데 조금이라도 가치 있는 건 한 가지밖에 발견하지 못했다고 말했다. 요즘 인기 있는 요법사들조차 정신분석학은 과학보다는 기술에 가깝다고 주장한다. 그러나 프로이트는 자신이 언젠가는 환자들의 역학 작용의 생화학적 특성을 밝혀낼 수 있을 거라고 확신했다. 심지어 논문 「과학적 심리학을 위한 계획」에선 억압 같은 현상을 "운반"하고자 특정한 세포와 "기억의 흔적"이 존재하는 게 틀림없다며, 이런 세포와 흔적의 종류들을 대략 묘사해보았다.

프로이트는 자신을 과학자로 여겼지만, 다른 요법사들은 과학자가 될 필요성에 대해 회의적이어서 스스로를 근대의 샤먼에 가깝다고 생각했다. 가령 융은 완벽한 심리학에 접근하려면 영적 차원을 포함해야 한다고 주장한다. 프로이트가 종교를 신경증으로 여긴 반면에, 융은 인간의 삶과 영혼의

중요한 측면을 드러내는 것으로 보았다.

융은 프로이트의 기본 이론을 대부분 받아들여서, 인간 정신의 의식적인 요소와 무의식적인 요소 모두를 인정했다. 그러나 무의식의 구조를 이해하는 방식에서 차이를 보였다. 융은 무의식이 두 가지 "층"을 갖고 있다고 믿었다. 하나는 융 스스로 개인무의식이라고 부른 것으로, 기억과 억압된 욕망(콤플렉스 형태로 모여 있는)의 저장소이다. 인간은 때때로 꿈이나 순간적인 회상을 통해서 이곳에 접근할 수 있다. 그 밑에 있는 층은 집단무의식인데, 우리 모두가 조상으로부터 "물려받은", 본능적인 행위와 사고 유형, 오래된 두려움과 기억들의 창고이다. 모든 인간은 옛날로 거슬러 올라가면 조상이 같다. 따라서 누구나 집단무의식 속에 뿌리내린 본질이 같은 내용물을 지니고 태어난다. 개인무의식의 내용이 콤플렉스 형태로 구성되어 있는 것처럼, 집단무의식의 내용은 원

융은 오랜 세월 여러 문화권의 신화와 종교 관습을 연구했으며, 주제와 표현방식에서 문화권 사이에 상당한 유사점이 있음을 알아냈다. 따라서 이러한 이야기와 풍습들은 더없이 강력한 원형의 표현이라는 견해를 제시했다─원형은 집단무의식 속에 뿌리박혀 있는 이미지이며, 모든 인류에게 공통된 유산이라는 것이었다. 그

는 정신분석 과정에서 환자들에게 그림을 그리게 했는데, 동서양 종교의 상징, 중세의 변형 "과학"인 연금술(왼쪽) 같은 비교(秘敎) 운동의 상징과 유사하다는 사실에도 강한 인상을 받았다. 상징은 비교적 수준 높은 동력이라는 그의 믿음은 프로이트와 불화하게 만들었다. 프로이트는 모든 상징이 이미 알려진 현실의 구체적 표현이라고 믿었다.

의식

개인무의식

집단무의식

융은 의식 밑에 개인무의식—개개인의 경험에서 생겨나는 억압된 기억과 욕망—이 놓여 있다고 여겼다. 더 깊은 곳에 인간이 동일한 조상에게서 물려받은 기억과 행동방식, 즉 집단무의식이 놓여 있다.

형—특정한 방식으로 인식하고 행동하는 심층 성향—의 형태로 조성된다. 집단무의식에 직접 접근하는 건 불가능한 일이다. 원형은 곧잘 남성적인 형상 또는 여성적인 형상을 취하는 상징의 형태로 모습을 드러낼 뿐이다. 융은 모든 문화권에서 여러 동일한 원형을 확인했다. 가령 "그림자"(우리가 두려워하거나 경멸하는 우리 자신의 일부분), "아니무스"(여성 인격의 남성적인 측면), "아니마"(남성 인격의 여성적인 측면), "페르소나"(우리가 세상에 내보이는 우리 자신의 일부분) 등이 좋은 예이다. 융은 환자들의 꿈(117쪽 참조)에 나타나는 원형적 상징을 분석함으로써, 그들이 겪는 심리 문제에 관한 지극히 중요한 실마리를 얻을 수 있다고 믿었다. 이런 상징의 의미를 밝혀내는 걸 통해서 환자 스스로 자신의 마음을 통찰할 수 있으며, 이런 통찰은 다른 사람들과의 관계에 영향을 주는 내면 문제와 갈등의 해결에 도움이 된다는 것이었다.

융의 견해는 대부분의 정신역학 이론 이상으로 과학적 검증이 불가능하다. 그러나 모든 정신분석 이론이 완전한 오류로 밝혀지는 날이 온다고 하더라도, 이런 이론의 중요성을 무시할 수는 없을 것이다. 인간이 자신을 바라보는 방식에 변화를 준 게 확실하기 때문이다.

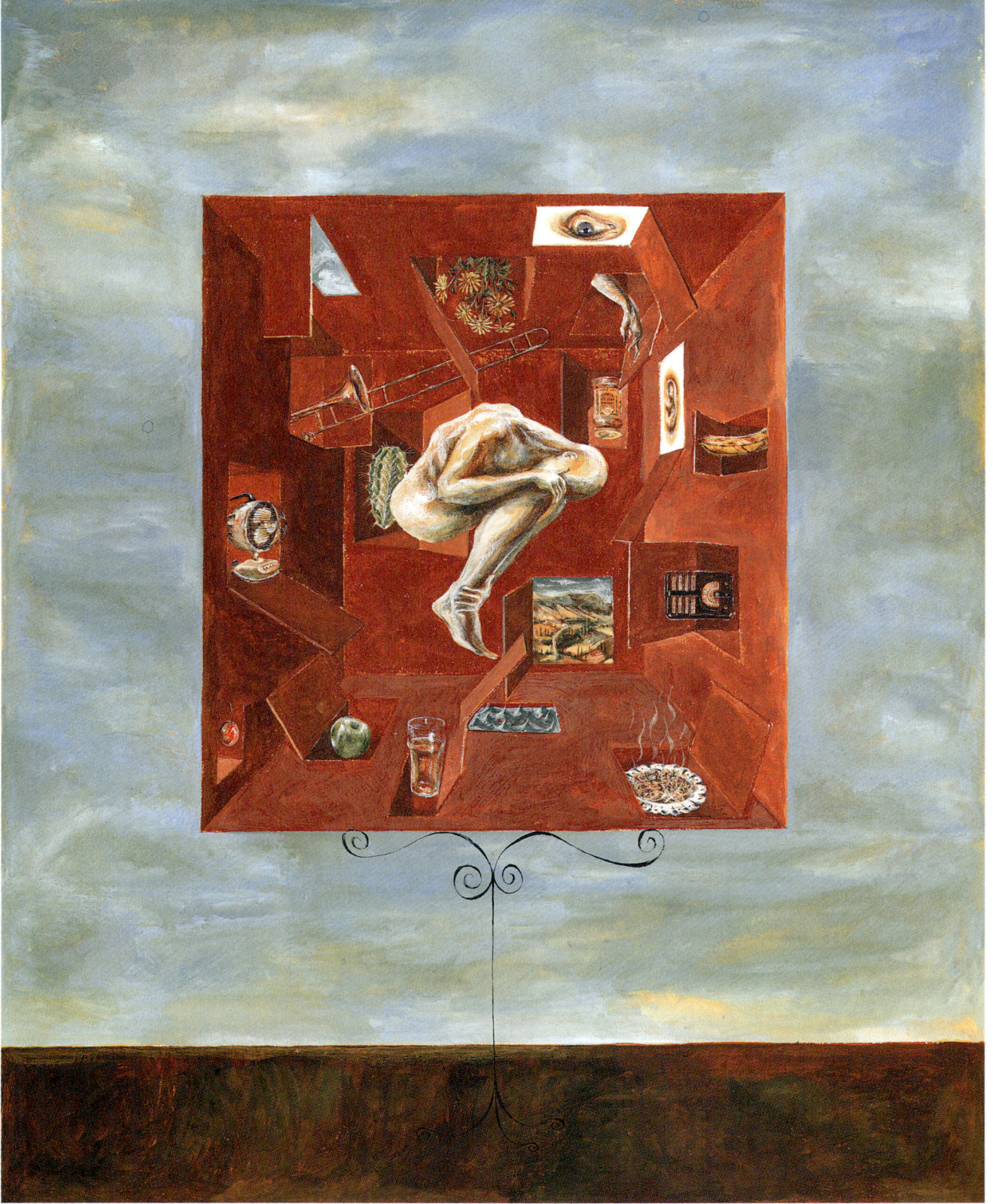

감각과 지각
Sensation and Perception

선충류 벌레는 811개밖에 안 되는 세포로 이루어져 있다. 하지만 이 단순한 유기체는 감각기관이 있어서, 몸 표면에 와 닿는 빛의 세기, 온도, 감촉, 화학물질 등의 변화를 탐지할 수 있다. 또한 이런 감각에 반응하여, 음식 같은 "좋은" 자극물을 향해서 움직이거나 지나친 열기 같은 "나쁜" 자극물을 피해서 달아난다. 감각은 선충류를 포함한 모든 유기체를 한층 효율적으로 생존하고 번식하는 "기계"로 만들어준다.

우리의 몸은 수십억 세포로 구성된 복잡한 기계이다. 그런데 우리의 감각은 단지 정교하고 복잡한 차원을 넘어 수많은 부분에서 선충류와 다르다. 선충류는 오로지 "생생한" 감각만을 경험하며, 이런 감각은 몸 표면에 어떤 일이 벌어지고 있으며 어떤 반사작용을 보일 건지를 일러준다. 선충류는 외부 환경에 대해 아무것도 "알지" 못하며, 사실상 알 수도 없다. 가령 몸에 와 닿는 열기를 느낄 때, 그 열기가 태양에서 날아오는 것임을 전혀 모른다. 인간 역시 생생한 감각―푸른빛, 지독한 열기 등등―을 느끼지만, 푸른빛이 풀에서 오는 것이고 열기는 장작불에서 오는 것임을 알아낸다. 단지 "지금 나한테 벌어지는 일"뿐 아니라 "외부에서" 벌어지는 일을 알아내는 이러한 능력이 바로 지각 작용이다. 지각 작용은 최초의 자극(감각 정보를 지닌)이 사라진지 오래된 뒤에도 회상할 수 있는, 환경에 대한 상징적이고

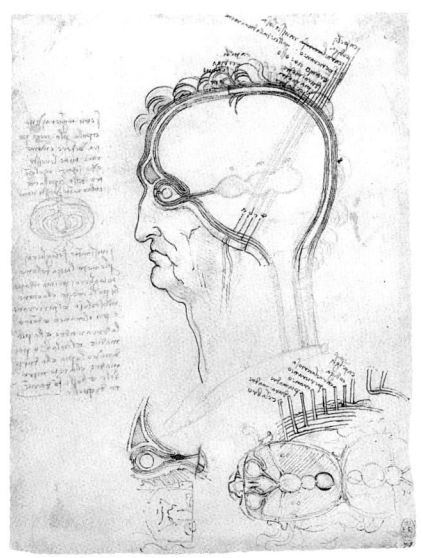

레오나르도 다빈치의 뛰어난 해부도는 감각계 구성에 관한 14세기의 통념을 반영한다. 그 시대 사람들은 눈이 기하학적으로 설계된 기관이며 다른 감각보다 우월하다고 믿었다. 즉 오감 수용체, 지력, 기억, 다른 감각들과 오감 합류점에서 직접 연결되어 있는 걸로 여겼다.

내면적인 표현을 만드는 작업을 포함하는 작용이다.

지각을 통해서 우리는 눈의 망막에 와 닿은 직선과 곡선의 시각적 형태를 장미로 해석하며, 내이(內耳)의 감각 털에 와 닿은 특정한 진동방식을 첼로 소리로 해석한다. 이런 작용은 지각을 비교적 수준 높은 모든 뇌 기능의 기본 요소로 만든다. 감각은 완전히 주관적이지만(가령 나는 "붉은색"에 대한 여러분의 직접 체험이 나의 체험과 동일한지 전혀 알 수 없다), 지각은 상대적으로 객관적인 것이기 때문이다―즉 우리 둘 다 지금 자신이 붉은색 장미를 바라보고 있다는 사실에 동의한다. 이러한 기본적인 공통 이해가 없다면, 서로 효과적으로 소통하는 건 말할 것도 없고 생각하는 일조차 불가능해질 것이다.

자연철학자들은 감각, 지각, 외부세계 등의 관계에 늘 흥미를 느껴왔다. 우리가 지각하는 건 실재인가, 아니면 "외부에" 있는 것과 일순간 관계를 맺을 뿐인 표상에 지나지 않는 걸까? 철학자들은 대체로 두 부류로 나뉜다. 존 로크(1632~1704) 같은 실재론자는 이렇게 주장한다. "오감이 제시하는 증거를 고려할 때 자연 속의 모든 사물은 확실한 존재를 갖고 있다. 인간의 몸이 얻어낼 수 있는 오감 증거가 엄청날 뿐 아니라, 인간의 조건은 풍부한 오감 증거를 필요로 하기 때문이다." 감각은 우리를 속이는 일이 없다는 것이

다. 실재론자들의 반대쪽에 아일랜드 주교 조지 버클리(1685~1753) 같은 관념론자가 있다. 버클리는 "존재한다는 것은 지각된다는 것"이라고 주장했다. 극단적으로 표현하면, 나무는 나 또는 여러분 또는 신이 바라볼 때만 존재한다는 것이다. 버클리는 환각 때문에 사물의 "실제" 존재를 확신하기 어렵다고 믿었다. 가령 물잔에 절반쯤 잠긴 막대기를 바라볼 때, 막대기는 구부러진 것처럼 보인다. 빛이 물 밖의 공기 속으로 나오면서 굴절되기 때문이다.

그런데 막대기를 만져보면 곧은 느낌을 준다. 나의 사물 지각에 모순이 있다는 얘기이다. 이러한 모순에 자극받은 철학자들은 결코 지각의 진실성을 믿을 수 없다고 주장한다. 우리가 지각 작용에서 신뢰할 수 있는 건 감각 자료—감각이 우리에게 전하는 정보—가 전부이다. 나는 환상의 희생자일지 모르기 때문에, 내가 지금 탁자를 바라본다는 사실을 의심할 수도 있다. 그러나 눈의 망막에 비친 건 탁자처럼 보이는 시각적 형태이거나 최소한 탁자의 감각 자료라는 사실은 의심할 수 없다는 것이다.

1900년 이래로 오감의 생리 현상과 생화학적 특징에 관한 지식은 상당한 진전을 이루었다. 오늘날 우리는 눈이 어떻게 이미지를 신경 자극의 흐름으로 바꾸는지, 귀가 어떻게 음조의 차이를 구분하는지 잘 알고 있다. 하지만 지각 과정에 대해선 별로 아는 게 없으며, 감각과 지각의 관계가 단순하

전후 시대의 저명한 영국 심리학자 도널드 브로드벤트(1926~1993)는 한 사람이 동일한 사물을 두 번 지각하는 건 불가능하다고 주장했다. 태양이 허공에 똑같은 각도로 떠 있을 때, 같은 지점에서 기자의 대형 피라미드를 14번 바라보았다고 가정해보자. 1에서 14에 이르는 지각을 "지니고 있는" 신경망이 작동할 것이기 때문에, 15번째 지각은 앞선 지각들과 미묘한 차이가 있다는 얘기이다.

지 않다는 게 이미 분명히 드러난 상태이다. 지각은 감각기관을 거쳐 들어온 자극이 "뇌의 사건"을 일으키고, 뒤이어 이런 사건이 외부 사건에 대한 내적 경험으로 바뀌는 한쪽 방향 작용이 아니다. 자극은 "뇌의 사건"을 일으키지만, 이런 사건이 암호로 바뀌는 방식은 우리의 뇌가 무엇을 기대하고 기억하느냐에 어느 정도 의존한다. "보면 믿게 돼 있다(백문이 불여일견)"라는 오래된 속담은 "믿으면 보게 돼 있다"로 읽을 때 한결 정확하다는 느낌을 준다 — 우리는 자신이 보게 되리라 기대하는 것을 보는 경향이 있다. 이런 현상을 실험실에서 연구한 건, 전체는 부분의 총계보다 크다고 주장한 20세기 초반의 게슈탈트("형태"를 뜻하는 독일어) 학파 심리학자들이었다. 인간은 자신이 바라보는 것에서 일단 익숙한 형태를 찾는 경향이 있어서, 이런 형태를 이해하는 데 사용하는 방법을 통해서 나머지 부분을 채운다. 또한 전체를 이해하는 데 꼭 필요한 요소, 그리고 없어도 무방한 요소를 서로 구분한다.

지각의 두드러진 특징은, 지각이 감각과 분리되는 다소 특별한 경우가 있다는 사실이다. 이럴 때 우리는 감각을 통해서 지각하지 않고도 "외부"에 무엇이 있는지 알 수 있다. 식역하(識閾下) 또는 잠재 지각이라 부르는 이런 현상을 통해서이다. 이런 정신 작용은 우리의 심기를 건드린다. 감각으로 느끼지 않은 걸 알아챌 수 있다는 얘기이기 때문이다. 그

런데 실제로 벌어진 일은, 우리가 바라보는 이미지가 너무 빨리 스쳐가는 바람에 감각이 아니라 지각으로 "등록"되는 것이다 — 그래서 여느 때처럼 감각을 동반하지 않기 때문에, 우리는 이런 지각을 진실한 것으로 믿지 않는다. 즉 우리는 당황하는 가운데 지각의 진실성을 의심하게 된다. 잠재 지각의 존재는 실험실 연구를 통해서 입증되었다. 어느 연구에선 100분의 1초 동안 실험대상자에게 단어를 하나 보여주었고, 뒤이어 좀더 오랜 시간 동안 두번째 단어를 보여주었다. 실험대상자는 먼저 보여준 단어와 관련된 단어일 경우에 다른 단어보다 빠른 속도로 그 단어를 인지했다.

현대 생리학은 뇌가 몸의 감각기관 — 이목구비와 피부 — 에 도달하는 신호를 어떻게 분석하는지 매우 정확하게 밝혀냈다. 또한 우리는 심지어 지각의 기본 특성 가운데 일부를 묘사할 수 있게 되었다. 그러나 중요한 의문 한 가지가 아직 해결되지 않았다. 우리의 뇌는 이런 신호를 어떻게 재구성하여 이미지와 소리와 촉각의 형태로 경험하게 만드는 걸까?

17세기에 아이작 뉴턴은 프리즘을 이용하여 흰색 빛을 여러 색깔로 나누었다. 그는 감각과 지각이 다르다는 걸 깨닫고 이런 글을 썼다. "정확히 말하면 광선은 채색된 것이 아니다. 광선엔 이런저런 색채 감각을 유발하는 일정한 에너지가 있을 뿐이다."

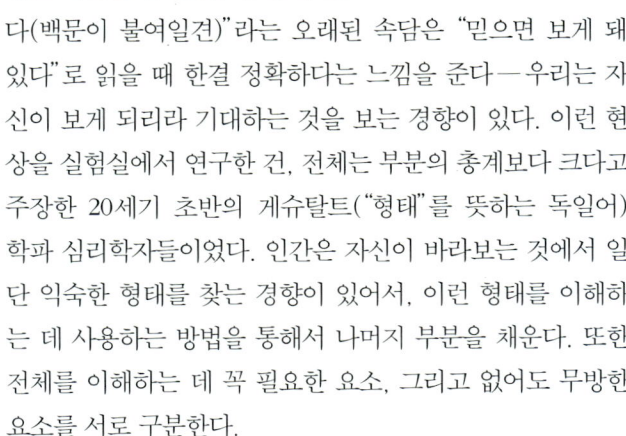

시각 Vision

인간의 눈은 종종 비디오카메라에 비유되었다. 이는 전혀 잘못된 비유가 아니다. 카메라의 경우에, 빛은 렌즈를 통과하여 빛에 민감한 수십만 개의 미세한 부분 또는 화소(畵素)로 분리된 감광판에 가닿으며, 감광판은 빛과 그림자 형태를 전자파동의 흐름으로 바꾼다. 카메라 기사는 그 순간에 이용할 수 있는 빛에 의존하는데, 조리개 크기를 바꿈으로써 카메라로 들어오는 빛의 양을 조절한다. 또한 렌즈의 여러 부분을 움직여서 가깝거나 먼 물체에 정확하게 초점을 맞춘다. 이와 마찬가지로 자동으로 열리고 닫히는 동공이 눈으로 들어오는 빛의 양을 조절한다. 또한 눈 속 수정체가 변형되면서, 빛에 민감한 눈 부위 — 망막 — 에 사물의 초점을 맞춘다. 망막에서 빛에 민감한 수백만 개의 구성요소 — 간상체와 원뿔체 — 들이 빛과 그림자 형태를 신경 자극의 흐름으로 바꾼다.

그러나 더이상의 비교는 불가능하다. 우리가 눈을 뜰 때 바라보는 세상은 감각의 조각조각 — 비디오카메라의 화소 — 의 집합이 아니며, 분명한 사물과 형상과 색깔이기 때문이다. 이런 작업을 수행하는 능력만으로도 인간의 시각 체계는 비범한 것이며, 컴퓨터의 지각을 성취하려는

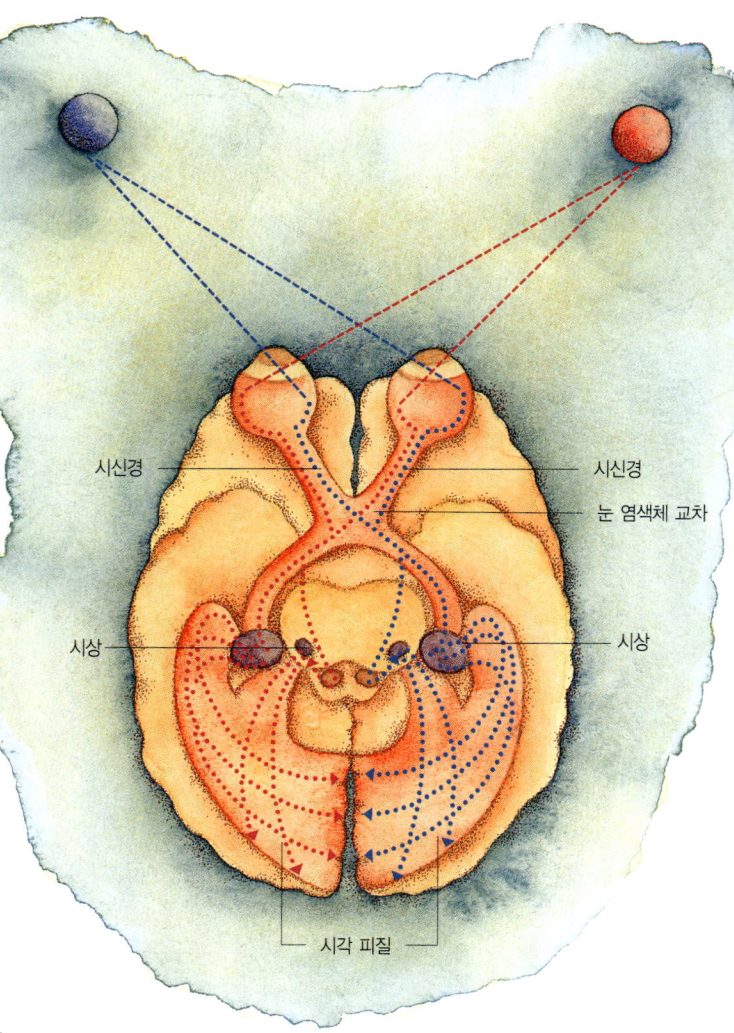

시신경

시신경

눈 염색체 교차

시상

시상

시각 피질

전자 현미경 사진(아래)을 통해서 눈의 망막을 빽빽이 채운 간상체와 원뿔체의 선명한 모습을 볼 수 있다. 컴퓨터로 핑크색을 입힌 간상체는 원뿔체(옅은 자주색)보다 숫자가 많은데, 중심와(中心窩) — 햇빛 시각이 가장 예민한 망막의 작은 부위 — 의 경우는 예외이다. 서로 다른 형태의 간상체들이 제각각 붉은색, 녹색, 푸른색에 민감한 색소를 갖고 있다. 뇌는 세 가지 형태의 간상체에서 입수한 신경 자극들을 제각각 다른 색채 감각으로 해석한다.

시신경들이 만나서 눈 염색체 교차를 형성한다(위). 망막 오른쪽(시야의 왼쪽에 관한 정보를 전달하는)에서 보낸 신호는 이곳에서 시상을 통해 뇌 오른쪽으로 전달된다. 각 망막의 왼쪽에서 보낸 신호는 맞은편 길로 이동한다. 이런 사실은 시야의 왼쪽에서 보낸 정보는 왼손을 제어하는 뇌 부위에서 처리된다는 걸 의미한다.

가장 정교한 노력의 산물보다 월등히 뛰어난 것이다. 가령 우리는 한 사물이 동작을 멈추고 다른 사물이 동작을 시작하는 지점을 어떻게 "아는" 걸까? 다양한 각도에서 바라본 사람의 얼굴이 동일한 사람의 얼굴이라는 걸 어떻게 알아채는 걸까? 그리고 어떻게 이런 지각작용이 "실시간"에 — 우리의 반응과 동작을 유도할 수 있을 만큼 빠른 속도로 — 이루어지는 걸까?

시각의 물리적 현상과 화학 작용, 시각 체계의 조직에 대해서 과학자들은 광범위하고 풍부한 지식을 축적했다. 그러나 여전히 시각의 지각 과정을 완전히 밝혀내지 못한 상태이다. 17세기까지 멀리 거슬러 올라간 시점에서, 의사들은 망막세포가 빛에 반응한다고 여겼다. 그런데 19세기에 들어서야 구스타프 페히너 같은 물리학자와 생리학자들이 어떻게 눈이 어둠에 적응하는지에 대한 실험을 시작했다. 그 결과 망막에 두 가지 감각 세포가 들어 있음을 밝혀냈다. 현미경에 비친 모습대로 이 세포들은 간상체와 원뿔체로 불리게 되었다. 오늘날 우리는 인간의 눈 망막에 들어 있는 원뿔체가 약 700만 개에 이른다는 걸 알고 있다. 이 세포들은 밝은 빛에 반응하며, 사물의 정교한 세부와 색깔을 탐지할 수 있다. 세포마다 전문 역할이 있어서, 제각각 붉은색과 녹색과 푸른색에 민감한 색소를 갖고 있다. 간상체는 원뿔체보다 숫자가 많으며(약 1억 개), 희미한 빛과 동작에 반응하지만 빛을 구별하는 능력은 없다. 간

상체는 흑백의 "암시(暗視)"를 담당한다. 모든 간상체와 원뿔체는 소량의 빛 수용체 색소로 채워져 있다. 색소 분자는 빛을 쬐면 일순간 형상이 바뀌면서 일련의 화학적 사건을 일으키고, 이런 사건은 신경 자극을 유발하는 결과를 낳는다. 간상체와 원뿔체에서 보내온 자극은 일단 양극성 세포를 거쳐서 커다란 신경절(節) 세포로 이동하는데, 신경절 세포의 기다란 축색돌기는 시신경처럼 눈의 외부로 뻗어 있다.

양쪽 눈의 신경섬유는 시상(유입되는 감각 정보의 중계국 역할을 하는 전뇌 조직)을 거쳐서 뇌 뒤쪽의 시각 피질과 연결돼 있다. 시각에서 이 부위가 더없이 중요하다는 사실을 발견한 건 1차대전 중의 신경학자들이었다. 이들은 눈에 뚜렷한 상처가 없는데도 눈이 먼 군인 가운데 상당수가 피질 뒤쪽에 상처가 있음을 알아냈다. 그때 이후로 망막에서 보낸 메시지를 분석하여 시각 경험으로 만드는 곳은 시각 피질이라는 가설이 영향력을 발휘했다.

시각은 망막에 비친 사건이 뇌에서 처리되는 과정으로 이루어져 있다. 가령 모든 사람이 맹점을 갖고 있는 건, 양쪽 눈의 시신경이 없는 부위엔 빛 수용체가 없기 때문이다. 그런데 왼쪽 눈의 맹점은 오른쪽 눈과 다르며, 뇌는 한쪽 눈이 보낸 정보를 활용하여 다른쪽 눈에서 보낸 정보의 부족분을 메운다. 마찬가지로 우리의 뇌는 각각의 눈에서 다소 다른 이미지를 받는데, 두 눈이 서로 떨어져 있기 때문이다 — 사물이 가

시각의 힘

시각은 가장 중요한 감각으로 여겨지는데, 세상에 대한 결정적인 지각을 제공하기 때문이다. 이런 이유에서 시각은 여러 문화권의 신화에서 늘 강력한 상징으로 등장했다. 신화 속에서 모든 걸 바라보는 신의 눈은 인간을 심판한다. 가령 눈은 법 적용을 감시하는 송골매 머리의 고대 이집트 천신 호루스의 상징이다(아래).

까이 다가올수록 불일치하는 정도는 더욱 커진다. 그러나 뇌는 두 개의 이미지를 완벽하게 융합한다. 우리로선 둘 사이의 불일치를 전혀 알아채지 못할 정도이다. "이중 시각"이 생기는 건, 이런저런 이유로 뇌가 두 이미지를 효과적으로 융합하지 못할 때이다 — 가령 뇌에 충격을 받거나 과음했을 경우이다.

대부분의 사람에게 시각은 제2의 천성이어서 의식적으로 "학습"할 필요가 없다. 아기가 빛에 노출될 때, 특히 움직이는 얼굴이나 물체에 노출될 때, 자연스럽게 시각 체계가 성숙해지도록 예정되어 있다. 아기는 생후 3개월 때 어른과 같은 방식으로 사물을 보는 걸로 여겨진다. 아기의 눈이 한층 "정상적으로" 바라보기 시작하면, 피질 뉴런들 사이에 관계가 형성되어 정교해지면서 시각 정보 처리에 필요한 신경망을 만든다. 단지 무언가 근본적인 변화가 벌어질 경우에 한해서 시각은 발달하지 않는다. 연구 결과를 보면, 가령 곡선 이외엔 아무것도 보이지 않는 비정상적인 환경에서 자라는 새끼고양이들은 정상적인 시각이 발달하지 않는다. 이런 고양이들에게 직선을 보여주면, 관련된 시각 피질 세포들이 전혀 흥분하지 않는다.

평생 장님으로 지내다가 시력을 찾는 환자들은, 바라보는 법을 전혀 "학습"하지 않았기 때문에 생기는 문제를 겪는다. 가장 오래된 사례는 1728년에 윌리엄 체셀든이 보고한 내용이다. 그는 14세짜리 소년의 눈에서 수정체 혼탁부를 제거하여 시력을 회복시켜주었다. 그 소년은 형상 감각이 없었고 전혀 거리를 판단하지 못했으며 모든 사물이

눈앞에 아주 가까이 있다고 생각했다. 소년은 늘 자신이 지금 바라보는 것이 무언지 확인하고자 촉각을 사용했다 — 가령 어느 날 고양이를 안아서 볼을 비비기 전까지, 고양이와 개의 차이점을 제대로 알지 못했다. 촉각과 시각을 결합할 경우에만 두 동물을 구별할 수 있었던 것이다. 소년은 그림을 볼 때도 몹시 놀랐는데, 특히 자기 어머니를 닮은 로켓(locket) 그림을 보고 질겁했다. 어떻게 작은 로켓 속에 어머니의 얼굴을 압축해서 넣은 건지 이해할 수 없었다. 올리버 색스는 『화성의 인류학자 An Anthropologist on Mars』(1995)에서, 이런 환자들이 시력을 되찾을 때 종종 발생하는 정신적 외상을 면밀히 살폈다. 1981년 노벨상 공동 수상자 데이비드 허블과 토스텐 위즐은 뇌의 시각 언어에 대해 매우 정교한 연구를 수행했다. 망막 간상체와 원뿔체에서 시상을 거쳐 시각 피질에 이르는 고양이 뇌 뉴런의 경로를 세심하게 추적했고, 시각 피질의 각 뉴런에 대응하는 망막의 작은 부위를 알아냈다. 뒤이어 그 부위에 다양한 시각 자극을 주어, 대응하는 피질 뉴런의 반응을 전극을 사용하여 측정했다. 결과는 놀라운 것이었다. 피질 뉴런은 단순히 망막에 한 점 빛이 비쳤다가 사라지는 것에 반응하는 차원을 넘어서서, 한층 특정한 특징을 "볼" 경우에만 흥분했다. 어떤 뉴런은 원, 어떤 뉴런은 직선, 또 어떤 뉴런은 일정한 각도나 곡선에 대한 반응으로 흥분했다. 어떤 뉴런은 어둠이 빛에 대비되거나 빛이 어둠에 대비될 때, 또는 두꺼운 선이나 형상을 볼 때 자극을 받았다. 어떤 뉴런은 움직이는 물체를 볼 때, 또 어떤 뉴런은 정지된 물체를

볼 때만 흥분했다. 전문화된 각각의 뉴런 집단은 "특징 탐지기"로 불린다. 위와 같은 사실은, 우리가 어떤 물체를 바라볼 때 그 물체와 동일한 유형의 물체들을 바라보는 걸 전담하는 피질 세포망이 흥분함을 의미한다. 어쨌든 뇌는 외부 자극을 비교적 수준 높은 작동 단계에서 종합하여, 우리가 그 순간에 바라보는 사물에 대한 내면의 상징적 표현으로 바꾼다. 허블과 위즐의 연구 상대는 고양이였지만, 대체로 인간의 뇌도 비슷한 체계가 작동하는 걸로 추정되었다.

방에서 불이 꺼지면 일시적으로 아무것도 보이지 않는다. 그러나 우리의 눈은 어두운 환경에 적응하는 데 10여 분밖에 걸리지 않는다. 동공이 팽창하여 최대한 많은 빛을 받아들이며, 어둠 속에서 작용하는 간상체가 밝은 빛 속에서 작용하는 원뿔체로부터 모든 임무를 떠맡는다. 그런데 빛의 새로운 환경에 적응하는 우리 눈의 비범한 능력은 생리적으로 이상한 변덕을 부린다. 1925년에 체코 생물학자 요하네스 푸르키네는 해거름에 정원에서 붉은 꽃이 푸른 꽃이나 보랏빛 꽃보다 훨씬 빠르게 색채가 흐려지는 걸 보았다. 이런 일이 벌어지는 건, 빛의 명도가 낮을 때 우리의 눈은 상대적으로 파장이 짧은 푸른빛에 더 민감하기 때문이다.

티를 막 벗어나는 순간의 골프공을 바라본다고 가정해보자. 골프공은 수천 개의 시각 피질 뉴런과 연결된 망막의 작은 부위에서 이미지를 만든다. 처음에 공은 정지상태이며, 자연히 정지상태의 원에 민감한 뉴런들이 흥분한다. 공이 45도 각도로 날아가면, 이런 각도의 움직임에 민감한 두번째 그룹의 세포들이 흥분한다. 공이 날아가는 각도가 10에서 15퍼센트씩 변할 때마다, 매 순간 각기 다른 그룹의 뉴런들이 흥분한다. 우리의 마음은 이런 전환을 연속선을 이루어 날아가는 이미지로 경험한다.

허블과 위즐의 이론은 인간이 사물의 형태를 알아내는 과정을 설득력 있게 제시한다. 그러나 이런 과정 자체가 지각을 구성하는 건 아니다. 지각은 사물 형태가 보여주는 것에 대한 이해—"외부에"(45쪽 참조) 있는 것에 대한 인식—를 포함하는 개념이다. 인간이 어떻게 형태를 인식하는지를 설명하고자 많은 이론이 제기되었는데, 가장 그럴듯한 이론은 특징 부합 이론으로 여겨진다.

이 이론은 우리의 기억 속에 특징들이 모인 도서관이 있다고 가정한다. 어떤 사물의 일정한 특징(허블과 위즐 이론의

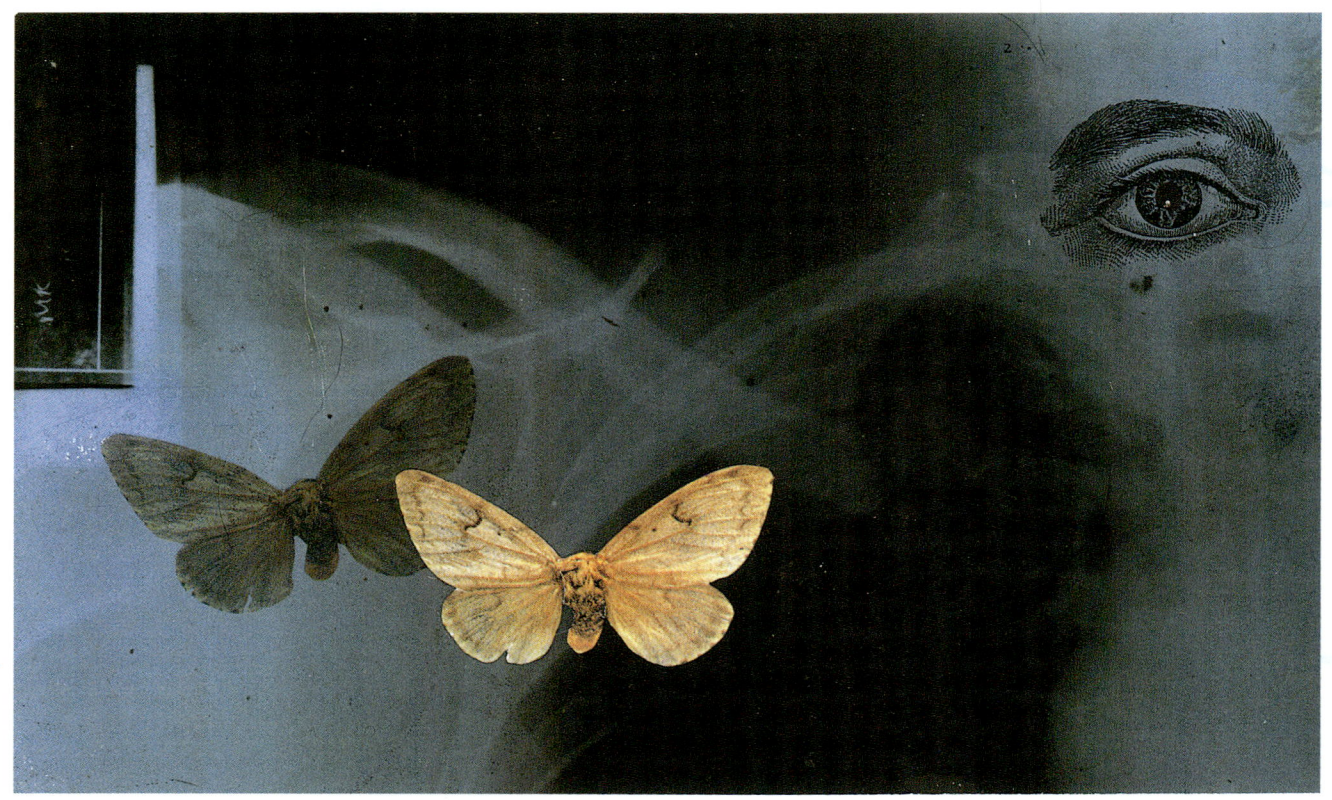

선분 또는 고단계 세포에 해당하는)이 이런 도서관에 잘 부합되면 우리의 뇌는 그 사물을 인식한다. 인식을 담당하는 뇌 부위는 "가장 부합되는 것"이 어떤 건지 판단하여 이 정보를 의식으로 보낸다. 그러면 우리는 망막에 비친 직선과 곡선의 특정한 조합이 한 마리 개라는 사실을 "알게" 된다.

사실상 이런 설명은 확실히 문제를 지나칠 정도로 단순하게 본 것이다 — 직감으로 판단할 때, 직선과 곡선 분석으로는 인간의 풍부한 지각을 설명하기 어려운 걸로 여겨진다. 기존의 여타 현상이 이런 가설을 뒷받침해준다. 19세기에 처음으로 관심을 끈 "단어 우월성 효과"가 적절한 예다. 이런 주장이 주목하는 건, 우리는 단어 속에 들어 있는 글자를 한층 쉽게 인식한다는 사실이다. 가령 "ㅂ"이라는 글자를 잠깐 스치듯이 보여줄 때, 그 글자 하나만 있을 때보다는 "먹보"라는 단어 속에 들어가 있을 경우에 우리는 그 글자를 감지할 가능성이 높다. 이런 현상은 단순한 선분 부합 지각 과정과 일치하지 않는다. 선분 부합 이론에서는 단어의 일부분이건 아니건 똑같은 속도로 글자를 지각하게 되어 있다고 여기기 때문이다. 결국 전후관계와 기대 모두가 지각을 구성하는 지극히 중요한 요소들로 여겨진다 — 수많은 인위적 자연적 시각 환각이 존재한다는 사실이 이런 이론의 타당성을 입증해준다(98쪽 참조).

시각 지각은 뇌에 부여된 가장 복잡한 처리 업무에 속한다. 따라서 시각에 문제가 생기면 당연히 엄청난 결과가 빚어진다. 무엇보다 독특한 지각 장애는 '시각 인지(認知) 불능증'인데, 신경학자 올리버 색스에 의해서 세상에 알려졌다. 그는 병명을 제목으로 사용한 책에서, 자기 아내를 모자와 혼동한 사내의 사례를 묘사했다. 이 사내는 마치 자신의 모자인 것처럼, 아내의 머리를 잡아당겨서 자기 머리 위에 올리려 했다. 겉보기에 이러한 환자들은 완벽한 작용을 하는 시각 체계를 갖고 있다 — 피질에 이르는 시각 경로나 눈에 아무런 이상이 없다. 그러나 뇌에 전해진 정보를 해석하는 과정에서 실수를 저지른다. 가령 어떤 환자는 사물의 세부를 지각하는 건 가능하지만, 사물을 하나의 전체로 보는 능력이 없다. 얼굴, 심지어 무생물을 인지하지 못하는 환자들도 있다 — 이들은 닭은 알아보지만 버스는 알아보지 못한다.

그 밖의 시각 체계 장애로는 이미지 저하, 시야 불투명, 색채 감각 상실 등이 있다. 그런데 시각 인지 불능증은 지각 과정에서 오로지 엉뚱한 실수만 일으킨다는 점이 의미심장하다. 이는 우리의 지각이 매우 특정한 "언어"를 통해서 작용한다는 걸 의미하며, 이런 언어는 필기 단어와 비교할 수 있다. 가령 특정한 문맥 속에서 "구두"를 "고두"로 잘못 쓴 단어를 볼 경우에, 우리는 일그러진 구두가 아니라 전혀 다른 물체의 이미지를 느낀다. 각 단어는 별개의 단위이기 때문이다. 이처럼 우리의 시각 지각은 사물을 구성 요소들의 집합이 아니라 완전한 형태로 "바라보거나" 지각하는 걸로 여겨진다.

청각 *Hearing*

빈센트 반 고흐는 귀를 잘랐지만 청각 손상은 없었다. 다른 동물은 얼굴 근육을 이용해서 소리 나는 쪽으로 바깥귀를 움직이는 반면에, 인간의 귓바퀴는 소리에 집중하여 초점을 맞추는 역할이 대수롭지 않다. 진정한 청각 과정은 두개골 깊은 곳의 중이와 내이에서 시작된다.

소리를 만드는 모든 것—바이올린 줄, 확성기 외부, 사람의 성대—은 진동하여 주위 공기를 압축했다가 회박하게 만드는 일을 되풀이해서 음파를 만든다. 음파는 초속 300미터(1000피트)가 넘는 속도로 허공을 날아 음원에서 멀어진다. 연속되는 압축과 압축 사이의 간격은 소리 진동수를 나타내며, 압축의 정도는 소리 강도를 나타낸다. 물리학적으로 소리는 일련의 진동에 불과하며 고유한 감각 특성이 없다는 얘기이다. 뇌는 음의 고저를 통해서 진동수를 인식하고, 음의 크기를 통해서 강도를 인식한다. 음색을 만드는 건 진동수의 다양성이다. 여느 감각처럼 이런 지각은 사람마다 차이가 있다. 그러나 뇌로 이동해서 해독되기 전에, 음파의 형태로 전달된 정보는 일단 뉴런들이 이해하여 처리할 수 있는 전자파동 언어로 전환되어야 한다. 기계와 화학물질과 전기의 특성을 지닌, 귀에 들어 있는 정교한 하부조직이 이런 작용을 행한다. 음파는 귀로 들어갈 때 외부 청각 운하라는 터널을 통과하는데, 터널 끝엔 고막이라는 팽팽하고 얇은 막이 있다. 고막은 유입되는 음파에 동조하여 진동하며, 중이에 모여 있는 추골과 침골과 등골(망치와 모루와 등자)로 진동을 보낸다. 이런 세 가지 뼈는 소형 증폭기 같은 작용을 하여, 진동 강도를 높여서 나선처럼 생긴 내이의 코클리아(달팽이관)로 진동을 보낸다("코클리아"의 라틴어 어원은 "달팽이"이다). 달팽이관에서 진동은 신경 자극으로 바뀐다.

달팽이관은 길쭉하면서 끝으로 갈수록 가늘어지는 뼈로 된 구멍인데, 공간을 절약하고자 돌돌 말린 모습을 하고 있다. 얇은 막에 의해서 서로 평행하는 세 개의 기다란 통로로 분리돼 있으며, 통로마다 용액이 가득 들어 있다. 중이뼈에서 달팽이관으로 보낸 진동은 용액을 휘젓는다. 진동 또는 음파는 "불룩한 자루"—압력이 높고 낮은 부위가 있다—같은 모습으로 달팽이관을 타고 용액 속을 이동한다. 달팽이관의 막 가운데 하나(기초 막)는 전문성을 지닌 지각세포(28쪽 참조) 수천 개를 갖고 있다. 이런 세포를 유모(有毛)세포라고 부르는데, 용액 속으로 뻗어나간 털처럼 생긴 돌출부가 있기 때문이다. 압력을 지닌 불룩한 자루가 기초 막 옆을 지날 때, 자루에 떠밀린 유모세포는 다른 얇은 막에 가 닿는다. 그 순간에 털이 구부러지면서 "모체(母體)"인 유모세포가 전자 자극을 일으키게 만든다. 청각 뉴런이 이 자극을 포착하여 뇌로 보낸다. 청각 뉴런들은 한데 뭉쳐서 청신경을 형성하며, 청신경은 시상—뇌 감각 "분류 사무소"(24쪽 참조)—을 거쳐 뇌의 청각 피질까지 이어져 있다. 흥미로운 건 청각 신경이 약 3만 개의 뉴런으로 이루어진 반면에, 시신경 세포 숫자는 약 100만 개라는 사실이다. 청각보다는 시각이 월등히 복잡한 작용이라는 결론을 내릴 수 있다.

용액을 덜 채운 병 꼭지로 입김을 불어보면, 그 순간에 만들어지는 소리의 높이(또는 진동수)를 좌우하는 건 병 속 용액의 양이라는 걸 알 수 있다. 병 꼭지로 입김을 불면 병 속 공기가 특정한 진동수에 공명한다(강하게 진동한다). 이런 진동수를 결정하는 건, 병 속 공기 기둥의 높이이다. 우리는 이러한 초보적인 물리학 원리를 통해서, 정교하게 설계된 달팽이관이 어떻게 우리에게 서로 다른 소리 진동수를 구분하게 해주는지 이해할 수 있다. 위에서 살펴보았듯이 달팽이관은 끝으로 갈수록 가늘어진다. 달팽이관 전체의 모든 지점을 조금씩 다른 양의 용액을 넣은 병으로 볼 수 있다. 따라서 각 지점은 원래 타고난, 다른 것에 우선하는 고유한 진동수를 갖고 있다.

귀로 들어온 소리가 이런 진동수에 부합될 때 달팽이관의 특정한 지점은 다른 지점보다 강하게 진동한다. 그리고 이 지

소리를 만드는 건 물리적인 진동이며, 음파의 연속, 즉 공기 분자에 대한 압축과 이완의 연속 형태로 전달된다. 사람의 귀에서 음파를 포착하는 건 고막이며, 중이의 세 가지 뼈가 음파를 증폭시켜서 달팽이관의 용액이 가득한 통로(붉은색)로 보낸다. 뒤이어 음파는 또다른 통로(녹색)를 통해서 되돌아온다. 이 과정에서 제3의 통로(노란색)가 압축된다. 이런 압축을 탐지하는 건 제3의 통로의 지각세포에 붙어 있는 털(아래 사진)이다. 지각세포는 압력의 차이를 신경 자극으로 바꾸고, 자극은 청각신경을 거쳐서 뇌로 전달된다.

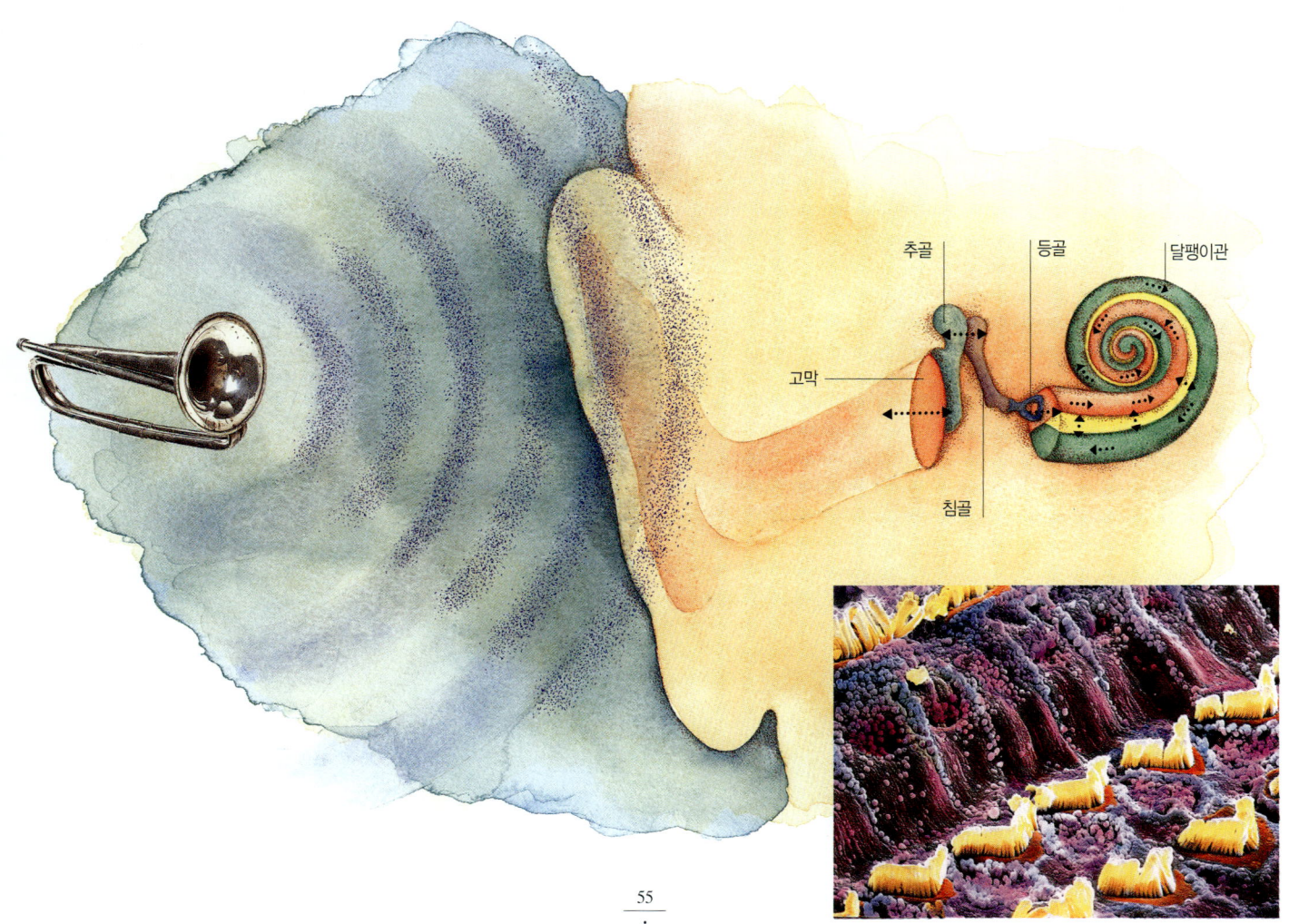

추골 | 등골 | 달팽이관

고막

침골

점과 연관된 청각 뉴런은 다른 청각 뉴런들보다 흥분한다. 뇌는 특정한 음 고저의 형태로 이런 반응을 "듣는다."

뇌가 소리와 시각 이미지를 처리하는 방식은 서로 유사점이 있지만, 동시에 많은 차이점을 갖고 있다. 한 가지 중요한 차이점은 주의력과 관련된 것이다. 우리는 자신이 듣기로 작정한 대상보다는 보기로 작정한 대상에 대한 제어력이 훨씬 강하다 — 어떤 특정한 대상을 보기를 원하면, 고개를 돌리고 시각에 초점을 맞추면 된다. 소리를 지각할 경우에도 소리 나는 쪽으로 고개를 돌려서 한쪽 귀를 향하게 할 수 있지만, 많은 경우에 여러 소리가 서로 충돌한다. 그런데 소리를 지각하는 한층 효과적인 방법이 있다. 일정한 소리에 집중하기로 마음속으로 작정하여, 충돌하는 다른 자극들을 차단하는 것이다 — 선택적 듣기라고 부르는 현상이다. 가령 실험

대상자의 양쪽 귀에 대고 각각 다른 글을 읽어주면, 대체로 실험대상자는 한 가지 이야기만을 "들었다"고 보고한다. 그러나 일부 사례를 보면 의식적으로 지각하지 않더라도 "들리지 않는" 정보를 듣는 경우도 있다(47쪽 참조).

많은 동물이 인간보다 청각이 민감하며, 훨씬 넓은 범위의 진동수를 탐지할 수 있다. 그런데 다른 동물과 달리 인간의 청각은 한 가지 중대한 도전 — 언어 — 에 맞서 싸워야 한다. 인간의 말하는 능력과 귀를 기울여야 하는 필요는 우리의 뇌가 소리를 처리하는 방식에 영향을 미쳤다. 그 결과 우리의 청각 체계는 앞뒤가 맞지 않는 소리가 아니라 조리 있는 이야기를 듣게 되기를 기대한다. 시각의 경우처럼 우리의 기대는 지각에 영향을 미친다. 가령 많은 사람이 시끄럽게 떠드는 방에 있을 때, 우리는 먼 거리의 대화에서 언급되는 자

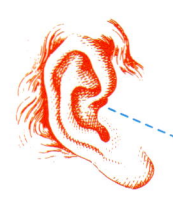

지능을 지닌 걸로 비춰지므로 곧잘 차별 대우를 받는다. 많은 농아가 문자언어 통사법 이해에서 어려움을 겪는데, 수화는 구어나 문어와 본질이 다른 독특한 문법과 통사법을 갖고 있기 때문이다. 또다른 문제는 농아의 경우엔 정상적인 언어 발달 과정이 와해될 가능성이 높다는 사실이다. 농아는 "정상적으로" 말하라는 격려를 받으며 자라다가 수화를 배운다. 뒤이어 다른 아이들은 자연스럽게 익히는 것—언어—을 상대하여, 그것을 배우는 게 아니라 그것과 싸우며 형성기를 보낸다.

뇌는 소리의 규칙성을 탐지하고 소음에서 이야기를 만들어내려는 성향을 지니고 있다. 음악을 만들고 감상하는 인간의 능력에서도 이런 성향이 분명히 드러난다. 대체로 음악은 "듣기 좋은" 소리로 일컬어지는데, 다른 소리보다 쉽게 리듬과 선율의 진행을 예측할 수 있다. 전혀 음악 이론을 배우지 않은 사람도 악절에서 "틀린" 음표나 조화되지 않은 음표를 탐지해낸다. 마치 문장에서 부적절한 단어를 짚어내는 것과 비슷하다. 이런 이치에 이끌린 일부 이론가는 언어(70쪽 참조)처럼 음악도 인간이 출생 때 타고나는 고유한 문법을 지니고 있다고 추측한다. 즉 우리는 자신의 마음속에 들어 있는 무의식적인 규칙에 부합되는 문법을 지닌 음악 작품을 즐긴다는 것이다. 이런 이론을 증명하거나 반증하는 건 어려운 일이다. 그러나 일부 현대 음악(특히 재즈)에서 불협화음을 사용하고 문화권마다 음악 스타일에 차이가 있는 걸 보면, 뇌는 오로지 일정한 하모니만을 감상하도록 출생 때 이미 예정돼 있는 건 아님을 알 수 있다.

신의 이름을 쉽게 포착한다. 수많은 경험이 뒷받침하듯, 우리의 뇌는 우리가 듣는 것에 일정한 형태를 부여하려 노력한다. 인간의 청각은 대화의 뉘앙스에 대한 적응력이 놀랄 만큼 강해졌다. 가령 이제부터 말하려 하거나 들으려 한다는 걸 일러주는 신호 역할을 하는 거의 감지하기 힘든 멈춤 동작, 억양의 미세한 차이 등에 대해 뛰어난 적응력이 생겼다.

언어와 의사소통에서 소리가 중요한 기능을 하기 때문에, 귀머거리 증상은 어떤 질병 이상으로 당사자를 사회에서 고립시킨다—다른 감각을 잃는 경우보다 심각한 결과를 빚는 걸로 여겨진다. 이런 증상은 흔히 생각하는 것보다 흔하다. 1000명 가운데 한 아이가 청각을 잃은 채 태어나거나 유년기에 중증 청각 장애가 생긴다. 그런데 귀머거리 아이들이 맞서 싸우는 대상은 신체장애가 전부가 아니다. 평균 이하의

촉각, 통증, 쾌감 *Touch, Pain and Pleasure*

촉각은 여러 면에서 다른 감각과 거리가 있다. 분화된 감각기관들에 국한하지 않고 온몸의 피부를 덮고 있으며, 독특한 세 가지 지각 정보 ― 압력, 기온, 통증 ― 를 제공한다. 촉각을 묘사하는 용어조차 다르다. 사물, 소리, 맛, 냄새는 '지각한다'고 말하지만 질감, 열기, 고통에 대해선 '느낀다'고 말한다. 또한 인간은 촉각을 다른 감각보다 덜 사용한다. 어른들의 경우에 사물의 정체를 알아내고자 감촉을 조사하는 일은 거의 없다. 더군다나 우리가 보고 듣는 대상은 시시각각 변화하므로 우리의 눈과 귀는 늘 활발하게 활동하지만, 우리가 만지는 대상은 한 번에 몇 분이나 몇 시간 동안 같은 상태를 유지할 때가 많아서 의식의 관심을 끌지 못한다.

여느 감각과 달리 촉각은 종종 강렬한 감정을 전달한다 ― 어머니는 아기를 꼭 껴안고, 연인들은 서로 애무한다. 또한 여러 연구에서 촉각의 긍정적인 심리 효과를 입증했다. 조산아는 품에 안아서 포옹해줄 경우에 한층 빠르게 체중이 늘어난다. 애완동물을 쓰다듬어주면 스트레스가 줄어서 실제로 심장 박동수가 낮아지는 걸로 알려져 있다. 그리고 원숭이 실험에 의하면, 촉각은 사회구성원간의 정상적인 상호 작용을 더욱 촉진하는 걸로 보인다. 템플 그랜딘은 촉각이 감정에 미치는 영향력에 대한 매우 특별한 사례를 보여준다. 그녀는 자폐증을 타고 난 농기구 디자이너이다. 상당수

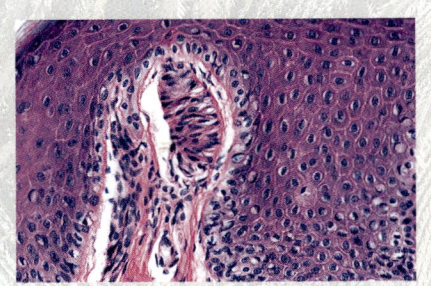

인간의 피부엔 마이스너 소체(小體, 위 그림)라고 부르는 촉각 수용체가 들어 있다. 특히 손가락 끝, 발바닥, 성감대에 이런 수용체가 많다.

의 자폐증 환자들처럼 그랜딘 역시 무언가 몸에 와 닿을 때의 감각 또는 친밀감을 견디지 못했다. 『그림 속의 사고 *Thinking in Pictures*』(1995)에서 그녀는 어떤 경우에도 다른 사람이 자신을 껴안는 게 아주 싫었지만, 매번 안도감을 주는 접촉방식 하나를 발견한 일을 묘사하고 있다. 숙모의 목장에서 지내던 십대 시절에, 어떤 소들은 캐틀 스퀴즈(소를 한 마리씩 나를 때 쓰는 옴짝달싹할 수 없는 철장)에 갇혀 있을 때 안도감을 느끼는 것처럼 보였다. 그랜딘은 자폐증 환자들을 위해서 비슷한 기계를 개발했다. 이 기계의 무정한 압박이 엄청난 안도감을 주며 불안을 물리치는 데 도움이 된다고 여겼기 때문이었다.

촉각 생물학은 이런 복잡한 심리 현상에 대해서 밝혀낸 게 많지 않다. 1895년에 생리학자 막스 폰 프라이는 촉각에 다섯 가지 기본 감각이 있으며, 피부의 다섯 가지 수용체 세포가 이것들을 탐지한다고 주장했다. 그러나 오늘날 촉각 수용체는 두 가지밖에 없는 걸로 여겨진다. 하나는 감촉을 다루고, 다른 하나는 기온과 통증을 다룬다. 감촉 수용체는 수지상돌기 끝에 둥근 돌출부가 있는 신경세포이다. 제각각 피부 속에 다른 깊이로 들어 있으며, 깃털의 정전기 방전 불빛에서 심한 압력에 이르기까지 서로 다른 종류의 감촉에 반응한다. 통증과 기온을 탐지하는 수용체는 끝에 둥근 융

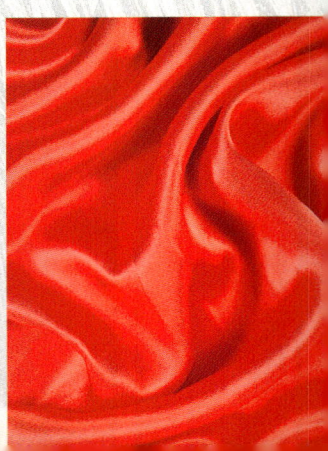

기가 없는 자유로운 신경 어미이다. 손, 입술, 얼굴, 혀 같은 민감한 몸 부위가 감각을 식별할 일이 적은 무릎이나 등 같은 부위보다 수용체가 많은 건 당연한 일이다. 때때로 몸의 각 부위를 전담하는 피질의 양을 "연금술사의 난쟁이" 또는 작은 인간의 형태로 표현하는데, 네 개의 팔과 다리의 크기를 각각의 민감도에 비례하여 나타낸 것이다(오른쪽 삽화).

뒤이어 지각 뉴런은 척수신경과 접속한다. 척수의 일부 통증 수용체는 운동근육 뉴런과 직접 연락하여, 무의식적인 반사작용을 담당하는 통로를 형성한다. 다른 척수신경들은 신호를 뇌로 전달한다. 신호는 시상(감각 분류 사무소)을 거치거나 때로는 대뇌 변연계(기억과 감정과 관련된 뇌 부위)를 거쳐서, 체지각 피질―감촉과 통증과 기온을 지각하는 뇌 부위―에 이른다. 몸의 각 부위는 체지각 피질의 특정한 영역과 연결되어 있는데, 수용체 뉴런이 많은 부위는 그만큼 자신에게 할당된 피질의 영역이 넓다. 몸의 어떤 부위는 여러 자극에 대해 매우 정교한 민감도를 갖고 있다. 가령 뺨이나 복부는 5밀리그램(0.00018온스)밖에 안 되는 무게를 지각하며, 손가락은 2밀리미터

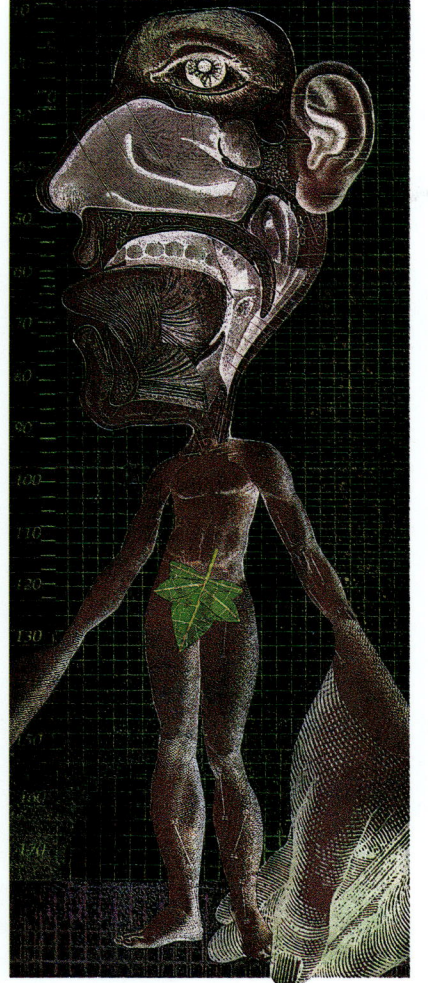

사람의 피부는 외부 자극에 매우 민감해서, 외부세계를 막는 장벽 역할을 하는 동시에 꼭 필요한 광범위한 정보를 수집한다. 피부는 압력, 기온, 움직임(머리칼 한 올의 움직임처럼 특정한) 같은 미세한 변화를 감지하여 우리에게 쾌감을 주거나, 자극이 너무 강할 땐 통증을 준다. 그런데 신체 각 부위는 민감도에 차이가 있다. 이런 차이를 도표로 나타낸 "난쟁이"(왼쪽)는 민감도에 비례하여 몸의 각 부위 크기를 표현한 것이다. 체지각(體知覺) 피질의 약 절반이 우리 몸에서 가장 민감한 손과 얼굴에서 정보를 받는 일에 집중한다.

(0.085인치)보다 좁은 두 지점 사이를 식별할 수 있다. 기온에 대한 민감도를 측정하는 건 이보다 어려운 일이다. 인간은 차가움과 따뜻함에 매우 쉽게 적응하며, 따뜻하다거나 차갑다는 느낌은 대체로 그 순간의 체온과 관련이 있기 때문이다. 그러나 비교적 민감한 피부 부위에선 미세한 기온 저하를 탐지할 수 있다.

압력과 기온은 객관적으로 측정할 수 있는 외부 현상인 반면에, 통증은 몸 내부에서 생긴다. 세포조직이 손상될 때마다 신경전달물질이 방출되어서 "고역(高閾)" 수용체 뉴런을 흥분시키며, 이런 자극이 피질에 도달하면 우리는 통증을 지각하게 된다.

여느 감각처럼 통증 지각은 매우 주관적이다. 생리현상 뿐 아니라 마음과 관련이 있는 문제이며, 개개인의

태도, 성격, 문화적 요인에 강한 영향을 받는다. 가령 연구에서 입증되었듯이 외향적인 사람은 정기적으로 내성적인 사람보다 자주 통증을 느낀다.

중병 환자이거나 종래의 약물 치료가 부적합한 환자의 경우에, 만성 통증을 가라앉히고자 심리학 기술을 사용하여 종종 성공을 거둔다. 가령 환자에게 자신이 전투에서 패배한 군인으로서 지금 통증을 겪는 중이라는 상상을 하도록 주문하거나, 단순히 통증이 가라앉는 광경을 상상하게 만드는 것이다.

상상만으로도 통증을 억제하거나 심화시킬 수 있다는 견해는 '문 조절 이론' 이라는 새로운 통증 지각 이론을 만들어 냈다. 이런 이론은 수용체 뉴런에서 "통증" 신호를 접수한다고 해서 우리가 곧바로 통증을 느끼는 건 아니라고 주장한다. 어떻게든 통증의 "문"을 통과하려면 충분한 강도를 지닌 신호여야 한다. 통증의 문은 우리와 관계를 맺을

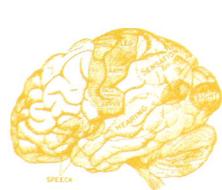

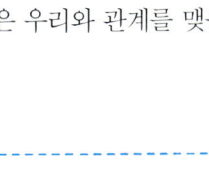

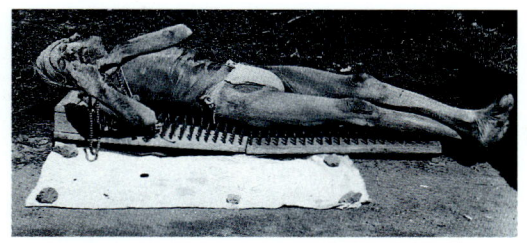

필요가 없는 하찮은 통증을 막아 줌으로써, 이런 통증을 느끼는 일이 없도록 우리를 보호해준다.

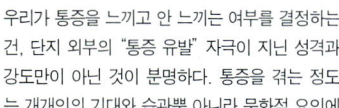

우리가 통증을 느끼고 안 느끼는 여부를 결정하는 건, 단지 외부의 "통증 유발" 자극이 지닌 성격과 강도만이 아닌 것이 분명하다. 통증을 겪는 정도는 개개인의 기대와 습관뿐 아니라 문화적 요인에 영향을 받는다. 가령 많은 서양인은 인도 수도승의 고행(위 사진)을 볼 때, 어떻게 저런 고통을 견딜 수 있는 건지 도무지 이해하기 어려울 것이다.

이러한 이론 옹호자들의 주장에 의하면, 그 문은 단순한 개념이 아니라 척수에 들어 있는 실제의 조직에 해당한다. 통증의 문은 피부로부터 지각섬유를 공급받는 동시에, 엔도르핀(129쪽 참조)을 분비하는 피질 신경섬유로부터 영양분을 공급받는다. 엔도르핀은 모르핀이나 헤로인과 흡사한 생화학 성분을 지닌 신경전달물질이며, 뇌의 천연 진통제이다. 엔도르핀이 방출되면 효과적으로 통증의 문을 닫아서 우리가 경험하는 통증 수치를 낮춰준다.

환상지(幻想肢)

팔다리 신경을 다쳤거나 팔다리를 절단한 사람들의 사례는, 통증이 심인성(心因性, 마음이 만들어내는) 감각이라는 견해를 뒷받침해준다. 이들 가운데 40퍼센트가 "환상지"에서 쑤시고 달아오르고 쥐가 나고 눌리는 느낌을 받는다. 팔다리를 잃은 상태에서도 팔다리와 연관된 체지각 피질 신경회로가 여전히 "활동 중"이기 때문에 이런 일이 생긴다. 팔다리 절단 수술을 받은 많은 이들이 사라진 팔다리에서 감각이나 통증을 느끼고 곧잘 화를 내거나 좌절한다. 어떤 면에서 이들의 건강 회복은 통증을 현실로 받아들여 극복하게 된다는 걸 의미하는데, 통증이 완전히 사라지기까지 수십 년이 걸리는 경우도 있다.

문 이론은 고대 침술을 설명하는 데 얼마간 도움이 된다. 침술은 기원전 2500년에 중국에서 개발되었는데, 인체 속에서 서로 맞선 어둠(음)과 밝음(양)의 불균형이 질병과 통증을 유발한다는 믿음에서 생겨난 것이다. 능숙한 침술사는 몸의 특정한 지점에 침을 꽂아서, 음과 양의 균형을 회복시키는 걸 통해 병을 고친다. 서양의학에도 잘 알려진 기준점에 침을 꽂으면 통증 문의 뉴런을 자극하여 강력한 진통 효과를 낳는다는 것이다.

통증과 쾌감 지각이 개개인마다 상당히 다르다는 사실은 인간의 성적(性的) 기호에서 가장 명확하게 모습을 드러낸다. 1886년에 성과학 선구자 리하르트 폰 크라프트 에빙은 『성의 정신병리학 Psychopathia sexualis』을 출간하여 "사디즘"과 "마조히즘"이라는 용어를 소개했다. 그는 대부분의 사람이 견디지 못하는 통증을 통해서 오르가슴에 이르는 이들이 있으며, 어떤 이들은 구두와 발과 장갑 같은 페티시(성적 자극 대상물)를 통해서 오르가슴을 느낀다는 걸 알아냈다. 크라프트 에빙의 페티시 연구는 해답이 없는 의문을 제기한다. 마조히스트 역시 다른 사람과 동일한 방식으로 통증을 느끼지만, 이런 감각에 쾌감을 "덧씌우는" 연상이 뒤따르는 걸까? 아니면 그들의 통증 감각은 질적으로 다른 것이기 때문에, 가령 채찍질을 당할 경우에 오로지 쾌감만을 느끼게 돼 있는 걸까?

미각과 후각 *Taste and Smell*

어느 시대이건 철학자와 심리 학자들은 미각과 후각의 특성 보다는 시각과 지각에 관심을 보였다. 미각과 후각은 "추잡한" 동물 감각으로 여겼던 것이다. 실제로 이런 감각은 다른 동물보다 인간의 경우에 역할이 덜 두드러지며, 시각보다 오래된 원시적 감각임을 보여주는 증거가 많다. 가령 후각 수용체는 다른 감각에 비해서 뇌와 관계를 맺은 역사가 오래된 걸로 보인다. 다른 감각은 시상을 통해서 피질과 연락을 나누는 반면에, 후각 수용체는 곧바로 피질과 연결돼 있다.

후각은 인간의 감각 가운데 진화시대를 거치면서 유일하게 둔감해진 감각으로 여겨진다. 인간의 원시시대 친척들인 유인원과 동물들은 후각에 전념하는 뇌 부위가 인간보다 훨씬 크며, 개에 비교할 때 인간은 사실상 "후각이 없다"고 말해도 무방하다. 독일 셰퍼드는 피질의 30퍼센트가 후각에 전념하지만 인간은 5퍼센트도 안 된다.

진화시대의 인간 후각의 또다른 특징은 강렬한 감정을 동반하는 회상을 불러일으키는 냄새의 신비한 능력이다―19세기 프랑스 소설가 마르셀 프루스트는 자서전에 가까운 소설 『잃어버린 시간을 찾

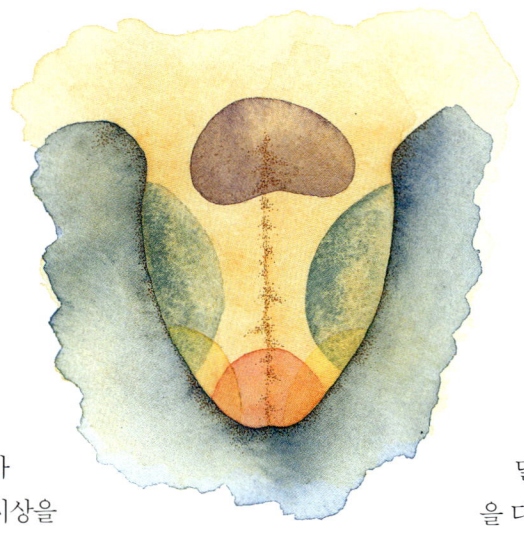

혀의 각 부위는 네 가지 기본 맛 가운데 하나에 특히 민감하다―쓴맛(자주색), 짠맛(파란색), 신맛(노란색), 단맛(붉은색).

아서』에서 이런 능력을 탐구했다. 이 소설에서 프루스트는, 소년 시절에 먹은 작은 과자 '마들렌'의 냄새가 일련의 유년기 기억을 되살려낸다고 말했다. 냄새 수용체는 대뇌 변연계와 연결되어 있는데, 이 부위는 뇌에서 비교적 일찍 발달하며 역시 기억과 감정의 여러 측면을 다스린다.

인간의 후각 체계는 매우 단순하다. 코로 들어온 공기는 비강을 통과하여, 코 바로 뒤쪽과 아래쪽의 후각 상피라는 세포조직층에 이른다. 면적이 1제곱센티미터(0.15제곱인치)인 후각 상피 속엔 수용체 세포가 있는데, 이곳에 머리칼처럼 생긴 작은 섬모들이 돌출해 있다. 자극은 신경 섬유를 지나서 뇌의 측두엽 피질 가운데 후각을 담당하는 지역에 도달한다. 바로 이곳에서 서로 다른 냄새들이 처리되어 "지각되는" 걸로 여겨진다.

전문적인 향수 제조자나 위스키 블렌더는 10만 개 이상의 냄새를 구분할 수 있으며, 일반인의 코도 2만 개의 냄새를 식별한다. 그러나 모든 물질에서 냄새를 맡을 수 있는 건 아니다. 가령 유리는 냄새가 없는데, 모든 분자가 견고한 조직 속에 갇혀 있어서 공기 속으로 방출될 수 없기 때문이다. 기름에 녹지 않는 물질들도 냄새 수용체의 지방질 표피를 통과하지 못하므

비강 위쪽에 위치한 후각 상피라는 세포조직층의 수용체 세포가 냄새를 탐지한다. 머리칼처럼 생긴 수용체 세포의 섬모(오른쪽)가 표면적을 넓히는데, 이곳에서 엄청나게 넓은 영역의 냄새를 탐지한다.

우리의 미각은 혀에만 의존하는 것이 아니다. 음식의 냄새와 질감, 외양 모두가 미각을 만들어내는 데 중요한 역할을 한다.

로 탐지되지 않는다. 여러 전문가들이 냄새 분류법을 제시했지만, 모든 사람의 경험과 일치하는 만족스러운 분류법은 없다. 색깔의 경우처럼 냄새를 여러 기본 구성요소로 분류하는 건 불가능한 일이며, 냄새를 묘사하려면 오로지 과거의 후각 경험과 비교하는 방법을 사용해야 하기 때문이다.

　인간은 코보다 혀를 훨씬 많이 사용한다. 혀는 말, 미각, 촉각에 사용되며, 음식을 삼키고 숨쉬는 일에 관여한다. 체지각 피질(59쪽 참조) 가운데 상당히 넓은 공간이 혀의 기능에 전념하는 건 이런 이유에서이다. 음식을 먹을 때 필요한 혀의 동작, 그리고 말할 때 필요한 혀의 동작을 서로 혼동하기를 원하는 사람은 없을 것이다. 혀는 작은 융기─맛봉오리(미뢰)─로 덮인 까칠한 근육조직이며, 그 위에 미각 수

용체 세포가 밀집해 있다. 후각 수용체처럼 이 세포는 짧은 털로 덮여 있어서, 입 속의 용액과 접촉하여 신경 자극을 만들어낸다. 자극은 시상을 거쳐서 체지각 피질로 이동한다. 그러나 미각은 후각에 비해 솜씨가 떨어져서, 고작 네 가지 기본 맛─짠맛, 단맛, 쓴맛, 신맛─을 구분할 뿐이다. 누구나 코가 막힌 상태에서도 미식가용 음식을 맛보려 하는 걸 보면 알 수 있듯이, 우리가 미각에서 얻는 걸로 여기는 지각 정보 가운데 상당량은 사실상 후각에서 온다.

감각 박탈 *Sensory Deprivation*

뇌는 감각 중독자여서, 감각기관한테 쉬지 않고 정보를 제공해줄 것을 요구한다. 감각이 공백상태일 때, 그리고 기껏해야 시야의 일부가 안 보이는 상황일 때도, 우리의 뇌는 실제 체험을 대신하는 환각과 망상을 동반하는 허상 쪽으로 관심을 돌린다. 또한 감각 박탈 같은 극단적인 상황에선 자극 결핍을 고통으로 여기거나 심지어 위기로 받아들인다.

감각 박탈은 오랜 세월 형벌이나 고문 수단으로 이용되었다. 프랑스 금고털이범 파피용은 1920년대 유형지 생활을 설명하면서, 6개월 동안 어두운 독방에 갇혀 지낸 뒤에 늘 편집증 환상에 시달린 일을 들려주었다. 정신에 위험한 영향을 미친다는 게 밝혀졌는데도, 일부 "문명화한" 형벌 체계에선 여전히 이런 방법을 사용하고 있다.

과학적인 감각 박탈 연구는 뇌 기능의 상당 부분을 밝혀낼 수 있으며, 죄수뿐 아니라 혼자서 일하며 살아가는 사람들이 받는 스트레스를 이해하는 데 실제로 적용될 수 있다. 그러나 최초의 연구는 다소 사악한 동기에 의해서 이루어졌다. 1945년에서 1950년 사이에 CIA는 공산국가 정신과의사들이 세뇌 기술을 완성했다고 확신했는데, 이 기술에서 대상자의 "저항력을 약화시키는" 가장 중요한 수단은 장기간 격리였다.

CIA는 미국 과학자들의 세뇌 지식이 뒤떨어져 있다는 우려에서 감각 박탈 실험에 자원을 쏟아부었다. 이런 실험이 서방의 자유에 중요하다는 인식은 실험에 대한 윤리적 차원의 반대를 대거 물리치는 데 한몫했다. 캐나다에서 이루어진 연구에서, 전혀 만질 물건이 없는 방음장치가 된 컴컴한 방에 실험대상자들을 집어넣었다. 36시간 안쪽에 실험대상자

29명 가운데 25명이 환각을 일으키기 시작했다. 작은 점과 반짝이는 불빛을 본 사람도 있었지만, 어떤 이들은 아주 복잡한 광경을 보았다. 또한 많은 이들이 자기 동일성 감각을 잃었다―이런 경험은 정신분열증 증상과 전혀 차이가 없었다. 매우 마음을 어지럽히는 경험이어서, 48시간이 지나자 대부분의 사람이 다시 박탈 실험에 들어가는 걸 거부했다. 아마도 가장 놀라운 건 이런 환경에서 한정된 시간을 보냈을 뿐인데도, 많은 사람이 외부세계로 돌아가면서 심한 정신적 상처를 느꼈다는 사실이었다.

감각 박탈 연구는 1976년에 전환점을 맞았다. 돌고래 연구로 유명한 J. C. 릴리는 자극 결핍이 반드시 스트레스를 일으키는 건 아니라고 주장했다. 그는 실험대상자를 어둑한 수조에 넣은 뒤에, 정신적 상처를 입을 가능성을 경고하지 않고 재미있는 경험을 하게 될 거라고 일러주었다. 이 실험에서 실험대상자들은 스트레스가 줄어드는 걸 느꼈다. 이후의 여러 비슷한 실험은, 강제성이 없는 단기간의 감각 박탈은 창의력을 높이고 긴장을 늦추어준다는 걸 밝혀냈다. 그 결과 "한층 강한 통찰력, 습관 교정, 유익한 자발적 행동변화"의 기회를 제공한다는 것이었다.

릴리의 실험과 캐나다의 실험은 동기에서 차이가 있었다. 캐나다의 실험대상자들은 감각 박탈을 자신이 제어할 수 있는 문제가 아니라 강제성을 띤 것으로 여겼다. 그러나 릴리의 실험은 긍정적인 분위기를 지니고 있었다. 대상자들은 실험 협력자였으며, 기회를 활용하라는 권유를 받았다.

감각 박탈

의식
Consciousness

철학자 루트비히 비트겐슈타인은 정의할 수 없는 걸 정의하도록 우리를 유혹하는 함정이 바로 언어라고 경고했다. 의식은 실제로 정의할 수 없는 개념일지 모른다. 그러나 이런 우려에도 불구하고, 세계적으로 위대한 사상가들의 행렬은 비트겐슈타인이 "실제로 존재하지 않는 수수께끼"라고 부른 것을 탐구하는 작업에 기꺼이 뛰어들었다.

19세기 말에 윌리엄 제임스(74쪽 참조)는 앞으로 지각하게 될 대상의 다양한 가능성을 검토하여 가장 가능성이 높은 것을 선택하는 마음상태를 의식으로 보았다. 오늘날 신경학자 안토니오 다마시오는 "의식은 자기 자신에 대한 개념, 매 순간 자기 몸의 이미지를 토대로 쌓아올리는 것, 자서전, 자신이 의도하는 미래에 대한 느낌"이라고 주장한다. 이처럼 의식의 정확한 의미에 관한 폭넓은 합의가 존재하지 않는 상황이다. 그렇긴 해도 우리에게 자신의 마음을 "알게" 해주고, 사색에 대한 사색을 가능케 해주고, 자기 자신과 환경을 추적하고, 이런 정보들을 활용하여 계획을 세우고 희망과 두려움을 명확하게 표현하는 마음상태를 의식으로 볼 수 있을 것이다.

의식은 마음과 영혼에 관한 전통적인 철학개념과 비슷한 측면이 있다. 이런 개념은 오랜 역사를 지닌 것이어서, 자연스럽게 의식의 성격과 기원과 위치에 대한 이론들의 발달에 영향을 미쳤다.

고대 그리스에서 영혼(또는 '프시케')은 자아였다. 자아

한때 신학자들은 의식 또는 영혼을 하늘이 내린 것으로 여긴 반면에, 오늘날 일부 신경학자는 뇌에서 진행되는 물리적 화학적 과정의 부산물일 뿐이라고 주장한다. 무지개가 아름다운 동시에 겉보기엔 의미심장하지만 빛과 작은 물방울들의 상호 작용의 산물에 불과하듯이, 의식 또한 위와 같은 과정의 상호 작용에서 발생한다는 것이다.

는 몸에 생명을 불어넣는 삶의 원리였다. 아리스토텔레스는 『영혼에 관하여 *On the Soul*』에서, '프시케'는 '자연계 유기체의 첫번째 실재'라고 주장했다 — 프시케 또는 영혼을 갖고 있다는 건 몸을 갖고 있다는 걸 의미했다. 심지어 그는 영혼이 심장 속에 들어 있다고 보았다. 이처럼 해부학적인 오류를 드러내긴 했지만, 생리학의 관점에서 행동과 감정을 설명하려 했다는 점에서 그의 견해는 뛰어난 통찰력을 지닌 것이었다. 가령 그는 심장 주변의 피가 뜨거워지면 분노가 생긴다고 보았다.

기독교 정신이 부상하면서 신학자들은 불멸의 비물질 영혼 개념에 큰 영향을 받았다. 영혼은 인간에게 자유의지, 지옥의 위험, 천국의 약속을 주었고, 인간을 다른 짐승들과 분리시켰다. 인간은 생물학적인 기계가 아니었다. 전지전능한 하나님을 믿는 기독교 신앙은 르네 데카르트의 철학 형성에 기여한 게 분명하다. 데카르트의 마음과 몸 이원론(二元論)은 1650년부터 20세기 초반까지 마음에 대한 사고를 지배했다. 그의 사상은 여전히 우리의 관심을 끈다. 그는 이 세상이 질적으로 다른 두 가지 실체를 지니고 있다고 주장했다 — 하나는 몸과 뇌를 구성하는 구체적인 물질이고, 다른 하나는 마음을 구성하는 눈에 보이지 않는 "실체"인 사고이다. 마음이 보다 우월하기 때문에 비행사가 항공기를 제어하듯이 뇌를 조종하지만, 어쨌든 뇌와 마음은 평행선을 달린다는 것이다.

결점이 많지만 이원론은 오랜 세월 영향력을 행사했으며

(오늘날도 일부 과학자와 철학자는 다소 변형시킨 이원론의 타당성을 믿는다) 일상생활의 사고 속으로 파고들었다. "육체는 나약하지만 정신은 능동적이다"라고 말할 때, 우리는 이미 마음과 몸이 분리돼 있음을 인정하고 있는 것이다.

근년 들어서 이원론은 인기를 잃었다. 신경학자들이 마음 상태가 어떤 방식으로 뇌 기능에 의존하는지 입증하기 시작하고, "자아" 개념이 전적으로 신경에 토대를 두고 있음을 보여주는 마음 모델을 제시한 결과였다. 이런 모델(매우 사변적인)의 경우에, 특정한 의식상태는 특정한 신경활동 형태와 연관되어 있는 게 아니라 '그 자체'가 곧 이러한 활동 형태이다. 가령 프랜시스 크릭(DNA 공동 발견자)은 여러 부위의 뇌 뉴런이 동시에 빠른 속도로 흥분하면서 의식이 생겨난다고 믿었으며, 신경학자 안토니오 다마시오는 뇌의 특정한 신경중추 또는 집중지역이 의식을 조정한다고 주장한다. 다마시오에 의하면 사고는 순수한 논리가 아니다—뇌는 논리적인 공식이 아니라 대상을 표현하는 이미지를 다루는 걸 통해서 작용한다. 집중지역에서 서로 다른 이미지들이 뒤섞인다. 이곳에서 사고, 기억, 경험, 감정이 서로 충돌하여 합의사항을 제시하면, 우리는 즉시 그것을 인식하게 된다. 바로 이런 과정이 의식이라는 것이다. 다마시오는 수렴지역이 전두엽 전두(前頭) 피질에 위치한다고 주장한다. 이곳은 오랜 세월 영혼, 자아, 성격(25쪽의 피니어스 게이지의 사례 참조)의 근원으로 간주되어온

근대철학의 선구자로 평가받는 르네 데카르트(1596~1650)는 과학과 수학 연구에 상당한 기여를 했다. 나름의 합리적 연구 방법—"회의론"—을 개발해서, 100퍼센트 확실한 것이 아니면 무엇이든지 의심하기로 작정했다. 자신이 보고 듣는 모든 것은 환각이거나 꿈일 가능성이 높았지만, 자기 자신이 의심하고 있다는 사실만은 의심할 수 없었다. "나"의 모든 행동은 의심의 대상이지만, 이런 마음 과정의 중심엔 '나'라는 의식이 있다. 그는 이런 개념을 무엇보다 유명해진 철학명제를 통해서 표현하였다—나는 생각한다. 고로 나는 존재한다.

부위이다. 또한 자신의 모델을 보강하기 위해서, 전두엽 부위에 상처를 입은 이들에 대한 신경학 연구를 거론한다. 이런 사람들은 사고와 정서(또는 감정)를 연결하는 능력이 없는 걸로 보인다. 감정 결핍은 이들을 냉정하고 합리적인 사람이 아니라, 판단을 내리거나 인생살이에 필요한 일들을 처리하는 능력이 없는 사람으로 만든다. 그러나 그의 주장을 비판하는 이들이 있다. 가령 미국 터프츠 대학의 대니얼 데닛은 피질 속의 특정 지역이 아니라 전반적인 뇌 활동에서 의식이 생겨난다고 주장한다.

'호모 사피엔스'는 "생각하는 인간"이라는 의미이다. 인간 종의 이름에 의식 개념이 들어가 있는 것이다. 의식은 "생각하는" 능력으로서, 인간 정체성의 핵심이면서 인간을 다른 형태의 삶과 구분하는 요소이다. 그러나 다른 동식물과 무생물은 의식이 없고 인간만이 의식을 갖고 있다는 우리의 믿음은 과연 옳은 걸까? 묘하게도 이런 의문에 대한 설득력 있는 답변은 존재하지 않는다. 최선책은 유추를 통해서 결론을 이끌어내는 것이다. 내 마음과 의식은 나의 뇌에서 나온

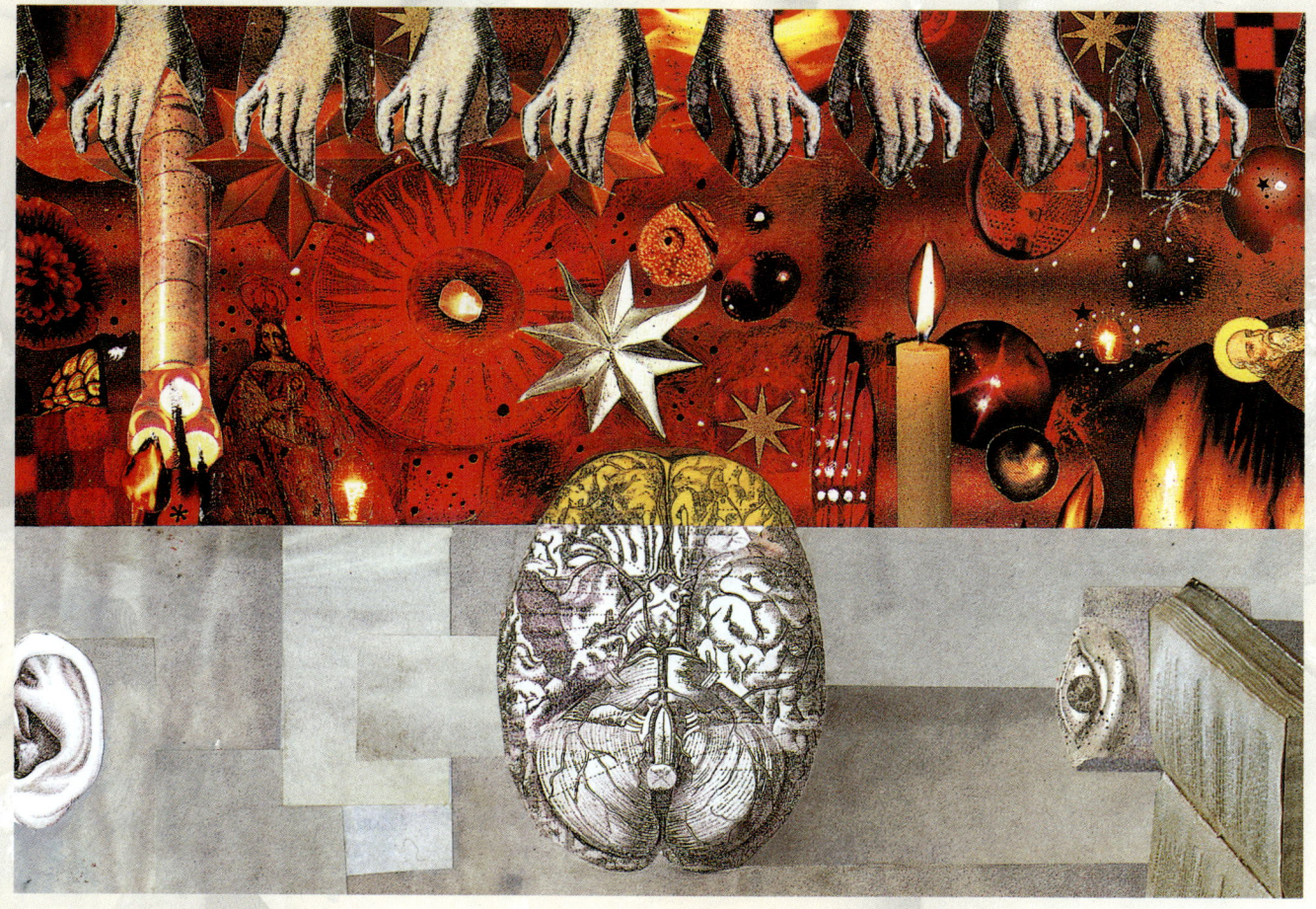

것이고, 당신은 뇌를 갖고 있다. 따라서 당신도 의식을 지닌 걸로 보인다. 뇌가 없는 조약돌은 의식이 없다. 또한 당신은 합리적으로 행동하고(자극에 대해서 나와 동일한 반응을 보이고) 나처럼 의사소통하고 나처럼 감정 반응을 드러내므로, 당신도 의식을 지닌 걸로 보인다. 이처럼 의식의 근원을 추정하는 작업에서 행동의 유사성만을 고려하는 태도는 다른 동물을 대하는 태도에 반영된다. 가령 인간과 생리 기능이 비슷하다는 이유에서, 생쥐 같은 온혈동물이 도마뱀보다 "한층 의식이 깨어 있다"고 여기는 경우가 그러하다.

유사성 테스트는 인공지능(AI) 학자들이 사용하는 방법이

어떤 신경학자는 의식의 근원이 뇌의 전두엽이라고 믿는다. 또 어떤 신경학자는 의식이 뇌 전체의 공동 소유물이라고 주장한다.

다. 확실하게 인간의 반응을 보여준다면 그 컴퓨터에 지능이 있다고 볼 수 있다. 그런데 컴퓨터는 의식을 "느낄" 수 있을까? 단지 지능이 있다는 이유에서, 다른 사람들을 대할 때처럼 존경심을 갖고 컴퓨터를 대해야 하는 걸까? 이런 의문은 의식의 본질에 관한 논쟁, 때때로 살벌한 분위기에서 진행된 철학자와 과학자들의 오랜 전투를 돌아보게 만든다. 비트켄슈타인의 경고를 깊이 명심하는 게 좋을 것이다.

언어 *Language*

많은 전문가들이 인간을 다른 동물과 구분짓는 건 언어라고 말한다. 그러나 인간이 우월하다는 신념은 지난 30년 동안 도전을 받아왔다. 일부 영장류 동물(돌고래를 포함한)이 언어를 갖고 있거나 터득할 수 있음을 입증하고자 많은 이들이 열성을 보인 결과였다. 그들의 연구는 와슈, 님 침스키(놈 촘스키의 이름을 재미있게 변형시켜서 붙인 이름) 같은 "말하는" 침팬지를 유명 인사로 만들었다. 그러나 말하는 법, 수화 사용법을 가르치고자 각 동물에게 지대한 관심을 쏟았지만 결과는 신통치 않았다. 가령 님 침스키는 두세 단어짜리 미국 수화를 이해하고 표현하는 능력이 있었다. 그러나 이 침팬지의 언어 사용은 반복과 모방에 의거한 것이어서, 문법을 이해한다는 증거를 거의 보여주지 못했다—모든 사람이 학교에서 배우는 구두점과 명사와 동사 호응에 관한 간단한 법칙뿐 아니라, 새로운 문장과 개념을 만드는 데 필요한 언어의 기본 구조에 대한 이해가 없었다.

언어는 인간 이외의 동물에선 보기 힘든 특성이며, 인생에서 매우 이른 시기에 모습을 드러낸다. 똑똑한 아기는 생후 12개월이면 몇 단어를 말할 수 있다. 네 살 나이엔 대부분의

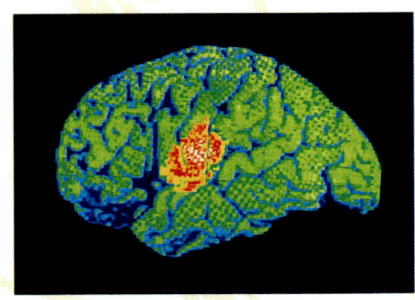

얼핏 보기에 낯선 개념으로 여겨지지만, 타고난 문법이라는 개념은 우리가 뇌에 대해서 아는 지식과 완전히 일치한다. 19세기부터 지금껏 신경학자들은 브로카 영역이나 베르니크 영역 같은 뇌의 언어중추를 인식해왔으며, 현대 과학의 도움으로 오늘날 우리는 언어에 관련된 뇌 부위를 눈으로 볼 수 있다. 양전자 방사 단층촬영(PET) 스캔은 말하는 업무를 수행하도록 요청받은 실험대상자의 뇌에서 벌어지는 언어중추 활동을 보여준다.

아이가 의도와 이해와 감정의 미묘한 차이를 드러내는 제법 복잡한 문장을 구성한다. 이처럼 일찍부터 언어 기술이 발달한다는 사실은 어떻게 그런 기술을 익히는지에 대한 의문을 불러일으켰다. 언어는 자전거 타기처럼 인위적인 행동을 배우듯이 학습을 통해 터득하는 것일까? 아니면 막 부화된 새 새끼의 뇌와 몸 속에 하늘을 나는 능력이 들어 있듯이, 어떤 식으로든 인간의 뇌 속에 미리 입력되어 있는 걸까?

어떤 심리학자들은 어린이가 부모를 위시한 주위 사람들을 모방하는 걸 통해 언어를 익힌다고 주장한다. 이들은 어린이에게 단순하고 명료하게 변형시킨 문장을 다정하게 들려준다. 확실히 모방은 의사소통의 여러 측면에서, 가령 말의 구문(80쪽 참조)—대화의 리듬을 만드는 쉽게 감지하기 힘든 신호—을 이해하는 데 중요한 역할을 한다. 그러나 모방론은 지나치게 단순한 이론이어서 수많은 관찰 사례를 제대로 설명하지 못한다. 가령 유아가 태어나서 처음으로 말하기 시작하면서 문장 단위가 아니라 한두 개 단어로 이루어진 문구를 사용하는 이유는 무얼까?

또다른 이론은 영향력 있는 행동주의 연구자 B. F. 스키너

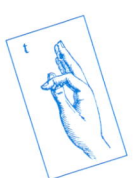

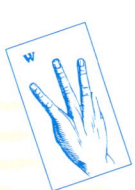
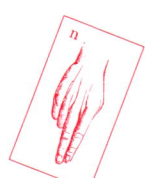

가 제기한 것인데, 언어(스키너는 "말 행동"으로 부를 것을 고집했다)는 조건 적응을 통해서 배운다는 주장이다. 어린이는 다른 사람이 하는 말을 듣고, 그의 목소리와 특정한 사물을 연결시킨다. 이후에 같은 사물에 반응하여 동일한 목소리를 내면 어른한테서 보상을 받는다. 보상이 반복되는 과정에서, 어린이가 하는 말은 점차 어른들이 하는 말의 단어와 문장에 접근해간다. 결국 부모들이 아이에게 말하는 법을 가르친다는 것이다. 그러나 이러한 학습론(그리고 모방론)을 언어 습득에 관한 유일한 이론으로 보는 걸 반박하는, 우리에게 친숙한 한 가지 사실이 있다. 어린이들은 여태껏 스스로 들어본 적이 없는 문구, 당연히 이전에 어른 앞에서 사용함으로써 보상을 받은 적이 없는 문구를 독창적으로 만들어낼 때가 많

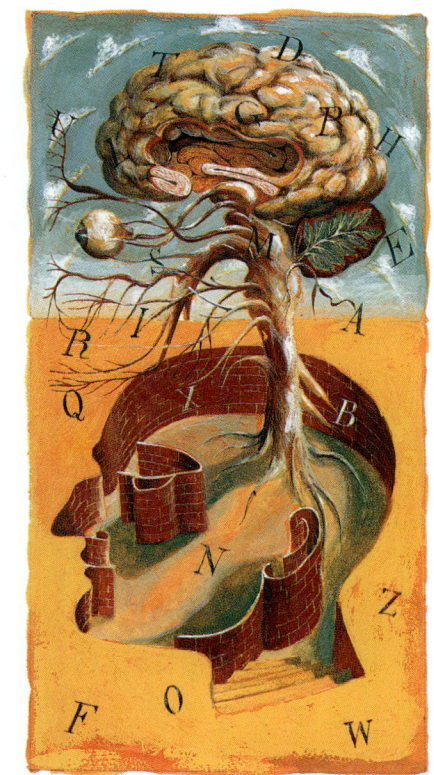

다—스키너의 언어감각을 빌려 표현하면, 그들이 이런 문구를 "배운" 게 아니라는 의미이다.

생후 7, 8개월이면 대부분의 아기는 무의미한 음절을 발음하기 시작한다. 부모가 어떤 언어를 사용하든 마찬가지이다—아기들이 내는 소리는 모든 언어권에서 가장 흔하게 들을 수 있는 소리이다. 이런 현상을 어떻게 설명할 수 있을까?

미국 언어학자 놈 촘스키가 한 가지 답변을 제시했다. 탁월한 저서 『구문론 구조Syntactic Structures』

(1957)에서 그는 인간의 모든 언어에 불변하는 요소가 있음을 보여주었다. 가령 모든 언어는 주어와 목적어, 명사와 수식어를 구분하는 걸로 여겨졌다. 그가 보기에 이런 공통요소의 존재는 모든 언어의 기본구조가 같다는 걸 의미했다.

촘스키의 이론에 의하면, 유아의 뇌는 이런 기본구조에 일정한 방식으로 정확하게 반응하도록 미리 결정되어 있다. 뇌는 자신이 듣는 말에서 단어와 기본적인 구문론 법칙을 차례로 추출하는 타고난 능력을 갖고 있다. 거꾸로 말하면, 언어는 정신의 구조물인 동시에 이런 기본구조를 중심으로 만들어진 것이다.

많은 관찰 사례가 촘스키의 이론을 뒷받침한다. 어린이마다 성장 배경이 다양하고 제각각 매우 다른 능력을 지니고 있지만, 언어를 익히는 속도는 거의 비슷하다. 언어는 오로지 학습을 통해 익히는 것이 아니라 선천적인 측면이 있다고 가정할 경우에 가능한 현상이다. 뿐만 아니라 귀머거리 아이가 수화를 배우며 밟는 과정을 보면, 청각이 정상인 아이가 말을 배울 때 밟는 과정과 매우 흡사하다. 또한 모든 어린이는 정식으로 배우지 않은 언어구조 규칙을 새로운 사물과 사건에 적용하는 능력이 매우 뛰어나다. 이런 능력을 활용하여 새롭고 의미 있는 문장을 만드는 것이다.

앎의 여러 가지 상태 *States of Knowing*

"의식"의 의미가 다양하다는 건 그것이 모호한 개념임을 말해준다. 가령 "존이 의식이 없다"고 말하면, 지금 존이 잠을 자거나 혼수상태라는 의미이다. "존은 특별히 어떤 것을 의식하지 않고 있다"는 건, 그가 정신을 집중하지 않고 공상에 잠겨 있다는 의미이다. "존은 아내의 적개심을 의식하지 않는다"는 건, 그가 아내의 감정에 민감하지 않다는 의미이다. 의식은 존재상태보다는 앎의 상태에 가까운 걸로 보인다.

의식과 무의식 상태의 구분도 명확하지 않다. 내가 잠들어 있을 때, 대부분의 사람은 내가 무의식 상태라는 데 의견이 일치할 것이다. 하지만 바로 그 순간에 나는 길을 걸어가면서 상점 거울에 비친 내 모습을 바라보는 꿈을 꾸고 있을 수도 있다. 무의식 상태에서 나 자신을, 거울에 비친 나를 의식하고 있는 것이다. 이윽고 나는 잠에서 깨어난다. 이제 나는 내가 무의식 상태에서 무얼 생각했었는지 의식한다. 이러한 의식의 모호함은 일부 심리학자들을 부추겨서 '의식의 연속'이라는 용어를 사용하게 만들었다.

그런데 의식의 연속엔 세 가지 행위가 있음을 알아둘 필요

과학적인 잠 연구는 1930년대에 시작되었는데, 의식과 무의식 상태의 특징은 뇌 전자 활동의 뚜렷한 변화라는 걸 밝혀냈다. 실험대상자의 머리에 다량의 민감한 전극을 붙여서 이런 활동을 측정할 수 있다. 전극은 뇌의 뉴런이 흥분하며 만드는 미세한 전위(電位)를 탐지하여, 출력 정보를 펜 기록 장치로 보낸다. 그 결과 생기는 지그재그 선분의 그림을 뇌전도 또는 EEG라고 부른다. 실험대상자가 완전히 깨어 있을 때(1), 뇌전도는 1초에 8회에서 12회씩 진동하는 "뇌파"를 기록한다. 깨어 있는 상태와 잠의 중간 단계, 즉 잠의 초기 단계(2)에서 뇌파는 한층 빠르고 불규칙해진다. 실험대상자가 보다 깊으면서 꿈을 꾸지 않는 잠(3, 4, 5) 속으로 들어가면, 진동이 점차 커지고 느려진다. 가장 깊은 잠에 빠져 있을 때 실험대상자는 잠에서 깨어나기 힘들다(4, 5). 꿈을 꾸는 잠(또는 REM 잠, 116쪽 참조) 중의 뇌파는 의식상태의 뇌파와 아주 비슷하다(6). 잠자는 중에 우리는 잠의 한 단계에서 다른 단계로 빠르게 이동하며, 밤새도록 다양한 단계를 계속 되풀이한다.

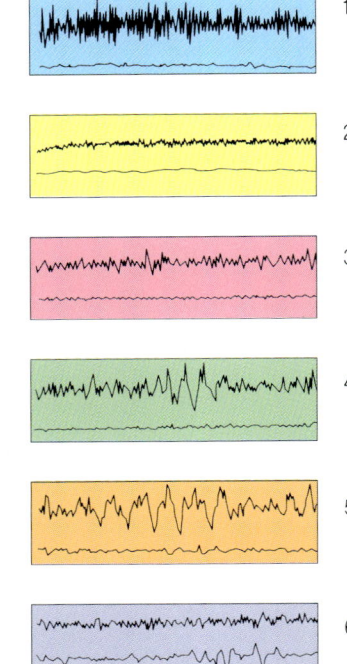

1
2
3
4
5
6

가 있다. 한쪽 끝엔 의식이 완전히 살아 있는 행위가 있다. 우리가 마음의 반성력을 최대한 활용하거나, 편지를 쓰면서 적합한 단어를 찾고자 애쓰거나, 실용적인 문제 또는 수학 문제에 관심을 집중할 경우이다.

자율 행위의 경우엔, 우리는 자신이 문제의 행동과 사고를 한다는 걸 의식하지 못하지만 여전히 우리의 의식은 살

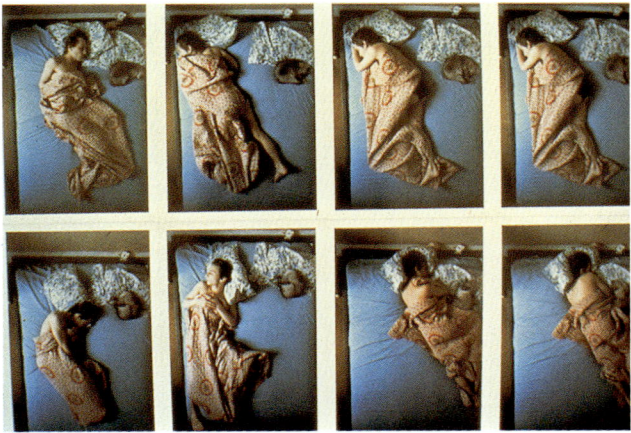

가장 깊으면서 꿈을 꾸지 않는 잠 중에, 몸은 긴장이 느슨하고 마음은 평온하다. 그러나 꿈을 꾸는 잠 중엔 뇌와 심장과 눈이 매우 활발한 활동을 하고, 반면에 몸의 나머지 부위는 사실상 마비된다.

19세기 독일 화학자 아우구스트 케쿨레는 잠자는 중에 벤젠의 화학 구조에 얽힌 수수께끼를 풀었다고 전한다. 꿈속에서 그는 빙빙 돌다가 자기 꼬리를 무는 뱀을 보았다. 이 꿈을 통해서 그는 이전까지 추정되어온 것과 다르게, 벤젠 분자가 직선 사슬이 아니라 고리 모양으로 배열된 탄소 원자라는 걸 알아냈다.

아 있다. 때때로 이런 과정을 전(前)의 식 단계라고 부른다. 보행은 자율 행위의 좋은 본보기이다. 나는 A지점에서 B지점으로 걷는다. 만일 당신이 나에게 A지점에서 B지점으로 걸어가기로 미리 의도했던 거냐고 묻는다면, 나는 그렇다고 답할 것이다. 내딛는 모든 발짝을 미리 의도하거나, 사실상 걷는 행위에 대해서 신경 쓸 필요가 전혀 없지만 말이다. 예상치 않았던 사건이 보행을 방해할 경우에 한해서, 의식이 한층 살아나서 나의 행위를 완전히 인식하게 될 것이다. 가령 구두끈에 발이 걸려 넘어지려 할 때, 의식적으로 주위를 돌아보며 무언가 붙잡을 물건을 찾게 될 것이다.

어쨌든 자율 행위와 연관된 사고와 행동은 다른 의식과 분리돼 있다. 이런 사고는 오로지 정신분석과 꿈 작업(114쪽 참조)을 통해서 접근할 수 있는, 프로이트가 말하는 억압된 상태로서의 "무의식적인" 사고가 아니다. 일순간에 의식 속으로 끌어올리는 게 가능하기 때문이다. 가령 우리는 말하거나 글을 읽을 때, 자신이 각 단어의 의미를 안다는 사실을 의식하지 않는다. 그러나 필요하다면 언제든지 의식 속에서 각 단어의 의미를 떠올릴 수 있다. 마찬가지로 차를 몰 경우에, 우리는 각 단계의 행동을 계속해서 자신에게 설명하지 않는다. 그러나 운전하는 행동을 자세히 묘사할 필요가 있을 때는 쉽게 묘사할 수 있다. 자율 행위는 의식적인 사고와 공존하기도 한다. 가령 대화를 나누거나 그날의 계획을 세우는 가운데, 매우

안전하게 운전하는 게 가능하다. 어떤 심리학자들은 자율 행위에 관여하는 중에, 실제로 창조적인 작업에 한층 신경을 집중할 수 있다고 말한다. 추리소설 작가 애거사 크리스티는 접시를 닦으면서 대부분의 소설 줄거리를 만든다고 말했다. 그녀는 비눗물에 두 손을 깊이 담근 상태에서, 푸아로와 미스 마플 같은 인물에 생명을 불어넣었다.

세번째는 무의식적인 행위이다. 프로이트는 의식과 무의식 사이에서 끝없이 삼투작용이 이루어지며, 이따금 무의식에서 나온 내용물이 우리의 행동을 유발하고 제어한다고 주장했다. 나중에 가선 회상하지 못하는 행동을 하거나, 이해하기 힘든 실수를 저지르거나, 자신이 어떤 행동을 하고 어떤 말을 한 까닭을 설명하는 게 불가능하다는 걸 깨달을 수도 있다. 또한 무의식은 회상하여 되살린 꿈의 형태로 의식을 침범한다. 때때로 무의식 작용은 부분을 조립하는 특성을 드러낸다. 가령 프랑스 수학자 앙리 푸앵카레(1854~1912)는 어느 날 잠에서 깨어났을 때, 푸리에 함수라고 부르는 일련의 복잡한 수학문제에 대한 해답이 자신의 머릿속에 들어 있음을 알았다. 무의식을 통해서 해답이 그에게 전해진 걸로 여겨진다.

의식의 흐름 *The Stream of Consciousness*

 여러 세기 동안 수많은 철학자와 심리학자가 의식의 본질을 규명하고자 노력했다. 그러나 윌리엄 제임스(1842~1910)만큼 영향력을 발휘한 사람은 드물었다. 그는 의식적인 체험을 관찰하고 분석하여 『심리학 원칙 *Principles of Psychology*』(1890)을 발표했는데, 이 책은 한 세기 넘게 세월이 흐른 오늘날도 여전히 마음을 연구하는 학자들에게 영감을 준다.

제임스는 의식에 네 가지 중요한 특성이 있다고 주장했다. 첫째, 의식은 사적인 것이다. 즉 모든 사고엔 소유자가 있다. 두번째, 의식은 늘 변화한다. 완전히 똑같은 의식 상태를 두 번 경험하는 건 불가능한 일이다. 제임스의 표현을 빌리면, "한번 겪은 상태는 재현되지 않으며, 이전에 겪은 상태와 동일하지 않다." 한 가지 예를 들어서 이런 주장을 더없이 명

료하게 설명할 수 있다. 가령 일요일에 내가 연분홍색 프록 코트를 입고 있는 애너를 떠올리고 있다고 가정해보자. 다음 날 다시 같은 옷을 입은 애너를 떠올릴 경우에, "연분홍색 옷을 입은 애너"에 대한 나의 두번째 의식 상태는 어쨌든 "연분홍색 옷을 입은 애너"에 대한 첫번째 의식 상태를 포함하고 있는 게 분명하다. 따라서 두 가지 의식 상태는 서로 완전히 똑같을 수는 없다. 세번째, 제임스는 의식이 연속성을 갖고 있으며, 우리에게 자아를 느끼게 만드는 건 이런 연속성이라고 주장했다.

그는 이러한 견해를 의식의 흐름이라는 적절한 비유를 통해서 요약해보였다. 흐름을 규정하는 물은 끝없이 변화한다. 그럼에도 불구하고 흐름은 언제나 흐름이다. 마찬가지로 정체성은 사고 또는 의식의 흐름을 통해서 유지된다. 물 흐름

은 쉬지 않고 한쪽 방향으로 나아 간다. 역시 마찬가지로 의식은 결 코 정지하는 일이 없는 상태, 한 순간과 다음 순간이 정확하게 같 지 않은 동적인 상태이다.

끝으로 제임스는 의식이 선택적 인 것이라고 주장했다. 뇌를 향해 동시에 퍼부어지는 수백 개의 느 낌 중에서 부적절한 내용물을 여 과하는 능력이 있다는 얘기이다. 이 대목에서 제임스는 중대한 오 해가 있는 걸로 보인다. 사실상 이 런 여과기가 작동하는 건 무의식 과 전의식 단계이다(38쪽 참조).

로버트 루이스 스티븐슨의 걸작 소설 『지킬 박사와 하이드 씨의 이상한 경우 *The Strange Case of Dr Jekyll and Mr Hyde*』는 1886년에 발표되었 다. 정신병원에서 발생하는 다중인격 사례에 대한 보고서였다. 이 소설은 사람들이 다중인격 사례를 바라보는 태도에 의해서 지대한 영향을 받았 으며, 역으로 이런 사례를 바라보는 사람들의 태도에 분명한 영향을 미쳤 다.

그는 의식의 흐름이 자아를 결속시킨다고 확신했다. 따라 서 그가 "결속력"이 흐트러진 걸로 여겨지는 다중(多重)인격 이라는 특별한 사례에 매료된 건 당연한 일이었다. 1889년 에 그는 한 가지 사례―안셀 분의 놀라운 이야기―를 매우 상세하게 연구할 기회가 있었다.

분은 로드 섬의 그린에 사는 전도사였다. 1887년 7월에 그 는 집을 나서 은행에서 551달러를 찾았다. 가족들은 그날 밤 에 그가 귀가하리라 여겼지만 그는 돌아오지 않았다. 그를 찾아 나선 가족은 그가 포터킷으로 가는 기차에 오르는 걸 본 사람이 있다는 얘기를 전해 들었다. 지역 신문에 심인 광 고를 냈으나 전혀 그의 행적을 찾을 수 없었다. 이제 가족들 은 그가 살해되었을까봐 걱정하기 시작했다.

17일 뒤에 이웃마을 노리스타운 주민들은 미스터 '브라 운'이라는 점잖은 남자가 임대 계약을 맺어서 작은 문방구

를 인수하는 걸 보았다. 그는 동 네 교회에 나가서 유창한 달변으 로 신도들을 놀라게 만들었다. 같은 해 9월 19일에 그는 돌연한 공포에 사로잡힌 채 잠에서 깨어 났다. 그는 자신이 노리스타운에 서 상점을 운영하면서 무슨 일을 하고 있는지 전혀 알지 못했다. 자신의 실제 이름이 안셀 분이며 그린에서 왔다고 말하자 고객들 은 몹시 당황했다. 그러나 그린 에 전보를 쳐보곤 그의 얘기가 사실임을 알았다.

다중인격에 대한 관심은 지난 40년 동안 급격히 고조되었으며, 수많은 놀라운 사례가 보 고되었다. 세 개의 "다른" 인격―이브 화이트, 이브 블랙, 제인―을 지닌 크리스 시즈모어의 경우는 할리우드 영화 〈이브의 세 얼굴 The Three Faces of Eve〉의 소재가 되었 다. 어떤 사례에선 번갈아 나타나는 각각의 인격이 "성격"뿐 아니라 몸의 자세, 목소리, 필적 같은 신체적 특성마저 다르 다. 뇌 활동, 심장 박동수, 혈압에 변화가 있는 경우도 있다. 미국국립심장건강연구소의 프랭크 푸트넘은 다중인격 장애 가 어린 시절에 입은 정신적 외상에 대한 반응이라고 믿는 다. 학대당하며 사는 어린이는 자신에게 벌어지는 일을 참지 못하고, 자신의 무의식에서 또다른 성격을 만들어낸다. 새로 운 성격이 고통을 겪고 매를 맞고 성적 학대를 당하는 일을 맡는다. 결국 어린이의 정상적인 자아는 고통이나 근심과 맞 서 싸울 필요가 없어지는 것이다.

자기 분석 *Introspection*

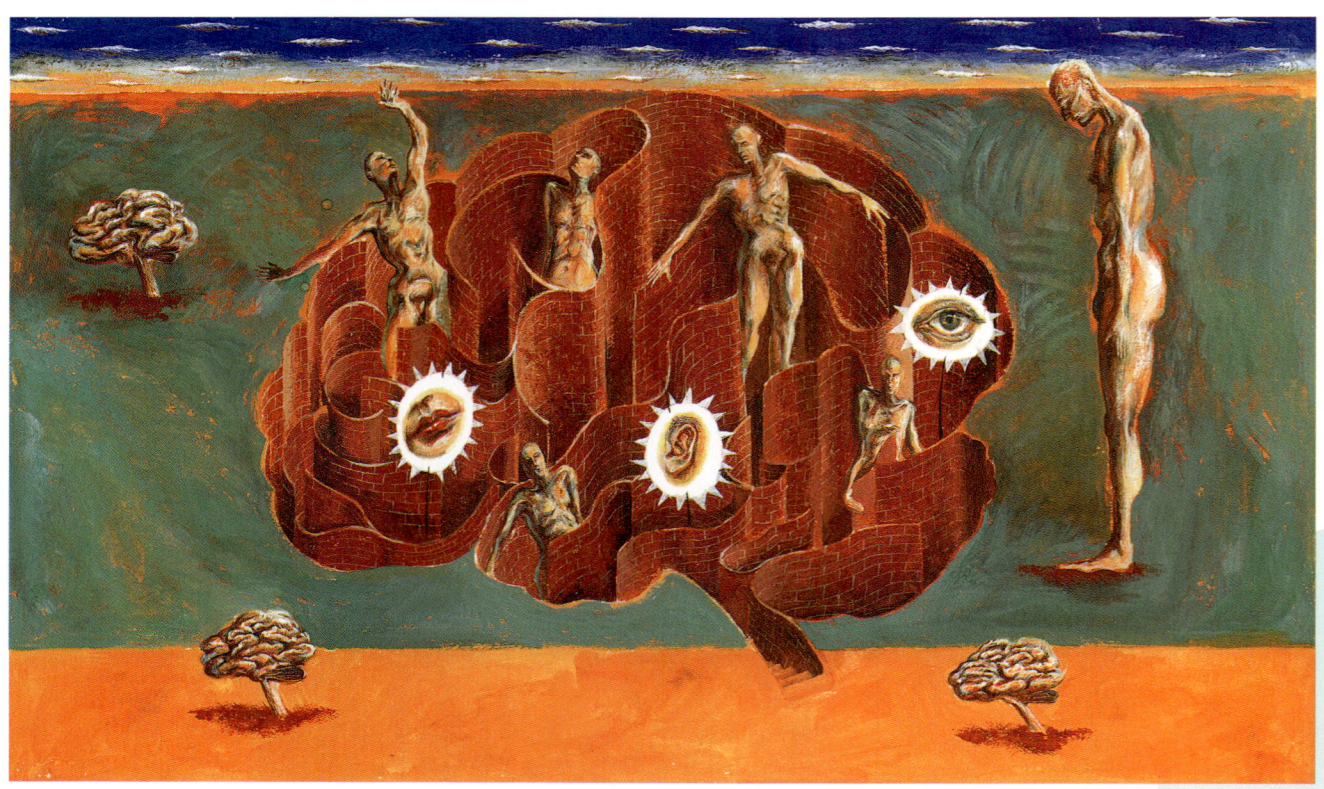

인간의 뇌엔 뇌 활동에 관한 지각 정보를 제공하는 뉴런이 없다. 자신이 생각하는 걸 육체를 통해서 지각하는 건 전혀 불가능하다는 의미이다. 우리는 자신에게 의식이 있다는 걸 아주 잘 알고 있다. 하지만 이런 사실을 다른 사람 앞에서 확실하게 입증할 방법이 없다.

인간 실험대상자들의 뇌를 직접 들여다본다는 건 불가능하기 때문에, 과학자들은 상당한 세월을 절망감에 시달려왔다. 그들은 실험대상자들에게 최대한 객관적으로 자신의 사고과정을 들려줄 것을 요구하는 방법에 의지했다─물론 대부분의 과학자는 이런 과정이 주관적일 수밖에 없다는 생각에 우려를 금치 못했다.

프랜시스 골턴 경(169쪽 참조)은 실험대상자들에게 다양한 자극을 준 뒤에, 자극과 관련하여 떠올린 이미지를 기억해둘 것을 주문했다. 뒤이어 그들에게 이런 이미지들이 얼마나 생생하고 분명한지, 얼마나 오래 지속되는지 물었다. 일군의 독일 심리학자들도 1890년대에 비슷한 방법을 택했다. 그들은 즉석에서 얻는 감각이 의식의 기본요소라고 믿었다. 따라서 아주 짧은 순간에 자극에 노출되었을 경우에, 실험대상자들이 어떤 감각을 경험하는지 기술하고자 노력했다. 대표적인 실험의 경우에, 실험대상자에게 노란색 원을 일순간 보여준 뒤에 자신이 겪은 경험을 묘사하고 의미를 말하도록 주문했다. 초기의 실험자들은 보편성 있는 결론을 얻지 못했다. 당혹스럽게도 자극에 대해서 두 사람이 동일한 반응을 드러낸 경우가 단 한 번도 없었기 때문이다. 가령 자신의 어머니가 늘 노란색 모자를 쓰는 실험대상자를 예로 들어보자. 그는 일순간 비춰준 노란색 원에 대해서, 명상에 잠길 때 집중 대상으로 늘 황금빛 원을 사용하는 사람과 다른 반응을 드러낼 것이다.

1900년대 초에 행동주의가 부상하면서, 자기 분석 방법은 학계의 주류 심리학자들의 세계에서 인기를 잃었다. 사적인 사건에 바탕을 둔 자기 분석에서 얻어낸 자료를 객관적으로 평가하거나 타당성을 입증한다는 건 불가능하다는 게 더없이 명백해졌기 때문이다. 행동주의자들은 심리학에서 의식 연구를 몰아내고 행동 연구에 집중하면서, 스스로 "진정한" 과학이라고 정의한 것을 성취하고자 노력했다.

다른 심리학자들은 계속하여 자기 분석 방법을 사용했다. 사실상 자기 분석은 정신분석의 토대이다. 프로이트의 방법은 거의 대부분 환자들의 얘기를 경청하는 걸로 이루어졌다. 그는 이런 분석이 자칫하면 객관성이 떨어질 우려가 있음을 잘 알고 있었지만, 달리 의식을 연구할 길이 없었다. 의뢰인 중심 요법의 창시자 칼 로저스는 요법의 작용을 이해하기 위해서, 치료 과정을 기록하여 분석했다. 저서 『카운슬링과 정신요법 *Counselling and Psychotherapy*』(1942)을

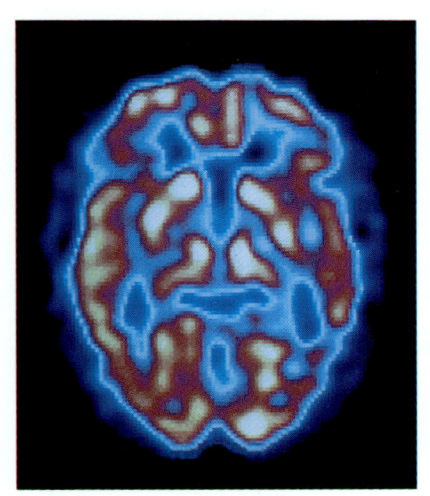

양전자 방사 단층촬영(PET)으로 만든 화상은 에너지 소비량 측정을 통해서 해당 시간에 가장 활동적인 뇌 부위가 어딘지 보여준다—가장 활동적인 부위는 엷은 노란색을 띠고 있다.

중심으로 그가 발표한 원고는 환자들의 마음속에서 진행되는 걸로 여겨지는 현상에 관한 풍부한 자료를 제공한다. 로르샤흐 테스트(165쪽 참조)는 19세기의 연구와 비슷한 점이 있다. 환자들에게 사적인 연상을 불러일으키는 일이 거의 없는 자극—잉크얼룩 무늬—을 제시한다. 자극이 유발하는 생각에 대한 환자들의 설명은 그들의 성격과 마음상태를 판단하는 기본 자료로 쓰인다.

심리학자들은 자신들의 과학이 인간 존재의 세밀한 부분을 설명할 수 있어야 한다는 걸 절감했다. 그 결과 1960년대 이래로 의식 연구가 다시 관심의 대상이 되었다. 이와 동시에 과학 기술이 발달하면서 양적으로 풍부한 의식 연구에 대한 심리학의 갈망을 충족시켜주었다. 1920년대에 처음 개발해서 줄곧 정교하게 개량한 뇌전도는 뇌 속의 전자 활동(72쪽 참조)을 민감하게 측정한다. 물론 뇌전도를 제대로 해석하기 위해선 많은 시간이 소요되는 기준선 연구가 선행되어야 한다. 기능성 MRI와 PET 스캔(182~183쪽 참조)은 뇌 활동의 여러 단계를 도표를 통해서 설명해준다. 이런 기술을 통해서 가장 숙련된 자기 분석으로도 손에 넣는 걸 꿈꾸기 어려운 객관적인 정보를 유도해낼 수 있다—하지만 지극히 인간적인 주관적 사고의 도움이 없다면 이런 스캔들의 의미는 모호한 상태를 벗어날 수 없다.

아기에게 의식이 생기는 과정 *How Babies Become Conscious*

갓난아기는 사물을 보는 능력이 거의 없다. 아무것도 모르며, 한 마디도 말하지 못하며, 개념이 무언지에 대한 개념조차 없다. 갓난아기는 정체성 감각이 없다. 36주 안쪽에 이 생명체는 말을 하고, 감각을 느끼고, 계획을 세우고, 규칙을 지키는(때로는 규칙을 어겨서 어른들의 심기를 건드리는) 걸음마 단계의 아기로 변한다. 아기는 이제 자신이 무얼 원하는지 안다. 또한 몇 분 안에 어떤 일이 벌어지기를 자신이 원하는지 안다. 대부분의 사람은 이쯤 되면 아기는 의식을 갖고 있다고 여긴다.

많은 이들이 위와 같은 변화를 묘사하고 설명하고자 노력했다. 지크문트 프로이트는 성심리(性心理) 발달(41쪽, 91쪽 참조) 개념을 강조했다. 이런 발달 과정에서 어린이는 여러 단계를 차례로 통과하는데, 각 단계는 고유한 중심 "테마"를 갖고 있다. 단계별 발달 개념을 중심으로 작업한 또 다른 사람으로 스위스의 탁월한 정신과의사 장 피아제(1896~1980)가 있다. 그의 이론은 오늘날 일반화된, 지능과 "마음"의 출현에 관한 견해를 만들어냈다.

피아제는 운동근육 움직임이 의식에 이르는 첫 단계라고 주장했다. 생후 2년 안쪽에 아기는 만지고, 붙잡고, 일어나 앉고, 엉금엉금 긴다. 이런 움직임을 통해서 아기는 눈과 손과 팔다리가 서로 협조하게 만드는 법을 배우며 지능을 발달시키기 시작한다. 근육운동 협조는 아이에게 의지를 갖게 해준다. 아홉 달 된 아기는 매우 단호한 자세로 흥미를 끄는 빨간색 풍선을 향해 기어간다. 피아제는 이런 발달 단계를 지각운동근육 단계라고 불렀다. 피아제의 두번째 단계(18개월 전후에 시작된다)에서, 아기는 마음속으로 자신의 행동에 관한 상징적 표현을 만든다. 주변 세계의 작용방식에 대한 도식(圖式), 또는 내면적인 "이론"을 얻

게 되는 것이다. 어린이는 새로운 물건이나 사건을 접할 경우에, 이미 존재하는 도식에 부합되는 새로운 경험을 쌓고자 노력한다―피아제는 이를 동화(同化) 과정이라 불렀다. 만일 동화되지 않는 대상을 접했을 경우엔, 새로운 정보를 받아들일 수 있도록 도식을 수정한다―이는 조정 과정이라고 부르는 단계이다. 어린이가 보고 만지고 듣는 건 수동적인 행동이 아니다. 환경이 자신에게 영향을 미치면 이에 반응하여, 유입되는 정보에 준해서 끝없이 스스로를 개조한다.

인간의 사고는 사물과 사건을 묘사하고 상징적으로 표현하는(특히 말과 언어를 사용하여) 능력 없이는 존재할 수 없다. 이런 능력은 우리에게 단순한 지각을 넘어선 사고, 지금 이곳을 벗어난 사고를 가능케 해준다. 피아제는 상징과 기호의 차이점을 강조했다. 기호는 불변하는 것(가령 세 개의 붉은 깃발은 어떤 경우든 "수평선에 적함이 나타났다"는 사실을 의미한다)인 반면에, 상징은 고정된 것이 아니다. 어린이는 유리병을 상징하는 소리를 배우면(또는 고안해 내면), 그곳에 유리병이 있건 없건 상관없이―가령 쾌감이나 욕구를 드러내고자 할 때―그 소리를 낼 것이다. 또한 놀이 중의 어린이는 벽돌을 사용하여 자동차나 군인을 상징적으로 표현하는 능력이 있다(모든 상징이 말은 아니다).

피아제의 주장을 옮기면, 이처럼 아기의 지능과 의식은 동화, 조정, 그리고 갈수록 강해지는 상징적 표현력에서 생겨난다. 아기는 작은 과학자로 간주할 수 있다. 주변 세계를 능숙하게 다루는 걸 통해서 마음속 가설을 검증하고, 실험 결과를 활용하여 "개념"(도식)을 만들어낸다.

유아의 의식 발달엔 눈에 두드러지는 여러 사건이 있다.

1. 사물을 손으로 다루고 떨어뜨리는 걸 통해서, 사물의 움직임을 조정하고 제어하게 된다.

2. 자신과 다른 사람들 사이에 경계가 있다는 걸 깨닫게 된다.

피아제는 자신의 자녀를 포함한 아이들을 여러 해 관찰한 뒤에 이런 이론을 개발했으며, 어린이들은 이기적이어서 사실상 다른 사람을 의식하지 않는다고 말했다. 그러나 많은 비평가들이, 이런 발달 모델은 어린이들이 사회적 동물이라는 사실을 무시하기 때문에 매우 일방적인 것이라고 주장한다. 여러 연구에서 입증되었듯이 아기는 아주 어린 나이부터 부모와 다른 어린이들과 사회적 관계를 맺는다. 또한 피아제가 생각했던 것보다 다른 사람들에 대해 훨씬 민감하며 덜 이기적이다. 아기의 자아 감각과 의식은 "실험"이나 도식 형성을 통해서 발달하는 것이 아니며, 부모와 형제자매를 위시한 다른 사람들과의 상호 작용을 통해서 발달한다.

의식 발달의 주요 단계들은 사회적 상호 작용에 의존한다는 믿음을 뒷받침하는 근거가 있다. 사물을 지각하는 능력,

자신과 타인 사이의 경계를 인식하고, 의사소통하고, 논리적으로 생각하고, 의지를 갖는 능력. 이 모든 능력은 어느 정도까지는 다른 사람들이 중재함으로써 생겨난 것이다. 가령 대부분의 부모는 갓 태어난 아기가 자신들의 얼굴 표정을 모방할 수 있다는 걸 (다소 기쁜 마음으로) 알아챈다. 생후 석 달이 지나면, 부모의 이상한 행동이나 일관성 없는 행동에 대해서 두려움이나 슬픔을 담은 "적절한" 표정으로 반응한다. 이처럼 아기는 더없이 어린 시절에 기분의 미묘한 차이에 민감해지며, 이런 기분을 표현하는 능력이 생긴다.

또한 유아는 부모를 통해서 의사소통의 비밀스러운 법칙—언제 말하고 언제 경청할 건지에 관한, 즉 대화의 리듬에 관한 지식—을 배운다. 이런 지식은 하나씩 차례로 배워 나가는 단어만큼이나 중요한 것이다. 대화의 리듬을 정하는

5. 신체상(身體像, 자기 몸에 대해서 갖는 심상)을 발달시켜서 거울에 비친 자기 모습을 인식하기 시작한다.

6. 손으로 사물을 가리키기 시작한다. 이 동작은 언어 학습에 매우 중요한 걸로 보인다. 우리 모두가 먼저 손으로 가리킨 뒤에 이름을 부르기 때문이다.

3. 아버지와 어머니와 다른 중요한 사람들을 알아보게 된다.

4. 자신의 이름을 인식하게 된다.

건 여러 가지 미묘한 신호—눈길 접촉과 살짝 고개를 끄덕이는 동작—인데, 유아는 부모와 함께 "아기 말"을 나누는 중에 이런 신호를 배운다. 이들이 주고받는 대화를 분석한 연구를 보면, 생후 두 달밖에 안 된 아기도 어른들의 대화방식을 일부분 이해한다.

"아웅 까꿍" 놀이 연구는, 아기가 부모와 즐거운 상호 작용을 나눔으로써 소망과 의향과 계획을 갖기 시작하는 과정을 엿보게 해주었다. 1983년에 제롬 브루너는 조너선이 생후 5개월에서 9개월 사이에 놀이에서 어떤 변화를 보이는지 측정했다. 생후 5개월 때 조너선은 자기 엄마가 아웅 까꿍 놀이를 시작하면 반응을 드러냈다. 그러나 자신이 먼저 그 놀이를 시작하려는 기미는 전혀 보이지 않았다. 9개월 때 조너선은 자신이 지금 놀이를 하고 싶다는 뜻을 전하고자 엄마한테 신호를 보냈다. 놀이를 하고자 하는 자신의 소망, 그리고 놀이를 시작하도록 엄마를 부추기는 자신의 능력 모두를 의식하게 된 것이다.

모방과 놀이는 의식 발달에서 결정적인 역할을 한다(82쪽 참조). 정신분석학자 D. W. 위니코트는 "어린이는 주로 놀이를 통해서 다른 사람들이 독립된 존재라는 걸 인정하게 된다." 놀이의 도움으로 유아는 부모를 위시한 세상 사람들과 자신 사이에 경계가 있다는 믿음을 확고히 다진다. 다음 단계에서 유아는 다른 사람들도 자신처럼 의식이 있으며, 자기만의 마음과 사고와 소망이 있음을 깨닫는다. 미국 심리학자 헨리 웰먼은 세 살짜리 아이에게 이런 능력이 있음을 알아냈다. 상황을 자세히 설명해주면 세 살짜리 아이는 다른 사람의 시각에서 그 상황을 바라본다.

7. "나"로 시작되는 문장을 사용하기 시작한다.

8. 다른 사람들이 자신과 다른 생각과 의향을 갖고 있음을 깨닫는다.

속이기와 속이는 척하기 *Lying and Pretending*

셰익스피어의 리처드 3세는 "그래, 나는 미소를 지으면서 사람을 죽일 수 있어" 하고 읊조리는 걸 통해서, 인간에게 다른 사람을 속이는 대담한 본성이 있음을 분명하게 언급했다. 거짓말하려면 최소한 서로 모순되는 세 가지 요소를 동시에 마음속에 담고 있어야 한다. 나는 내가 거짓을 입에 올릴 때, 내가 A를 말하고 있다는 걸 알고 있다. 나 자신이 A를 믿지 않는다는 걸 알고 있다. 실제로는 나 자신이 B를 믿는다는 걸 알고 있다.

대부분의 어린이가 두세 살 때 거짓말하기 시작한다. 초기의 거짓말은 단순한 부정이다. 동생을 때렸느냐고 물으면 "아니요" 하고 대답한다. 종종 거짓말하는 순간에 멋쩍게 웃는 바람에 무심코 본심을 드러내며, 좀 더 나이를 먹은 뒤에도 신체언어는 계속하여 아이의 거짓말을 알아채게 만든다. 서너 살짜리는 악의 없는 거짓말을 할 때, 대체로 손을 입 앞쪽으로 들어올린다 — 진실을 말하는 게 아니므로 입을 가려야 하기 때문이다. 다섯 살짜리 아이는 그처럼 속이 들여다보이는 행동을 하면 자신의 거짓말이 들통나리라는 걸 알아챌 만큼 영악하다. 그러나 여전히 많은 아이들이 신체언어 신호를 통해서 본심이 드러나는 걸 피하지 못한다 — 종종 거짓말하는 중에 자기 발을 내려다보며 상대의 눈을 피한다. 여덟 살 이상은 되어야 비로소 대담한 거짓말쟁이가 된다.

어른들의 세계에서도, 거짓말하는지를 알아채게 만드는 실마리를 몸이 제공한다. 어른들도 어린이와 마찬가지로 거짓말할 때 시선을 피하는 경향이 있다. 종종 고개를 숙이고 발 왼쪽이나 오른쪽 언저리를 바라본다. 그리고 연구를 통해 밝혀졌듯이, 얼굴 표정이 거짓말쟁이의 정체를 밖으로 드러낼 때도 있다. 진실한 얼굴 표정은 균형이 잡혀 있지만 거짓된 표정은 불균형을 이룬다 — 그러나 누구보다 숙달된 관찰자일지라도 매번 표정을 제대로 측정해내진 못한다.

그럼에도 불구하고 얼굴 표정은 다용도 기록계(거짓말 탐지기)보다는 한결 뛰어난 정직성 표시기이다. 이런 기계들은 심장 박동수, 호흡, 피부의 전도성(傳導性) 같은 신체의 수많은 스트레스 지표를 측정한다. 거짓말 탐지기 검사는 여러 질문에 대한 스트레스 수치를 측정한다. 어떤 질문은 겉보기에 악의가 없으며(생일이 언제지요?), 또 어떤 질문은

한층 도발적이다(당신이 그 은행을 털었나요?). 숙달된 해석자들이 측정 결과를 해독한다. 그러나 스트레스를 느낀다고 해서 거짓말하는 거라고 단정할 수는 없으며, 가장 노련한 해독자일지라도 거짓말하는 중에 스트레스를 느끼지 않는 노련한 거짓말쟁이는 밝혀내지 못한다.

인간의 거짓말하는 능력, 즉 속이는 능력은 '속이는 척하는' 능력과 밀접한 관계가 있다. 물론 둘 사이엔 중요한 차이점이 있다. 속이는 건 은폐이지만, 속이는 척하는 건 공개된 음모이다. 이런 행위는 성장 과정에서 중요한 역할을 한다. 어린이는 속이는 능력이 생기기 오래 전—생후 15개월 무렵—부터 속이는 척하는 법, 다른 사람이 속이는 척한다는 걸 알아채는 법을

생후 15개월 무렵에 대부분의 아이는 속이는 척하는 능력, 다른 사람들의 속이는 척하는 행위에 적절하게 대처하는 능력이 생긴다.

배운다. "속이는 척하기(흉내내기) 놀이"에 들어갈 때, 어린이가 과장된 가면을 쓰는 경우를 종종 볼 수 있다. 이런 가면은 "이 놀이는 진짜가 아니다"를 드러내는 비언어적인 신호이다. 어른들 또한 자기들끼리 "속이는 척하기 놀이"를 즐긴다. 긴밀한 정서적 관계를 굳건히 다지기 위해서이다.

심리학자들은 속이는 척하는 것이 흥미롭긴 해도 상대적으로 무의미한 행위라고 여겼다. 그러나 오늘날 다양한 사교술과 인식 기술을 익히는 데 이런 행위가 중심 역할을 한다는 사실이 분명하게 드러나고 있다. 속이는 척하는 놀이를 통해서 어린이는 자신의 정체성을 검증한다—슈퍼맨처럼 행동하면서 자신이 지금 속이는 척하는 것임을 알고 있을 경우에, 그 아이는 자신이 누군지에 대해서 어느 정도 깨닫게 된다.

어느 이론에 의하면, 놀이에서 흔히 접할 수 있는 일부 자극—특히 큰 소리—에 대해서 자폐아들은 두려움을 갖고 있다. 또한 장난감을 갖고 매우 정상적으로 놀지만, 속이는 척하는 놀이를 즐기는 게 불가능하다. 런던 인식발달연구소의 유타 퍼스와 사이먼 코언 같은 연구자는 이런 특성이 자폐증의 핵심이라고 주장한다. 사회성 있는 행동을 배우는 수단 가운데 하나가 속이는 척하기 놀이이기 때문이다. 이런 능력의 결핍은 사교성과 정서의 발달을 저해한다는 것이다.

기억과 망각 *Memory and Forgetting*

지금껏 내가 한 일을 모조리 잊어버린다면 나는 내가 누구인지 어떻게 알 수 있을까? 이런 의문은 기억이 정체성 감각 유지에서 중심 역할을 한다는 걸 보여준다. 기억은 의식의 수많은 조각을 한데 합쳐서 우리가 자신의 인생 이야기를 구성하게 해준다. 기억이 심리학자와 신경학자들의 관심을 끈 건 지극히 당연한 일이며, 이들은 기억의 특성을 묘사하고 생물학적 토대를 파헤치고자 노력해왔다.

초기의 과학적인 기억 연구 가운데, 19세기 말에 독일 심리학자 헤르만 에빙하우스가 행한 연구가 있다. 그는 자신을 실험대상으로 삼아서 "중립적인" 정보를 회상하고 망각하는 과정을 조사했다. 중립적인 정보는 에빙하우스 스스로 아무런 의미가 없다고 여긴, 난센스 음절—VRA나 GOJ 따위의 글자 조합—같은 정보를 뜻했다. 그는 기억과 의미를 분리시키는 걸 통해서 기억과 망각 과정을 묘사하고 측정하는 일련의 "기본 법칙"을 만들어낼 수 있다고 믿었다.

에빙하우스의 연구법은 비판을 받았는데, 자극에 대한 개개인의 지적 정서적 반응이 기억에 분명한 영향을 미친다는 이유에서이다. 이런 반응은 각자의 마음속에서 연상을 만들어낸다—우리는 파티에서 소개를 받아 잠깐 인사를 나눈 사람이 자신의 어머니와 이름이 같을 경우에 그의 이름을 기억해둘 가능성이 매우 높다. 난센스 음절처럼 명백히 중립적인 구문일지라도 입으로 발음한 구문에서 아무런 연상도 생기지 않는다는 건 있을 수 없는 일이다. 그러나 여전히 대부분의 연구자들은 이런 방법에 의존한다. 몇 사람만이 다른 연구법을 사용할 뿐이다. 가령 애리조나 대학의 메리골드 린턴은 자신의 삶을 실험대상으로 삼아 일상에서 벌어진 일에 대한 자신의 회상을 면밀하게 조사했다—내가 누구와 테니스를 쳤더라? 내가 간 곳이 치과병원이었나, 아니면 은행이었나?(오른쪽 설명 참조)

오늘날 이론가들은 "중립적인" 자극의 존재를 불신한다. 그러나 에빙하우스는 과학적인 방법으로 기억을 연구할 수 있음을 보여주고자 최선을 다했으며, 그 결과 여러 가지 중요한 성과를 낳았다.

가장 널리 알려진 성과는 장기간 기억과 단기간 기억의 구분이다. 단기간 기억은 즉석에서 얻은 정보를 일시적으로 보관한다. 내가 상대에게 곧바로 회답 전화를 걸 필요가 있기 때문에 그가 나에게 자신의 전화번호를 일러줄 경우에, 이 번호는 단기간 기억에 저장될 것이다. 만일 회답 전화를 걸기에 앞서서 일순간 정신이 산만해진다면, 그 번호는 나의 의식 밖으로 사라질 가능성이 높다. 그러나 혼잣말로 거듭 되풀이하여 중얼거려서 그 번호를 "익힌다면" 그런 일은 벌어지지 않는다.

에빙하우스 같은 심리학자들은 단기간 기억의 특성을 일부 밝혀냈다. 첫째, 이 기억은 오로지 5개에서 9개 사이(가장 일반적인 건 7개이다)의 정보 항목을 저장할 수 있는 걸로 여겨진다. 사용 가능한 칸이 일곱 개인 편지꽂이 선반과

8 7 6 5 4 3 2

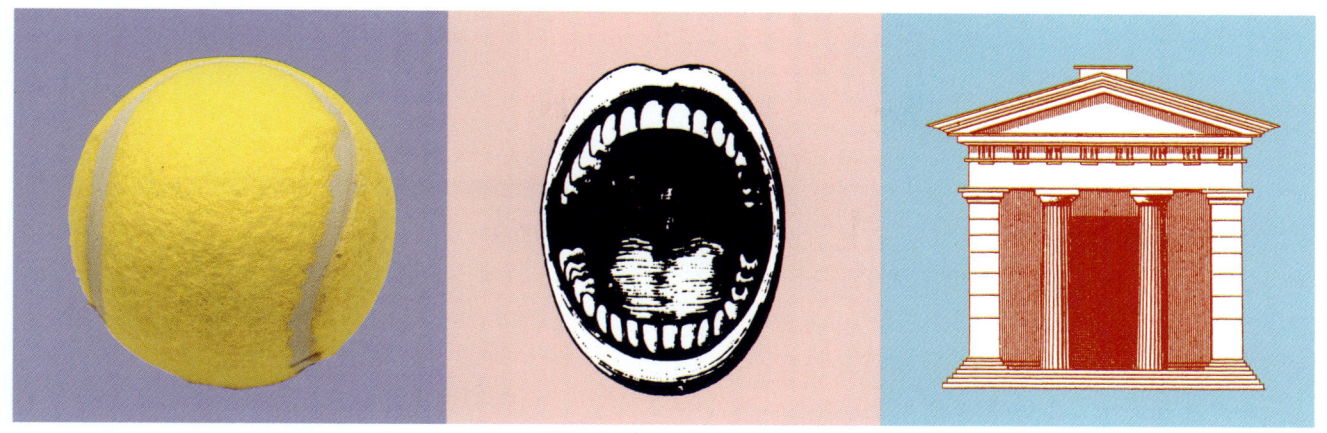

비슷하다. 모든 칸이 다 채워지면 그때부터 새로 들어오는 항목은 선반에 미리 놓여 있던 항목 하나를 몰아낸다. 추방당한 항목은 단기간 기억에서 영원히 사라진다. 여러 항목을 배합하는 걸 통해서 단기간 기억에 축적되는 정보의 총량을 늘릴 수도 있다. 가령 우리는 일곱 글자를 늘어놓은 무미건조한 단어 '스레텔토스리아'를 저장하고 회상하는 데 어려움을 느끼지만, 거꾸로 쓰면 '아리스토텔레스'라는 걸 알아챌 경우엔 작업이 한결 수월해진다. 둘 중의 한 항목만 저장하고 회상하면 되기 때문이다. 또한 우리가 사용하지 않아서 흐릿해진 정보는 단기간 기억에서 사라진다.

둘째, 단기간 기억 정보의 상당량은 청각 형태로 저장된다. 가령 우리는 전화번호를 기억하려 할 때, 번호를 구성하는 숫자를 형상(4의 돛단배 같은 형상) 또는 숫자에서 얻는 연상(3에서 떠올리는 못난이 삼형제)을 통해서 기억하지 않

메리골드 린턴은 자신에게 객관적인 방법을 적용하는 방식으로 기억을 연구했다. 매일매일 그날 벌어진 중요한 사건 세 가지를 기록했으며, 여러 달 뒤에 자신이 이런 사건을 기억할 수 있는지 확인했다. 그 결과 1년에 6퍼센트의 사건만 기억에서 사라지며, 나머지는 대부분 서서히 뒤범벅된다는 걸 알아냈다. 장기간 기억에선 정보를 완전히 잊는 게 아니라 혼란스럽게 만드는 경향이 있음을 보여주는 사례이다.

기억 연구는 상태 의존 학습이라는 기묘한 현상을 밝혀냈다. 우리는 처음으로 정보를 얻은 환경이나 상황으로 돌아갈 경우에 그 정보를 제대로 기억해낼 가능성이 높다. 실험에서 입증되었듯이, 심해 잠수부들은 다시 물속으로 들어갈 경우에 이전에 그곳에서 얻었던 사실을 한층 수월하게 기억해낸다─또한 우리는 다시 술에 취할 경우, 이전에 술에 취한 상태에서 얻은 정보를 기억해낼 가능성이 높다.

7

고, 숫자를 발음할 때의 소리로 기억하는 경향이 있다.

그림과 상징 같은 비언어적인 자극은 단기간 기억 속에 소리처럼 녹음하는 게 불가능하다. 따라서 다른 방식으로 처리된다. 어떤 사진을 잠깐 바라보았다고 하자. 우리는 이후의 몇 초 동안 사진 이미지의 "마음속 스케치"를 살펴봄으로써 세세한 부분을 기억할 수 있다. 시각 기억중추와 청각 기억중추는 따로 존재하는 게 분명하다. 이런 사실은 앨런 배들리 같은 기억 전문가로 하여금 단기간 기억 작용 모델을 개발하게 만들었다. 배들리는 단기간 기억이 세 가지 구성요소를 갖고 있다고 주장한다. 하나는 최대한 2초 동안 말과 소리를 저장하는 유성음 회로이다. 누가 나한테 전화번호를 일러주면 일단 이곳에 저장된다. 전화번호를 혼잣말로 반복하여 회로 속에서 피드백하게 함으로써 기억 흔적의 힘을 높일 수 있다. 두번째 요소는 시각 정보를 최대한 5초 동안 저장하는 공간시각 스케치북이다. 세번째 요소는 단기간 기억의 모든 활동을 조정하는 중앙행정부이다.

장기간 기억은 몇 분, 몇 시간, 심지어 몇 년 전에 얻은 정보를 저장하는 곳이다. 대체로 소리가 아니라 의미의 형태로 기억해둔다는 점에서 단기간 기억과 다르다. 교과서를 읽는 학생은 본문의 소리나 겉모습이 아니라 내용의 의미를 기억해둔다. 또한 의미가 듬뿍 담긴 정보일 경우에 기억해두는 일이 한층 수월하다는 건 누

기억을 돕는 장치

많은 사람이 목록, 연설 내용, 여타 중요한 정보의 기억을 촉진하고자 기억을 돕는 장치를 사용한다. 이런 장치는 서로 무관한 사이가 될 수도 있는 정보들을 의미 있는 관계로 만드는 작업에 치중한다. 가령 학생들은 북미 5대 호수(휴런, 온타리오, 미시간, 이리, 슈피리어)의 기억을 돕고자 두문자어 HOMES를 사용한다. 어떤 음악가들은 음의 고저 형태로 전화번호를 기억한다(각 숫자는 악보의 오선 가운데 하나에 해당한다). 가장 유명한 기술은 장소 이용법으로 여겨진다. 오랜 역사를 지닌 이 방법(로마 시대 웅변가이자 법률가 키케로가 자신의 연설 내용을 기억하고자 사용했다)은 친숙한 공간(자기 집의 방) 또는 행로(직장이나 학교로 가는 길)에 집중한다. 기억해두고자 하는 각 항목—가령 쇼핑목록의 각 항목—은 마음속에서 특정 장소에 배정된다(사과는 부엌, 달걀은 현관, 기타 등등). 슈퍼마켓에서, 자기 집 속을 어슬렁대는 장면을 상상하는 간단한 방법으로 각 항목을 차례로 떠올리는 것이다.

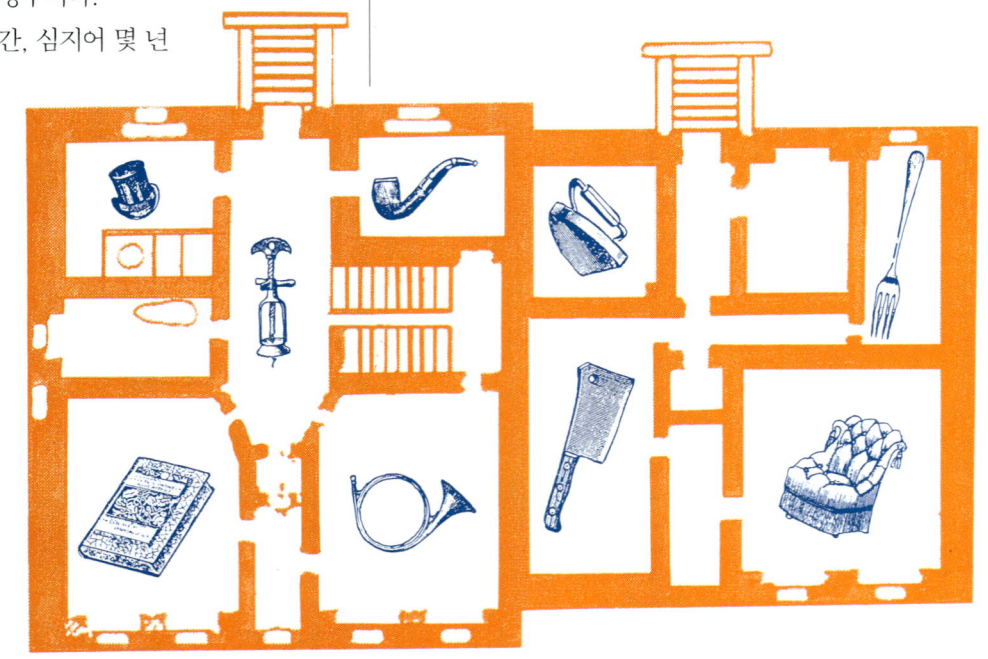

구나 아는 사실이다. 정보를 기억해두고자 노력하는 과정에서 많은 사람들이 기억을 돕는 기술을 사용한다. 이런 기술은 이질적인

첫 키스의 기억을 잊는 사람은 드물다. 특히 강렬한 감정이 담겨 있을 경우에 장기간 기억은 매우 위력이 강한 걸로 여겨진다. 심리학자이자 노벨상 수상자 존 이클리스 경은 88년 전 어느 날의 생생한 기억을 나에게 들려주었다. 아직 세 살이 안 된 나이에 오스트레일리아 오지에서 살

정보의 조각들을 한데 엮어서 의미 있는 문장이나 이야기로 만든다(86쪽 설명 참조). 모든 장기간 기억이 의미론적인 토대를 갖고 있다는 얘기가 아니라(가령 우리는 의미를 이해하지 않고도 기계적인 암기를 통해서 시를 익힐 수 있다), 그런 기술이 장기간 기억을 저장하는 방법으로서 사람들이 선호하는 수단이라는 얘기이다.

장기간 기억과 단기간 기억은 서로 분리된 채로 작용하지 않는다. 우리가 새로운 정보를 기억해둘 수 있으려면, 각각의 기억은 어떤 식으로든 서로 연결되어 있어야 한다. 어떤 전문가들은 반복 학습이 단기간 기억에서 장기간 기억으로 항목을 이동시키는 비결이라고 주장한다. 단기간 기억의 항목을 익힐(되풀이해서 입에 올릴) 경우에, 이 항목은 한층 오래 살아남는다. 자연히 장기간 기억으로 옮겨질 가능성이 높아진다. 또 어떤 전문가들은, 우리가 이미 알고 있는 사실과 단기간 기억의 내용 사이에서 의미 있는 관계를 만드는 일이 중요하다고 강조한다. 장기간 기억에 저장된 정보들의 체계 속으로 새로운 사실 또는 사실들을 통합하는 데 도움을 준다는 것이다.

단기간 기억에서 장기간 기억으로의 이동 과정은 여전히 분명치 않지만, 이 과정의 신경학은 어느 정도 밝혀진 상태이다. 에든버러 대학 리처드 모리스의 쥐 연구에 의하면, 대뇌 피질 밑에 있는 조직인 해마상 융기가 기억 유지에 매우

던 때였다. 그는 아버지와 함께 부랴부랴 집을 나서야 했던 일, 자기 집으로 달려오는 그 지방 의사를 만난 일을 또렷이 기억하고 있었다. 바로 그날 그의 여동생이 태어났다. 이런 기억이 존속하는 건 거듭해서 기억을 되새김질하기 때문으로 여겨지는데, 어떤 심리학자들은 애당초 정서적인 기억은 중립적인 기억과 다른 방식으로 기록된다고 주장한다.

중요한 역할을 한다. 모리스는 발판을 숨겨놓은 커다란 물탱크에 쥐를 집어넣었다. 원래 헤엄치는 걸 싫어하는 쥐는 올라설 발판을 발견하고 엄청난 안도감을 느꼈다. 처음 물속으로 들어가서 발판을 발견했을 때 쥐는 머릿속에 물탱크 "지도"를 만들었다. 따라서 재차 물탱크에 들어갔을 땐 훨씬 수월하게 발판을 찾아낼 수 있었다. 그러나 외과수술로 해마상 융기를 떼어낸 쥐는 물탱크에 들어갈 때마다 발판을 찾는 데 걸리는 시간이 같았다 — 발판 찾는 속도를 높여주는 물탱크 구조에 대한 기억을 유지하는 능력이 사라진 게 분명했다.

장기간 기억과 단기간 기억은 서로 다른 현상이 분명하지만, 그렇다고 제각각 뇌의 다른 부위에 "거주하는" 건 아닌 듯하다. 사실상 기억이 뇌의 어느 특정 부위에 위치하느냐, 또는 기관 전체에 퍼져 있느냐 하는 문제는 확실한 결론이 나지 않았다. 대략 두 가지 이론이 맞선 상태이다. "분야" 이론은 존 B. 윗슨(행동주의 창시자) 연구가인 칼 래슐리가 개발한 것이다. 그는 미로를 통과하도록 쥐를 훈련시켰다. 피질 부위를 조금 제거한 이후에, 쥐는 미로를 헤쳐 나가는 방법을 완전히 망각하지는 않았지만 제거하는 피질의 양에 비

례하여 전반적인 능력이 갈수록 떨어졌다. 미로 기억이 특정한 뉴런 집단 속에 저장된 게 아니라 피질 전체에 퍼져 있음을 보여준 사례였다. 래슐리의 모델은 홀로그래피 감광판이 3차원 영상을 저장하는 방식을 닮았다(3차원 영상의 각 부분에 관한 정보는 감광판 전체에 저장된다. 따라서 감광판이 일부분 손상될 경우에 영상이 일부분 사라지는 일은 벌어지지 않는다. 이와 달리 전체 영상의 상태가 나빠진다). 이런 이론을 지지하는 건 신경학자들이 아니라 정보과학자들이다. 대부분의 신경학자는 1940년대에 도널드 헤브와 와일더 펜필드가 개발한 집합 이론에 동조한다.

헤브는 시냅스(27쪽 참조)에 의해서 연결된 뉴런들의 집합 속에 기억이 들어 있으며, 경험이 이러한 결합상태를 수정한다고 주장했다. 특정한 기억(자신이 기르는 개의 이름 같은)이 특정한 집합―그는 이를 세포 집합이라고 불렀지만 오늘날 우리는 세포망이라고 부른다―속에 들어 있다는 얘기였다. 신경외과 의사 와일더 펜필드의 작업은 집합 이론을 지원했다. 간질 증세를 완화시키는 수술 중에 펜필드는 측두엽 부위에 전기자극을 주었는데, 이런 자극이 의식이 살아 있는 환자들(국부 간질을 앓는)에게서 일련의 특정한 기억을 불러일으킨다는 걸 알아냈다.

실제로 특정한 기억이 특정한 세포 집합과 연결돼 있는 거라면, 새로운 기억이 기록될 때 이런 집합에서 생물학적인 변화를 볼 수 있을 것이다. 병아리 학습 연구에서 바로 그런 변화가 발견되었다. 알에서 깨어나는 순간부터 병아리는 환경을 살핀다. 바닥에 놓인 것들을 부리로 쪼아서 맛있는 것

한때 과학자들은 기억이 특정한 분자들에 의해서 암호로 바뀌며, 한 사람의 뇌에서 다른 사람의 뇌로 이런 물질을 옮기면 말 그대로 기억을 이식할 수 있다고 믿었다. 기억은 어쨌든 부분적으로는 생화학적 토대를 갖고 있지만, 다행스럽게도 기억을 이해하고 조작하는 건 매우 어려운 작업이다.

과 맛없는 것을 구분하는 법을 배운다. 일군의 신경학자들이 이런 학습 과정에서 병아리 전뇌의 시냅스 소포―시냅스에서 신경전달물질을 담고 있는 주머니―가 눈에 띄게 증가한다는 걸 알아냈다. 이 부위를 수술로 제거하면 병아리는 음식과 음식이 아닌 것을 식별하는 법을 배울 수 없다.

학습은 특정한 시냅스의 소포를 증가시킬 뿐 아니라 생화학적인 변화를 일으킨다는 게 밝혀졌다. 그 결과 뉴런은 한층 수월하게 다른 뉴런을 자극할 수 있다. 마치 뉴런이 자신에게 익숙한 흥분 형태를 "기억"하기 때문에, 재차 이런 형태로 흥분할 가능성이 높아지는 것처럼 보인다. 일부 생화학자들에 의하면 이는 기억의 흔적을 의미한다. 이와 연관된 생화학적인 작용(장기간 강화)은 이미 28쪽에서 살펴보았다. 이 자리에선 연관된 시냅스에 과연 특수한 수용체 분자(NMDA 수용체)가 존재하는지에 따라 이런 작용의 발생 여부가 결정된다는 사실을 언급하는 걸로 충분하다. 이런 수용체는 피질 뉴런 속에 존재하며, 특히 기억 형성과 밀접한 관계가 있는 해마상 융기라는 뇌 조직에 풍부하게 들어 있다.

기억은 비교적 수준 높은 뇌 기능에 속하며, 마음의 정상적인 작용과 의식의 모든 현상에서 더없이 중요한 요소이다. 따라서 인간이 사건을 기억 형태로 기록하는 과정에서 생물학적 생화학적 변화가 행하는 역할, 그리고 이런 기억들이 서로 관계를 맺는 방식 등에 대해서 과학자들이 이해하기 시작한 건 매우 획기적인 진전이다.

성격 *Personality*

성격 이론은 맹렬한 기세로 대중문화와 융합한 심리학 분야이다. 우리는 외향적인 사람이라거나 내성적인 사람(카를 융이 보급한 용어), 항문 집착증자라거나 구강 집착증자(프로이트 이론의 용어들)라는 식으로 주위 사람을 묘사하는 얘기를 종종 듣는다. 또한 여러 대중지에서 "자기 성격 진단"이라는 질문표로 우리를 초대한다.

성격 — 개개인 특유의 사고와 행동 "스타일"을 묘사할 때 사용하는 용어 — 에 대한 인류의 관심은 고대 그리스로 역사가 거슬러 올라간다. 기원전 400년경에 내과의사 히포크라테스는 몸속의 액체(체액)가 성격을 결정한다고 주장하면서 네 가지 성격을 거론했다. 성마른 성격은 노란 담즙이 과다한

한스 아이젱크의 성격 특성 이론에 의하면, 외향적인 사람은 사교적이고 충동적이며 감각을 추구하고 매사에 낙관적이고 경솔한 실수를 잘 저지른다. 반면에 내성적인 사람은 비교적 세심하고 수줍어하며 수동적이다. 안정된 성격을 지닌 사람은 차분하고 유능한 지도자이며 책임감이 강하다. 반면에 불안정한 성격을 지닌 사람은 침착하지 못하고 기분이 오락가락하며 갑자기 화를 내는 경향이 있다.

경우이며, 우울한 성격은 검은 담즙이 과다하고, 냉정한 성격은 점액이 과다하며, 쾌활한 성격은 힘찬 피를 지녔을 경우에 생긴다는 것이었다. 그리스와 중세 철학은 이러한 성격 유형들이 배타성을 갖고 있다고 보았다. 여러분은 성마른 성격이거나 성마른 성격이 아니거나 둘 중 하나이다. 상황에 따라서 얼마간 성마르고 얼마간 우울한 경우는 없다는 얘기이다. 이상야릇한 생리학을 적용한 그리스인의 분류법은 이제 더이상 올바른 것

성격 검사

객관적인 성격 검사는 '그렇다/아니다'와 '맞다/틀리다'로 답하는 수백 개의 단순한 질문을 사용한다. 검사대상자의 답변은 표본과 비교되어서 성격의 각 특성에 할당된 점수를 받는다. 모든 특성을 종합 분석하여 도표를 만들어서 대략적인 성격을 눈으로 볼 수 있게 해준다. 가령 다음과 같은 질문을 던진다. 파티에 참석하는 걸 좋아하나요? 낯선 사람과 이야기 나누는 걸 즐기나요? 자신이 수줍음을 탄다고 생각하나요? 쉽게 싫증을 느끼는 편인가요?

어떤 심리학자는 이런 질문서를 사용하는 걸 비판한다. 실생활과 너무 거리가 멀며, 주어진 답변이 지나치게 한정되어 있다는 것이다. 가령 너무 게

을러서 파티에 나가는 걸 좋아하지 않지만, 누군가 불쑥 찾아올 경우에 매우 사교적으로 행동하는 사람이 있을 수 있다. 그리고 검사대상자는 솔직한 답변을 하지 않고, "옳다"고 여겨지거나 다른 사람들에게 좋은 인상을 줄 수 있는 답을 선택할 가능성이 있다. 문화적인 차이가 검사대상자의 답변에 반영될 수도 있다.

다른 테스트들은 엄격한 정도가 덜하다. 가령 검사대상자에게 잉크 얼룩(165쪽 참조) 같은 중립적이거나 모호한 시각 자극을 제시하고 거기에 담긴 의미를 읽어내라고 주문한다. 대상자의 반응에서 성격에 관한 정보를 추론하는 건 검사자의 몫이다.

으로 평가받지 못한다.

지크문트 프로이트의 성격 이론은 생후 5년 동안에 겪은 일이 성격 결정에 중요한 역할을 한다고 주장한다. 프로이트에 의하면 누구나 어린 시절에 성심리 발달의 여러 단계 — 구순기, 항문기, 남근기 — 를 거친다. 각 단계에서 인간의 쾌락추구 충동(41쪽 참조)은 몸의 특정 부위, 그리고 이 부위와 연관된 기능에서 만족감을 모색한다. 특정 단계에서 정신적 외상이나 문제가 발생하면, 인격 발달을 저지하여 어른이 된 뒤의 성격에 영향을 미친다. 가령 어린 나이에 어머니의 젖가슴을 떠난 사람은 입에 집착하는 성격이 될 가능성이 높다. 자연히 지나치게 다른 사람들한테 의존하며, 과식과 과음과 지나친 흡연 같은 입의 쾌락을 통한 만족감을 모색한다.

많은 이들은 몇 가지 "유형"으로 성격을 분류하는 건 인간의 다양성을 제대로 반영한 게 아니라고 여긴다. 실험심리학 창시자 빌헬름 분트(1832~1920)는 제각각 우울한 성격, 성마른 성격, 쾌활한 성격, 냉정한 성격으로 분류된 사람들이 수많은 자극에 대해 같은 반응을 보인다고 주장했다. 서로 다른 사람들로 보았지만 실은 그렇지 않다는 것이다. 그의 주장에 영향을 받은 오늘날의 성격 이론은, 제각각 떨어져 존재하는 게 아니라 연속체를 형성하며 서로 차이점을 드러내는 여러 성격 특성 — 심리조직의 기본단위 — 의 개념을 강조한다. 영국 심리학자 한스 아이젱크는 두 특성 — 내향성-외향성과 안정성-불안정성 — 의 존재를 인정하며, 이런 특성들이 연속체 성격의 어느 지점에 위치하는지 알아내고자 노력한다. 여타 심

리학자들은 16개나 되는 특성의 존재를 인정하는데, 지능과 대담성, 감수성, 동정심, 정서 같은 특성을 들 수 있다. 특성 연구법은 "객관적인" 성격 검사의 토대를 형성하며, 이런 검사는 검사대상자가 각 특성의 어떤 등급에 해당하는지 판정한다(90쪽 상자 설명 참조).

아이젱크는 개개인의 성격이 생물학적인 요인에 의해서 결정된다고 주장한다 — 내성적인 사람의 뇌는 외향적인 사람의 뇌와 다르다고 보는 것이다. 그의 주장을 옮기면, 피질이 깨어 있는 정도에서 두 가지 뇌는 서로 차이가 있다. 외향성은 낮은 수준의 피질 각성, 내향성은 높은 수준의 각성에 의해서 생겨난다. 첫눈에 이런 구분은 그릇된 걸로 보인다(활동적인 외향성 소유자가 피질의 각성 수준이 높을 것으로 여겨지기 때문이다). 그러나 아이젱크의 설명에 의하면, 피질의 한 가지 기능은 뇌의 아래쪽에 위치한 부위, 즉 변연계 같은 비교적 강렬한 감정을 다루는 중추의 활동을 조절하고 억제하는 것이다. 따라서 피질 각성은 인간성의 자발적인 측면을 한층 강력히 제어하게 만든다.

또 어떤 이론가들은 환경이 성격을 형성한다고 주장한다. 인간은 세상을 살아가는 중에 자신의 행동에 대해 상벌을 받는 경험을 통해서, 또는 다른 사람들이 같은 방식으로 상벌을 받는 걸 지켜보는 걸 통해서 자극에 반응하는 법을 배운다는 것이다.

1940년대 미국 의사 윌리엄 셸던은 성격이 외모나 체형과 관계가 있다고 주장했다. 마르고 키가 큰 사람은 내성적이며 예술가 기질이 있고, 체격이 다부진 사람은 대담하고 정력적이며, 땅딸막한 사람은 느긋하고 사교적이라는 것이었다. 그러나 이런 주장을 뒷받침하는 증거는 거의 제시하지 못했다.

성 *Gender*

인간에게 성은 가장 기본적인 요소이다. 어린이는 생후 2년 쯤 되면 자신의 성 정체성—남자냐 여자냐 하는 문제—을 인식하게 된다. 성 역할—성과 관련된 행동 형태—의 차이는 모든 사회의 정식 규칙과 비공식적인 규칙, 구성원들의 기대 속에 담겨 있다. 신경학자와 사회생물학자들은, 성의 차이는 뇌 속에 결정되어 있으므로 남성과 여성의 뇌는 질적으로 다를 수밖에 없다고 주장한다. 그러나 많은 심리학자와 인류학자들은 사회성 학습 이론을 지지한다. 인간은 자신이 속한 성의 역할 모델을 모방하고, 이런 행동에 대해 보상을 받는 걸 통해서 성과 관련된 행동을 발달시킨다는 것이다.

태아의 성은 유전자에 의해서 이미 결정되어 있지만, 임신 초기 단계에서 태아는 전혀 성징을 드러내지 않는다. 8주 때 비로소 태아 생식선—고환 또는 난소—이 성 호르몬을 분비하기 시작한다. "남성" 호르몬과 "여성" 호르몬이 공존하지만, 성 특성 발달에 결정적인 역할을 하는 건 "남성" 호르몬 안드로겐이다. 이 호르몬이 충분히 공급되면 태아는 남성 생식기를 발달시킨다. 안드로겐이 부족할 경우엔 여성 생식기가 발달한다. 이런 현상은 성 호르몬의 영향 가운데 가장 눈에 두드러지는 것이다. 그런데 과학자들이 밝혀냈듯이 뇌에도 성 호르몬이 가득 들어 있어서 뇌 발달에 영향을 미치는 걸로 여겨진다.

남녀의 뇌는 구조에서 약간의 편차가 있다. 전체 몸무게의 차이를 고려할 때, 남녀 뇌의 평균 무게는 큰 차이가 없다. 이보다 흥미로운 건 무게 분배의 차이로 여겨진다. 여성의 두 개 뇌반구는 남성의 경우에 비하면 양쪽 무게의 차이가 적은 편이다. 심리학자들은 이러한 불균형을 뇌 기능 분할과 연관지으려고 노력해왔다(32쪽 참조). 가령 여성은 말 능력과 공간 능력(각각 왼쪽 뇌반구와 오른쪽 뇌반구가 제

어한다)이 서로 동등하다고 추정할 수 있다. 그런데 학교에서 행하는 조사는 이런 추정을 지지하지 않는다. 여자아이들은 대체로 공간에 관한 일보다 말에 관한 일을 더 해내는 걸로 나오기 때문이다. 이 문제는 생리학적인 설명이 가능하다. 기능성 MRI 스캔(182쪽 참조)을 보면, 공간 문제를 제시할 때 여성은 양쪽 뇌반구를 모두 사용한다. 반면에 남성의 뇌 활동은 여성보다 집중되어 있어서 오른쪽 뇌반구만 사용한다. 마찬가지로 여성의 언어활동은 남성의 경우보다 한곳에 덜 집중되어 있어서, 양쪽 뇌반구 모두에서 일어난다. 여성의 경우엔 언어 기능, 그리고 조리 있게 말하는 데 필요한 인식 활동을 서로 결합하는 작업이 상대적으로 수월

하다고 여기기 때문에 이런 일이 벌어지는 게 아닐까 여겨진다.

사회성 학습 이론은 남자아이들이 대체로 공간 능력이 뛰어난 것에 대해서 다른 각도의 설명을 제공한다. 남자아이들은 부모, 교사, 또래들이 다른 분야에 비해 부추기는 분야에서 뛰어난 능력을 보인다는 것이다. 전통적으로 공간 능력을 지닌 것을 남성의 특성으로 여겼기 때문에 남자아이들은 이런 능력 개발에 힘쓴다. 여자아이들 또한 주위 사람들한테 자극을 받아서 말 능력을 발달시키게 된다. 다른 행위에도 이런 원리를 적용할 수 있다. 감정 표현이 좋은 예이다. 사내아이들은 외부의 영향으로 자신

연금술의 발원지는 고대 이집트로 여겨진다. 연금술사들은 양극 통합을 통해서 문명에 이를 수 있다고 주장했다. 연금술의 상징인 자웅동체 또는 양성체는 이런 사상을 구체적으로 표현한 것이다.

의 감정을 내면화하며, 자연히 여자아이와 동일한 감정 표현방식을 발달시키진 않는 걸로 여겨진다. 이런 차이는 나이가 들수록 확연하게 드러난다.

어린이는 광범위한 영향에 노출되어 있다. 가장 먼저 부모가 주된 역할 모델이 되지만, 사교성이 늘면서 부모와 다른 성 역할의 정의에 직면한다. 또래들의 압력이 중요한 영향으로 작용하며, 사실상 어린이는 부모와 교사들 이상으로 성 역할에 대한 관심이 많다. 그런데 연구 결과를 보면, 성은 불변하는 생물학적 특성이라고 배운 어린이는 그렇지 않은 어린이보다 성 고정관념이 적다. 자신의 성 정체성에 대한 믿음이 강해서, 일반인의 생각을 거스르는 행동을 할 경우엔 성 정체성을 박탈당하리라는 불안감이 없기 때문으로 여겨진다.

성 정체성에 대한 또다른 관점에선 남성적인 특성과 여성적인 특성을 서로 배타적인 것으로 여기지 않는다. 미국 심리학자이자 『성의 렌즈 The Lenses of Gender』(1993)의 작가 샌드라 벰은, 성 고정관념에 구속되지 않은 사람이 정신적으로 한층 건강하다는 걸 보여주는 증거가 있다고 주장한다. 그녀는 "성 양극화 소멸"―성 고정관념에 사로잡힌 행동이 타당성을 유지하지 못하는 자웅동체 심리―을 주장하는데, 이런 견해는 고대 그리스인과 연금술사의 철학, 카를 융의 심리학을 반영한 것이다. 이들 모두는 누구나 남성적인 본질과 여성적인 본질을 공유하고 있으며, 완전한 인간이 되려면 두 가지 요소를 조화시켜야 한다는 걸 인정했다.

감정과 느낌 *Emotions and Feelings*

사진을 찍을 때 웃으라고 말하면 대부분의 사람은 부자연스러운 미소를 머금는다. 그런 일이 벌어지는 이유를 알아낸 사람은 19세기 프랑스 신경학자 기욤 뒤셴이었다. 그는 "자연스러운 미소"에 관여하는 근육 하나 — 오르비쿨라리스 오쿨리 — 가 불수의근이라는 걸 발견했다. 그의 표현을 빌리면 이 근육은 "영혼의 달콤한 감정"이 작용할 경우에만 움직인다.

얼굴 표정은 가장 분명하게 감정 체험을 겉으로 드러내는 표현방식이다. 표정 — 찡그림, 미소, 사나운 눈빛 — 은 다른 사람에게 자신의 감정을 전달해서 반응을 불러일으킨다. 찰스 다윈은 『인간과 동물의 감정 표현 *The Expression of Emotions in Man and Animals*』(1872)에서, 모든 문화뿐 아니라 모든 종의 동물이 공유하는 얼굴 표정이 적지 않다고 말했다. 이러한 발견에서 영감을 얻은 많은 심리학자들이 중요한 여러 감정에 대해서 정의를 내렸다. 모든 목록이 행복감, 두려움, 슬픔, 혐오, 분노를 포함하고 있다.

많은 심리학자들이 각각의 감정에 대해서 동일한 정의를 내리지만, 여전히 감정 체험의 본질에 대해선 확실한 정의를 내리지 못한 상태이다. 19세기에 윌리엄 제임스는 처음으로 감정의 심리학 이론을 개발했다. 그는 감정을 생리적인 각성의 결과로 보았다. "우리는 울기 때문에 슬픔을 느끼고, 누군가를 때리기 때문에 분노를 느끼고, 몸을 떨기 때문에 두려움을 느낀다. 슬프고 분노하고 두렵기 때문에

울고 누군가를 때리고 몸을 떠는 게 아니다."

몸이 감정 체험에 관여한다는 건 분명한 사실이다. 즉 교감신경계 활동이 매우 활발해진다. 심장 박동수가 늘고 심장이 내뿜는 혈액량이 증가한다. 호흡이 갈수록 빨라지고 두개골 근육으로 통하는 혈관이 팽창하며(그래서 얼굴이 달아오른다) 복부가 수축한다. 심지어 면역 체계의 반응에서도 변화가 생긴다.

그러나 일상생활의 체험은 제임스의 설명이 부적당하다는 걸 일러준다. 단지 주먹을 꽉 쥔다고 해서 분노를 느끼는 건 아니다. 뿐만 아니라 감정을 일으키는 자극 가운데 상당수가 정신적인 것이다 — 가령 특정한 상황을 떠올림으로써 행복이나 슬픔을 느끼는 경우가 있다. 또한 연민이나 후회 같은 수많은 감정이 복잡한 성격을 갖고 있다. 이런 감정을 생리적인 반응 정도로 축소할 수는 없다.

제임스의 이론을 비판한 대표적인 인물은 그의 사위이자 생리학자였던 월터 캐넌이었다. 캐넌은 감정이 등록되는 부위는 몸체가 아니라 뇌라고 주장했다. 뇌가 일단 감정을 느낀 뒤에 몸체에 지시를 내려서, 생리적인 행동에 들어갈 준비를 하게 만든다는 것이다.

캐넌의 주장이 맞다면, 뇌 속의 감정 "통제국" 위치를 찾는 작업은 분별력 있는 행위로 여겨진다. 다양한 해부학 연구는 감정 반응에서 결정적인 역할을 하는 부위가 변연계라는 걸 알아냈다. 변연계의 구성요소인 격막은 분노와 두려움

과 관련이 있으며, 또다른 요소인 편도선은 공격성에 관여한
다. 미국에서 이루어진 최근 연구는 상당수 폭력 범죄자의
편도선이 손상되었음을 밝혀냈다.

　제임스와 캐넌 모두 옳다고 볼 수도 있다. 제임스의 모델
에서 자극은 우리의 몸을 생리적 각성상태로 만들지만, 우리
가 느끼는 감정은 인식 ― 뇌가 이러한 각성을 분류하는 방
식 ― 에 의존하기 때문이다. 이런 두 가지 요소로 이루어진
이론은 1962년에 스탠리 샤흐터와 조엘 싱어가 처음으로 제
기했으며, 이후의 감정 연구에서 기본원리로 사용되었다.

　인식 모델은 복잡한 감정의 이해에 유용하다. 가령 여러분

이 택시를 잡으려고 거리에 얼마 동안 서 있다고 가정해보
자. 택시가 다가오자 누군가 손을 흔들어 택시를 세워서 타
고 가버린다. 그런데 만일 그 사람도 당신이 소비한 시간만
큼 택시를 기다렸던 거라면, 아마도 여러분은 그에게 분노를
덜 느낄 것이다. 오히려 자신의 운명에 대해 한층 분노를 느
낄 것이다. 그러나 그가 갑자기 나타나서 택시를 잡아탄 거
라면, 여러분은 그에게 분노의 '마음'이 생길 것이다. 이런
사건의 경우에 우리의 감정 반응은 본능적인 반응과 거리가
있다 ― 인식 작용을 통해서 반응의 성격이 결정된다는 얘기
이다.

환각, 망상, 기만
Illusions, Delusions and Deceptions

지중해의 맑은 밤하늘을 상상해보라. 보름달이 수평선 가까이 떠 있는데, 어찌나 커 보이는지 손으로 만질 수 있을 것처럼 가깝게 여겨진다. 두 시간 뒤에 달은 하늘 높이 떠올라서, 그저 빛나는 작은 원반 정도로 보인다. 이처럼 시각뿐 아니라 모든 지각은 오류를 저지를 가능성이 있다. 진실이라고 믿거나 진실일 가능성이 있다고 여기는 것, 그리고 우리가 지각하는 것이 서로 어긋날 경우에, 이런 오류를 우리는 환각이라고 부른다.

환각은 종류가 다양하며, 모든 환각을 단일한 이론으로 설명하는 건 불가능하다. 어떤 환각은 생리작용의 기이한 습관에서 생겨난다. 밝은 빛을 너무 오래 쳐다보면 잔상이 보인다. 한 시간 동안 눈을 맞으며 서 있던 사람은 냉수욕이 미지근하다고 느끼지만, 열대밀림에 있던 사람은 냉수욕이 얼음처럼 차갑다고 느낀다. 이보다 흥미로우며 우리에게 깨달음을 주는 환각은 인식작용에 토대를 둔 환각이다―이런 환각은 우리가 지각한 내용이 뇌에서 처리되는 중에 해석의 오류가 빚어지면서 생겨난다.

달 환각이 이 범주에 들어가며, 어떤 환각은 일상생활 속에서 매일 경험된다. 가령 길은 늘 똑같은 너비를 유지한다는 사실을 우리는 잘 알고 있지만, 시야에서 멀어질수록 길

우리는 자신이 기대하는 것을 지각하는 경향이 있다. 그런데 우리의 기대를 뒤엎고, 있을 수 없는 일이 벌어져서 있음직한 일처럼 여겨지는 경우도 있다. 네덜란드 화가 M. C. 에스헤르(1902~1972)의 그림에 등장하는, 우리의 호기심을 자극하는 불합리한 이미지들이 좋은 예이다.

이 좁아지는 것처럼 보이는 경우다. 일부러 만들어낸 환각도 있는데, 화가들은 2차원 캔버스에서 깊이감을 전달하고자 여러 시각 환각을 사용한다.

모든 분야에서 과학자들은 실수와 예외를 연구한다. 일정한 작용의 정상적인 기능과 특성을 밝혀내기 위해서이다. 같은 맥락에서 수세기에 걸쳐 철학자와 심리학자와 신경학자들은 시각과 청각의 환각―지각의 실수―의 발생 과정을 알아내려고 노력했다. 인간은 이야기하기를 좋아하는 동물이며, 우리의 뇌는 우리를 이야기꾼으로 만들 준비가 되어 있다. 이 장에 기억상실증을 넣은 건 이런 이유가 적지 않다. 다른 사람에게―그리고 자기 자신에게―자기 자신에 대해서 설명하려면 일관성 있는 이야기를 만들어야 하는데, 기억상실증은 이런 이야기를 만드는 데 어려움을 주기 때문이다. 또다른 증거는 다양한 뇌 손상 환자들이 어떤 일을 해내고 어떤 일을 하지 못하는지 관찰하는 걸 통해서 얻을 수 있다. 그리고 흔히 벌어지는 '입에서 말이 뱅뱅 돌 뿐 생각이 나지 않는 현상'―프로이트가 『일상생활의 정신병리학』(1904)에서 묘사한―과 기억착오 같은 일상생활의 사소한 실수는, 우리의 마음이 외부자극과 무관하게 우리를 속이는 방식을 보여준다.

감각 속이기 *Fooling the Senses*

우리의 뇌는 끝없이 일관성 있는 감각 정보를 만들고, 이런 정보를 의미 있는 이야기 형식으로 구성하고자 노력한다. 뇌가 구성하는 이야기는 외부세계의 현실과 일치하는 경우가 대부분이지만 때때로 허구를 만들어낸다. 그리고 때때로 우리는 자신이 환각을 바라보고 있다는 걸 알아챈다.

가장 유명한 동시에 가장 치열한 연구가 이루어진 환각은 기찻길 환각(오른쪽 아래 그림 참조) 같은 시각 속임수이다. 나는 내가 바라보는 것이 환각임을 알고 있으며, 환각이 일어난 과정을 이해하고 있다. 그러나 이와 무관하게, 그림을 바라볼 때마다 여지없이 환각에 빨려든다. 자연히 나의 지능과 나의 눈은 나에게 서로 일치하지 않는 메시지들을 전달한다.

이런 모순의 원인을 이해할 수 있는 실마리를 인간발달 연구에서 얻을 수 있다. 잘 알려진 사례는 탁월한 스위스 심리학자 장 피아제의 연구이다(78쪽 참조). 피아제의 발견 가운데 무엇보다 흥미로운 건, 생후 7개월 이전까지 유아는 사물의 영속성을 모른다는 사실이다. 아기는 흥미로운 사물 — 가령 빨간색 공 — 에서 눈을 떼지 않는다. 그런데 그 공이 방석 뒤로 굴러가서 시야에서 사라지면, 아기는 마치 공이 존재하기를 중단한 것처럼 행동한다. 공을 되찾으려고 애쓰지 않으며, 공이 다시 나타나면 깜짝 놀란다. 시야에서 사라지면 마음 밖으로 사라지는 정도가 아니라 존재 밖으로 완전히 사라진다. 생후 12개월은 되어야 아기는 사물이 실제로는 사라진 것이 아님을 이해하기 시작한다.

어떤 환각은 우리가 자발적으로 참여하는 환각이다. 영화관에서 우리는 자신이 1초에 24프레임씩 영사되는 일련의 정지된 그림을 바라보고 있다는 걸 잘 알고 있지만, 우리의 뇌는 이런 정보에서 부드럽게 변화하는 장면을 만들어낸다. 영화관 환각을 일으키는 건 시각 영속성이라는 생리 현상이다. 이런 현상 속에서 우리의 뇌는 이미지가 사라지는 매 순간 망막에 그 이미지를 기록하는 작업을 계속한다.

피아제의 연구는 아기들이 경험을 통해서 배우는 지각의 범위를 규명하는 데 역점을 둔다. 학습 과정에서 우리는 유용하게 작용하는 일정한 가설(위의 경우엔 사물이 간단하게 사라지는 일은 없으리라는 가설)에 의지하게 되며, 이런 가설은 지각 체험의 기초가 된다. 가설은 제2의 천성이 된다. 우리는 무언가 잘못되거나 이상야릇한 느낌이 들기 전엔 가설에 대해 재고하는 일이 없다. 가설은 가슴속에 워낙 깊이 뿌리를 내리고 있어서, 가령 어떤 방식으로 사물을 바라보는 건 그릇된 가설에 토대를 둔 것임을 확신할 때도 여전히 같은 방식을 고집하는 경우가 많다.

우리는 또한 크기와 거리를 측정하는 법을 배운다 — 물론 의식적으로 배우는 건 아니다.

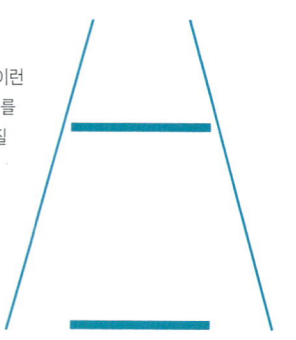

우리의 지각작용은 거리를 자동적으로 메워주는데, 이런 작용에서 기찻길 환각(오른쪽)이 생긴다. 누군가 우리를 향해 걸어올 때, 망막에 비치는 이미지는 갈수록 커지더라도 우리는 그 사람의 키가 커지는 걸로는 인식하지 않는다. 오른쪽 그림에서, 좌우의 수렴선은 위쪽 수평선이 아래쪽 수평선보다 멀리 떨어진 것처럼 보이게 만든다. 두 개의 수평선은 길이가 같지만, 우리는 "멀리 떨어진" 수평선을 보다 긴 것으로 인식한다.

인간의 모든 감각은 환각에 빠지기 쉽다. 서로 무게가 똑같지만 크기가 다를 경우에, 작은 물건이 큰 물건보다 무겁게 느껴진다.

아기의 눈은 스스로 바라보는 사물 쪽으로 자신의 손을 안내한다. 뒤이어 아기는 사물을 만져서 거리를 확인한다. 아기는 시각 정보와 촉각 정보를 통합하는 걸 통해서, 눈에 비치는 사물의 크기는 그 사물과 자신의 거리에 상당한 영향을 받는다는 사실, 그러나 사물의 실제 크기는 불변한다는 사실―"크기 불변성"―을 서서히 깨닫는다.

인생 초기에 배우는 또다른 중요한 시각 분별성은, 역시 무의식적으로 알게 되는 형상 불변성이다. 다른 각도에서 바라보면 다른 모습을 보이지만, 사실상 사물의 형상은 변하지 않는다는 걸 의미한다. 밝기와 색채 불변성은 조명의 밝기와 색채가 바뀌더라도 사물의 색채는 불변한다는 걸 의미한다.

이러한 불변성에 대한 우리의 이해와 어긋나는 여러 유형의 시각 환각이 있는데, 제각각 서로 다른 인식과 생리작용에서 생겨난다. 실험심리학자 리처드 그레고리는 현저히 다른 현상들을 종합하려고 애쓰는 과정에서 유용한 환각 분류법을 만들었다. 그의 분류에 의하면 마음을 속이는 주된 방식은 네 가지―모호성, 왜곡, 역설, 허구―이다.

모호성은 우리가 "바라보는" 이미지의 형태가 두 가지 형태 사이를 오락가락하면서 시시각각 변화하는 것처럼 여겨지는 경우이다. 잘 알려진 사례로는 토끼 머리로 변하는 오리 머리의 단순한 윤곽선, 때때로 두 사람의 얼굴로 변하는 꽃병의 배경(100쪽 참조) 등이다.

그레고리의 견해를 옮기면, 어느 쪽 해석이 옳은지 확실하게 일러주는 정보가 없을 경우에 우리의 지각은 동일한 사물에 대한 두 가지 해석 사이를 오락가락한다. 우리의 마음은 양쪽 모두 타당성이 있는 두 가지 "이야기" 사이에서 하나를 선택하지 못한다. 주어진 순간에 우리는 토끼나 오리, 꽃병이나 두 얼굴을 본다는 것이 이런 견해의 기본원리이다. 즉 양쪽 모두를 동시에 보는 일은 없다는 것이다.

그레고리의 두번째 범주―크기, 형상, 길이의 왜곡―는 가장 친숙한 지각 환각으로 여겨진다. 어떤 환각은 생리작용에서 생기며, 또 어떤 환각은 한층 높은 단계의 인식 체계에서―망막보다는 피질에서―벌어지는 실수에 의해서 생긴다.

100쪽 그림의 왜곡된 정사각형에서 볼 수 있듯이, 이런 환각 중엔 장난기 많은 심리

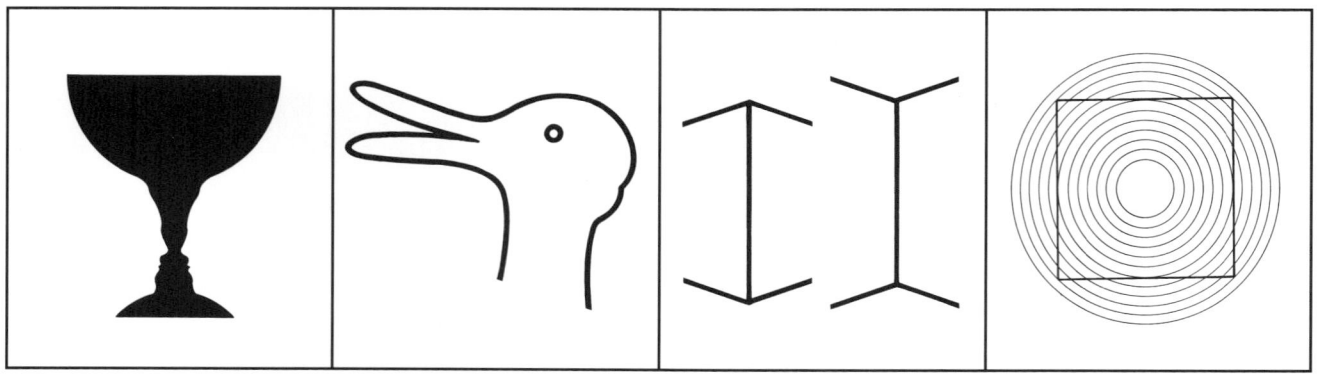

꽃병/얼굴과 오리/토끼 환각은 리처드 그레고리가 모호성이라 부르는 것의 본보기이다. 이런 환각의 경우에, 우리의 뇌는 눈이 지각하는 두 가지 이미지 가운데 하나를 선택하지 못한다. 뮐러 라이어의 환각에서 두 개의 수직선은 길이가 같으며, 비슷한 사례인 "바늘꽂이" 환각에선 정사각형의 네 면이 사실상 직선이다. 이런 환각은 그레고리가 왜곡이라 부르는 환각의 본보기이다.

학자들의 실험실에서 만들어진 기하학적인 속임수가 많다. 자연계 속에서 눈과 귀는 기하학적으로 정확하게 배열된 사물을 접하는 경우가 드물며, 자연히 윤곽이 뚜렷한 두 가지 형태를 구분해본 경험이 없다. 바로 이런 이유에서 위와 같은 속임수가 성공을 거두는 것이다. 환한 곳에서 볼 때 동심원 형태는 눈에 보이는 정사각형의 형상에 영향을 미친다. 그러나 이미지에 담긴 정보는 전혀 달라진 게 없는데도, 흐릿한 곳에서 볼 경우에(눈을 가늘게 뜨는 걸 통해 실험해볼 수 있다) 정사각형은 왜곡을 겪지 않는다. 그레고리에 의하면, 이런 사실은 정사각형 환각이 "비교적 수준 높은" 인식작용이 아니라 생리적인 지각작용에서 생겨난다는 걸 의미한다. 만일 비교적 수준 높은 정신작용(52쪽 참조)의 실수 때문에 환각이 생기는 거라면, 당연히 뇌는 지각력과 무관하게 정보를 오독해야 한다.

또다른 왜곡 사례는 뮐러 라이어 환각(위 그림)이다. 두 개의 수직선은 길이가 같은데, 양쪽 끝 "지느러미"가 어느 쪽을 향하느냐에 따라서 한쪽은 길고 다른쪽은 짧아 보인다. 수직선에 자를 대고 길이를 재보면 그게 환각이라는 걸 분명히 알 수 있다. 아무리 여러 번 바라보고 아무리 많은 정보를 알아낸다고 하더라도 환각을 보는 걸 피할 수 없다. 건물과 방구석 — 또는 이런 걸 그려넣은 그림 — 의 모퉁이처럼 "지느러미"가 시각에 깊이를 주는 신호로 작용하는 듯하다. 정사각형 환각과 달리, 뮐러 라이어 환각은 생리작용이 아니라 인식작용에서 생겨나는 걸로 여겨진다. 흥미롭게도 남아프리카 칼라하리 사막의 부시먼처럼 뮐러 라이어 환각에 빠질 가능성이 낮은 사람들이 있다. 일부 전문가들은 이런 주장을 편다. 칼라하리 사막의 부시먼은 대부분의 사람에게 친숙한 건축물 수직선과 모서리가 없는 황량한 환경에서 살기 때문

가장 놀라운 시각 환각은 아메스 방이다. 이 환각을 만든 아델베르트 아메스의 이름을 딴 것이다. 관찰자는 작은 구멍을 통해서 완벽한 직사각형 공간으로 여겨지는 방을 들여다본다. 사실상 관찰자의 위치로부터 왼쪽 구석이 오른쪽 구석보다 두 배쯤 멀리 떨어진 방이다. 관찰자는 방이 제공하는 시각적인 단서를 이용해서 크기를 판단한다. 그 결과, 방 왼쪽에서 오른쪽으로 걸어가는 사람은 두 배 가까이 덩치가 커지는 것처럼 보인다.

에, 뮐러 라이어 환각을 만들어내는 직각과 직선에 관한 시각적인 가설을 학습할 기회가 없다는 것이다.

그레고리의 세번째 범주는 역설인데, 역설의 좋은 본보기는 M. C. 에스헤르(97쪽 참조) 같은 화가들의 작품에 묘사된 "있을 수 없는" 사물과 장면이다. 우리는 지력을 통해서, 논리 법칙을 위배하는 사물은 실제로 존재할 수 없다는 걸 알고 있다. 그러나 이런 사실과 무관하게 우리는 해당 사물을 지각한다. 그레고리는 있을 법하지 않은 이미지를 인식하는 능력은 우리의 삶에 꼭 필요한 요소라고 말한다. 이런 능력이 없다면 많은 소설 작품을 이해할 수 없으며, 생명을 위협할 수도 있는 자극을 알아차리지 못하는 일이 벌어진다는 것이다.

그레고리의 네 가지 범주 가운데 마지막 환각은 허구의 환각이다. 미리 예측하여 "이야기를 들려주는" 인간 뇌의 능력이 더없이 분명하게 드러나는 경우이다. 우리의 눈은 사물의 일부를 바라볼 뿐이지만, 뇌가 틈새를 채워줌으로써 우리는 사물 전체를 지각하게 된다. 입방체 환각(오른쪽 그림)에서 볼 수 있듯이, 틈새는 종종 "유령 같은" 모습으로 지각된다.

심사숙고하여 환각을 사용한 사례는 미술관에서 가장 쉽게 접할 수 있다. 이곳에서 우리는 화가들이 2차원 캔버스에서 깊이감을 전달하고자 사용한

시각 속임수 목록에 감탄한다. 그림에서 깊이를 보여주는 기술은 15세기 유럽에서 개발되었다. 이전까지 화가들은 사물과 주위 환경을 따로 묘사했다. 눈으로 "보는" 대로 묘사하지 않고 자신이 "아는" 대로 묘사했던 것이다. 가령 인물을 그릴 때, 가장 중요한 특징(얼굴)은 정면을 향하고 몸체는 옆으로 돌아선 모습으로 묘사했다. 이런 경향은 르네상스 초기 유럽에서 바뀌었다. 당시에 화가들은 투시화법의 원리를 모색하기 시작했다. 그들은 두 개의 평행선과 평행면은 관찰자로부터 멀어지면서, 무한할 정도로 먼 곳의 한 점에서 서로 만나는 것처럼 보인다는 사실을 알아챘다. 따라서 단일한 소실점에서 합쳐지는 희미한 윤곽선 두 개를 그려넣는 걸 통해서, 이런 원리를 2차원 평면 위에서 모방할 수 있음을 깨달았다. 수학적인 원근법 법칙의 체계를 세운 사람은 이탈리아 건축가 필리포 브루넬레스키(1337~1446)였는데, 같은 르네상스 시대 화가들이 이 법칙을 채택했다. 19세기 말에 이르러서야 서양 화가들은 원근법의 엄격한 적용에서 벗어나기 시작했다.

투시화법과 더불어, 평면 이미지에 깊이감을 줌으로써 3차원 이미지로 여기게 만드는 암시기법이 많다. 이런 기법들은 르네상스 이후의 회화에서도 종종 모습을 보인다. 크기의 상대성(가까운 사물이 보다 먼 사물보다 커

초기에 투시화법을 사용한 사례는 15세기 화가 피에로 델라 프란체스카의 작품 〈이상적인 도시 풍경 Veduta di città ideale〉이다.

보이는 이치)처럼 명확한 암시가 있으며, 덜 명확한 암시로는 질감 증감이 있다(질감의 선명도는 거리가 먼 사물일수록 떨어진다 — 가까운 벽은 벽돌 한 장 한 장이 눈에 잡히지만, 먼 거리에선 균일한 벽이 보일 뿐이다). 평면 그림 위의 위치 또한 매우 중요한 암시이다.

환각은 다른 감각들 역시 괴롭힌다. 과학자들은 19세기 이래로 시각 환각을 연구해왔는데, 청각 환각 또는 청각 속임수에 관심을 갖기 시작한 건 얼마 되지 않았다. 심리학자 데이비드 도이치는 청각에 영향을 주는 환각을 밝혀냈다. 같은 옥타브에 속하는 두 가지 음을 각각 실험대상자의 한쪽 귀에만 들려준다고 가정해보자. 자연히 왼쪽 귀가 고음을 들을 때, 오른쪽 귀는 저음을 듣는다. 또한 오른쪽 귀가 고음을 들을 때, 왼쪽 귀는 저음을 듣는다. 이런 순서를 잇달아 빠른 속도로 바꾼다. 두 개의 음이 동시에 울리는 것이지만, 실험대상자가 지각하는 건 동시에 울리는 소리가 아니다. 이와 달리 한쪽 귀는 오로지 고음만 들을 수 있으며, 고음은 침묵과 번갈아 교대한다. 그리고 다른쪽 귀는 침묵과 번갈아 교대하는 저음만 듣는다.

이런 환각을 어떻게 설명할 수 있을까? 가장 그럴듯한 이론은 두 가지 뇌 작용이 소리 탐지에 관여한다고 가정하는 것이다. 하나는 음조를 판단하고, 다른 하나는 음원(소리가 발생하는 근원)을 찾는다. 특정한 음의 근원이 이상하게 빠른 속도로 바뀔 때 환각이 일어난다. 이런 변화는 뇌의 지각 작용을 어지럽히고, 그 결과 자극을 단순화하면서 각각의 음을 한쪽 귀에 배정하는 실수를 저지른다.

그런데 가장 흥미로운 청각 환각은 여러 소리를 엮어서 단일한 이야기를 만드는 방식으로 여겨진다. 시끄러운 모임에서 대화를 나누는 중에 여러분은 대화 상대한테 관심을 집중하면서, 다른 소리들은 대화와 무관한 것으로 여겨서 여과해버릴 것이다. 심리학자들은 이런 현상에 칵테일파티 효과라는 적절한 이름을 붙였으며, 실험실에서 이를 성공적으로 재현해낸다. 이어폰을 낀 실험대상자의 양쪽 귀에 제각각 다른 메시지를 투입한다. 실험대상자에게 한쪽 귀를 지정해주면서, 그 귀로 들어오는 메시지를 "그림자처럼 뒤쫓으면서" — 유심히 귀담아들으면서 — 한 단어씩 외치라고 주문한다. 실험대상자들은 어렵사리 이 일을 해냈지만, 이 과정에서 다른 쪽 귀로 공급하는 소리는 전혀 듣지 못하는 듯했다. 그들에게 다른쪽 귀로 들은 메시지를 물어보면 답변을 하지 못했다. 심지어 그 귀로 공급하던 메시지를 외국어로 바꿀 경우에도 알아채지 못했다. 이런 현상을 선택적 주의라고 부른다. 위와 같은 실험을 통해서, 주의는 '전부가 아니면 아예 포기하는' 작용이 아니라는 게 밝혀졌다.

트럼펫 색깔 *The Colour of a Trumpet*

어린이는 발달 과정에서 모든 감각이 서로 협동하게 해서 감각을 사용하는 법을 배운다. 손은 눈이 바라본 사물을 만지고자 앞으로 나아간다. 귀는 눈이 소리의 근원에 집중하는 중에 그 소리를 기록한다. 어린이가 한 감각에서 배우는 것은 '감각 통합이동' 이라는 작용을 거쳐 다른 감각으로 전달된다. 가령 눈가리개를 하고 물건을 만져서 촉감을 느낀 유아는 뒤이어 눈으로 그 사물을 식별할 수 있다. 생후 약 6개월이면 이런 일이 가능하고, 24개월이면 전문가가 된다.

여러 감각의 정보를 통합하는 법을 익히는 것이 더없이 중요한 일이긴 하지만, 우리는 오감이 제각각 독립된 본질을 갖고 있다고 여긴다 — 시각과 후각은 완전히 다른 작용이어서, 소리와 맛을 혼동하는 일은 없다. 그러나 사실상 오감이 서로 연결되어 있다는 걸 보여주는 증거들이 있다. 일부는 흥미로운 일화에 가깝지만, 어떤 건 다분히 과학적인 증거이다. 감각통일성 개념은 오랜 역사를 지니고 있다. 고대 그리스 철학자 아리스토텔레스는 심장에 들어 있는 "공통 감각"이 오감을 하나로 묶는다고 주장했다. 레오나르도 다 빈치의 해부도는 오감이 공통구조를 갖고 있다는 15세기의 통념을 반영한 것이다. 근대로 들어서면서 많은 이들이 평소에 늘 어떤 감각을 다른 감각을 통해서 겪는다거나, 어떤 감각 체험이 다른 감각 체험을 유발하는 경우가 종종 있다고 보고했다. 물리학자 아이작 뉴턴 경은, 자신의 경우에 음계의 각 음은 스펙트럼의 특정한 색깔에 해당한다고 말했다. 가령 어떤 색깔을 보게 되면 이따금 그 색깔에 상응하는 음이 들렸다. 17세기 철학자 존 로크(45쪽 참조)가 보고한 사례에서, 어느 맹인은 자신이 트럼펫 소리를 처음 들었을 때 주홍색이 어떤 것인지에 대한 암시를 받았노라고 주장했다. 최근의 연구에서 어느 소녀는 새소리의 선율에서 색깔을 떠올렸고, 어떤 실험대상자는 팔뚝에 차가운 습포를 갖다대자 치아에서 압박감을 느꼈다. 대학생 가운데 13퍼센트가 음악을 듣는 중에 의식적으로 색깔 이미지를 떠올린다고 말했는데, 이런 일이 음악 감상을 한층 즐거운 경험으로 만들어준다는 것이었다. 클라리넷 선율이 오르내리는 걸 들을 때 어떤 걸 "보는지" 그려보라고 주문하자 그들은 입술, 삼각형, 골짜기의 집 등을 그렸다. 공감각은 은유에 더없이 적합한 것이기 때문에, 오랜 세월 화가와 작가들의 관심을 사로잡았다.

상징주의 운동은 19세기 후반의 유럽에서 번창했는데, 오감 사이에 "대응" 관계가 있다고 여겨서 이런 관계의 활용에 역점을 두었

러시아의 대표적인 화가 바실리 칸딘스키(1866~1944)의 〈코사크 사람들 Cossacks〉(1910~1911) 같은 작품은 색깔이 마음에 영향을 준다는 이 화가의 믿음을 보여주는 좋은 본보기이다. "색깔은 영혼에 직접 영향을 미치는 힘이다. 색깔은 피아노의 건반, 눈은 피아노의 해머, 영혼은 수많은 현을 지닌 피아노이다." 이러한 그의 주장은 공감각의 직접 체험을 보여준다.

다. 이 운동이 낳은 유명한 소설로 J. 위스망스의 『거꾸로
Against Nature』(1884)가 있다. 이 소설에서 방탕한 귀족
데 제셍트는 교향곡을 들으며 온갖 종류의 술을 마신다. 각
각의 술은 오케스트라의 특정한 악기에 해당한다.

  신경학자들은 공감각을 여전히 신비스러운 현상으로 여
긴다. 우리가 알기에 여러 감각에서 접수한 정보들은 제각
각 서로 거리를 둔(때때로 상당히 먼) 여러 뇌 부위에서 처
리된다. 따라서 공감각을 경험하는 사람은 이런 뇌 부위들
이 서로 연결되어 있으며, 대부분의 사람은 이러한 연결이
금지되어 있거나 애당초 연결선이 없는 거라고 추정할 수
있다. 또한 어떤 약물을 복용하면 오감에 "혼란"이 일어난다
는 사실은, 모든 사람의 뇌에 이런 연결 관계가 있으며 보통
때는 연결을 제지당한다는 추정을 뒷받침한다.

아	검정색
에	흰 색
이	붉은색
오	파란색
우	녹색

기억상실증 *Amnesia*

전문가가 아닌 사람도 영화와 소설의 묘사를 통해서 기억상실증을 어느 정도 알고 있을 것이다. 대체로 주인공이 예기치 않게 자신의 지난 기억을 송두리째 잃는 일이 벌어진다. 심지어 자기 이름이나 성을 기억하지 못하며, 이상야릇한 사건들을 재현하는 극적인 과거 회상 장면이 작품 줄거리를 이끌어간다. 사실상 기억상실증은 영화가 보여주는 것처럼 매력적인 증상이 아니다—이보다 고통스러운 신경질환은 찾아보기 어렵다. 그러나 기억의 구조뿐 아니라 인간의 학습 과정을 밝혀주기 때문에 매우 중요한 과학 연구 대상이다.

심리적인 원인을 지닌 기억상실증—극심한 스트레스 때문에 과거 회상 능력을 잃어버리는(또는 회상하기를 꺼리는) 경우—도 있지만, 상당수가 분명한 신체적 원인을 갖고 있다. 뇌 손상, 뇌졸중, 과음, 외과 수술은 기억상실증을 일으킬 가능성이 있다. 이처럼 원인이 다양한 걸 보면, 기억상실증은 한 가지 이상의 신경기능 장애를 나타내는 용어로 여겨진다.

심리학자들은 두 가지 주된 기억상실증에 대해서 설명한다. 퇴행성 기억상실증은 외상(주로 교통사고로 인한 머리 상처)을 입는 바람에 과거의 기억을 상실하는 경우이다. 대부분의 환자는 몇 주나 몇 달 안쪽에 기억을 회복하기 시작하며, 가장 오래된 기억이 먼저 되살아난다. 서서히 "잃어버린" 시간이 줄어들면서, 마침내 외상을 입기 직전의 몇 분 동안의 정보를 제외한 모든 기억을 완전히 회복한다. 이런 정보는 장기간 기억 창고 속으로 이동할 수 있

전행성 기억상실증은 해마상 융기 손상과 관련된 경우가 많다. 이 부위의 뇌가 단기간 기억을 장기간 기억으로 바꾸는 일에 관여한다는 걸 의미한다.

지식의 유형

1950년대 캐나다 신경외과 의사들은 H. M.이라는 29세 사내를 연구하기 시작했다. 제어하기 힘든 간질 때문에 수술을 받은 사내였다. 그는 수술 뒤에 불행하게도 일반적인 증상을 지닌 심한 전행성 기억상실증에 걸렸다—특히 단기간 기억에서 장기간 기억으로 정보를 옮기는 능력이 사라졌다. 물론 기존의 장기간 기억은 아무런 영향을 받지 않고 남아 있었다. 그런데 이상하게도 새로운 사실을 장기간 기억으로 옮기는 건 불가능했지만, 일부 복잡한 작업을 익히는 능력이 생겼다. 가령 거울에 비친 것처럼 좌우가 바뀐 글자를 읽는다거나, 미로를 헤쳐 나가는 일을 능숙하게 해냈다. 우리의 뇌에선 절차상의 지식(가령 자전거를 타거나 수수께끼를 푸는 방법을 이해하는)에 관한 기억이 단정적인 지식(특정한 사실을 이해하는)에 관한 기억과 다른 방식으로 조성되어 있음을 보여주는 사례이다.

을 만큼 단기간 기억 속에 확고하게 등록되지 않았던 걸로 여겨진다(87쪽 참조).

기억이 서서히 회복된다는 것은 뇌 속이 상당한 과잉상태라는 걸 의미한다. 외상 때문에 신경망이 파괴되면, 세포들의 새로운 관계가 활성화하면서 또다른 신경망이 자리를 잡고 "오래된" 기억을 처리한다.

두번째 유형은 전행성 기억상실증이다. 환자들은 외상 이전에 입력된 내용을 회상하는 데 별로 어려움을 못 느끼지만(물론 퇴행성 기억상실증을 동반하는 경우도 종종 볼 수 있다), 새로운 정보 입력에 상당한 어려움을 느낀다. 환자들의 지능과 단기간 기억은 거의 영향을 받지 않은 상태이다(가

령 전화번호를 들으면 잠깐 동안 기억할 수 있다). 그러나 그들은 정보를 장기간 기억으로 옮기는 능력이 없는 걸로 여겨진다. 전행성 기억상실증은 삶의 질을 떨어뜨린다. 환자들은 자신이 무언가 잘못되었다는 느낌이 들어서 끝없이 불안에 시달리지만, 문제를 정확히 짚어내지 못하며 어떤 수단으로도 뇌의 결함을 보완하지 못한다. 결국 툭하면 화를 내는 식으로 성격에서 변화를 보인다.

환자들은 질환에서 회복되면 예전의 자아로 돌아가서 원래 성격을 되찾는다. 그러나 H. M.(106쪽 설명 참조)과 J의 경우처럼 광범위한 연구 사례를 보면, 장기간 기억상실증이 보통 괴로운 질병이 아니라는 것을 알 수 있다. 나는 텔레비전 다큐멘터리 〈기억의 재료Memories are Made of This〉(1993)를 만들면서 J를 필름에 담았다. 우리는 그를 8년 동안 치료해온 여성 심리학자와 그가 대화를 나누는 장면을 촬영했는데, 촬영이 끝나고 한 시간이 지났을 때, 그는 그 여성이 누구인지 기억해내지 못했으며 자신이 촬영되었다는 사실을 전혀 알지 못했다. 그는 영원한 현재 속에서 살고 있다. 다른 사람들처럼 자기 자신, 대인관계, 과거, 희망에 관한 이야기를 만들어내는 걸 통해서 자신의 삶을 구성하는 능력이 없다. 그는 자신이 지금 이곳에 갇혀 있다는 사실을 괴로워한다. 내 앞에서 그는 자신을 치료해줄 약이 전혀 없다는 건 부당한 일이라며 불평했다.

마음의 실수 *Slips of the Mind*

누구나 실수를 저지른다. 고대 그리스의 비극작가 에우리피데스는 "인간은 어떤 경우에도 인간이며, 실수를 저지르지 않을 도리가 없다"고 말했다. 마음은 다양한 방식으로 속임을 당한다. 때때로 실수는 비참한 결과를 낳지만, 단지 심기를 건드리거나 익살스러운 것에 그치는 경우가 더 많다.

누구나 "무의식적인" 실수—말실수, 낯익은 사람을 보고 이름을 대지 못하는 경우, 물건을 놓아두고는 곧 잊어버리는 경우—를 저지른 경험을 갖고 있으며, 그때마다 별일 아니니까 걱정할 것 없다고 생각한다. 하지만 많은 전문가들이 이런 사소한 실수를 매우 중요하게 여긴다. 지크문트 프로이트는 무의식적인 실수 사례를 조사했으며, 초기 저서인 『일상생활의 정신병리학 *The Psychopathology of Everyday Life*』(1904)에서 이런 실수를 실착 행위라고 불렀다. 분명한 근거가 없는 실수는 피로에 의해서 생긴다는 걸 인정했지만, 대부분의 "착오"는 숨겨진 의미를 담고 있으며 금지된 소망, 적개심, 두려움을 드러낸다고 믿었다. 실착 행위는 무의식이 의식을 지배한다는 사실을 보여준다고 그는 주장했다. 우리에게 잘 알려진 "과실" 사례를 들어보자. 어느 정중한 빈 신사가 프로이트에게, 자신이 한 친구와 "마주바보서(tête-à-bête)" 저녁을 먹었다

1856년 모라비아의 프라이베르크에서 태어난 지크문트 프로이트는 26세 때 의사 자격을 얻었다. 파리 살페트리에르 병원에서 신경학자 장 마르탱 샤르코와 함께 일하면서 "기능성" 신경질환에 흥미를 느꼈다—당시에 이런 질환에 대해선 아무런 기초 자료가 없는 상태였다. 프로이트는 이런 장애(특히 히스테리)의 원인을 연구하는 과정에서, 논쟁의 여지가 있는 성격 이론을 개발했다. 유년기 초기의 성 심리 발달의 역할(38쪽, 88쪽 참조)을 강조하는 이론이었다. 그는 무의식의 내용물을 조사하여 유년기의 소망과 욕구를 알아낼 수 있다고 믿었다. 이런 내용물은 꿈, 일상생활의 실수 또는 말실수(실착 행위), 정신분석을 통해서 표면으로 떠오른다는 것이었다. 프로이트가 개발한 정신분석기술은 환자의 자유연상 중에 모습을 드러내는 내용물에 대한 숙련된 정신분석가의 해석에 의지한다. 프로이트는 빈에서 정신분석을 행하면서 자신의 사상을 개발하여 보급했다. 1938년에 나치가 오스트리아를 침공하자 런던으로 피신하여 1939년에 세상을 떴다.

고 말했다. 올바른 문구는 "마주보고서(tête-à-tête)"이지만, 그 신사는 자기 친구를 바보라고 여겼다. 'bête'는 '바보 같다'는 의미의 불어이다. 매우 신중한 사내여서 드러내놓고 표현하진 않았지만, 말실수를 통해서 친구에 대한 적개심이 모습을 드러냈던 것이다. 또다른 사례는 프로이트 자신이 어느 휴양지의 호텔 숫자에 대해서 친구와 논쟁을 벌인 경우였다. 프로이트는 그 휴양지 근처에서 일곱 번의 여름휴가를 지냈건만, 실제로는 호텔이 세 개인데 두 개밖에 없다고 주장했다. 어째서 그는 호텔 숫자를 잊었던 걸까? 프로이트는 제3의 호텔 이름이 "호흐바르트너"—그와 경쟁 관계에 있는 의사 이름과 흡사했다—이기 때문에 그런 일이 벌어진 것이며, 자신이 시기심 때문에 그 이름을 억압했던 거라고 주장했다.

기록으로 남아 있는 또다른 실착 행위는 헝가리 심리학자

산도르 페렌치가 정신분석을 행한 어느 여성의 사례이다. 정신분석학자 카를 융(41쪽 참조)과 절친한 사이였던 그녀는 한번은 융의 이름을 기억해내지 못했다. 이 여성은 39세 때 미망인이 되었는데, 그녀 스스로 재혼하기엔 너무 늦은 나이라고 여겼다. 이런 쓰라린 경험이 기억의 실수를 유발했다는 게 페렌치의 결론이었다. 융은 독일어로 "젊다(young)"는 의미이다. 그녀가 융의 이름을 기억해내지 못한 건, 자신의 잃어버린 젊음을 돌아보는 걸 피하기 위한 수단이었다.

프로이트는 말실수와 문장실수를 수집하는 걸 즐겨서, 익살스러우면서 당혹감을 주는 실수를 엄청나게 많이 모았다—오늘날 많은 이들이 이런 실수를 '프로이트의 실수'라고 부른다. 가령 빈의 어떤 신문은 "황태자(Crown Prince)"를 "어릿광대 왕자(Clown Prince)"로 칭한 적이 있었다. 또 어떤 신문은 일군의 퇴역 군인을 언급하면서, "전투에서 부상당한(scarred) 베테랑"이 아니라 "전투를 두려워하는(scared) 베테랑"으로 칭했다가 사과문을 인쇄해야 했다. 불행하게도 인쇄기계의 악마는 이번엔 사과문을 괴롭혔고, 이 사과문에서 퇴역군인들에겐 전투(battle)에서 부상당한 게 아니라 "병(bottle)한테 부상당한 베테랑"이라는 새로운 이름이 붙여졌다.

프로이트는 모든 농담에 비슷한 방식으로 무의식을 침범하는 측면이 있다고 말했다. 답답하고 형식적인 20세기 초반의 오스트리아 빈 사회에서, 공격적이거나 위험스러울 만큼 색정적인 내용물이 무의식을 헤치고 나갈 수 있도록 통로를 제공한다는 것이다. 유머는 불쾌한 감정에 정력을 허비하는 걸 막음으로써 마음에 위안을 주며, "순진한 어른의 감정 반응"(1950년대 일부 심리학자들의 견해)이 아니라 중요한 정신적 방어기제이다.

의식의 변화

Altered States

존재 상태를 의식과 무의식으로 분명하게 구분하는 건 불가능한 일이다. 중간에 기묘하고 흥미로운 상태가 너무 많아서 단순하게 범위를 한정하기 어렵다. 이런 상태들을 변화된 의식 상태들이라고 부를 수 있겠는데, 모두 독자성이 매우 강해서 객관적으로 묘사하기 어렵다. 그럼에도 불구하고 백일몽의 온화한 방심에서 마약에 의한 난폭한 환각에 이르기까지, 이 모든 체험은 일정한 공통점을 갖고 있다. 자신과 외부세계에 대한 인식은 변화할 가능성이 있다—가령 마약은

샤먼 또는 "주술사"는 북극지방과 중앙아시아 사회의 중요한 구성원이었다(오늘날도 어떤 곳에선 같은 역할을 행한다). 그런데 그는(또는 그녀는) 성직자이자 영혼 안내자로도 활동하는 의사의 차원을 넘어서서, 사자의 혼령을 다른 세계로 데려다주는 능력을 보여준다. 샤먼은 스스로 몽환상태에 빠져드는 걸 통해서, 다른 사람들을 치료하고 사자의 혼령을 안내하는 놀라운 일을 해낸다. 이런 과정에서 그는 종종 온몸에 경련이 일고 두 눈이 돌출한다. 몽환상태에서 그의 영혼은 육신을 벗어나 영계에서 지혜를 얻는다. 이런 얘기를 믿거나 안 믿거나 상관없이, 샤먼에게 자기 마음대로 변화한 의식 상태로 들어가는 능력이 있다는 건 분명한 사실이다.

주장한다. 그의 견해를 옮기면 기원전 4000년의 인간은 오늘날 우리만큼 의식이 깨어 있지 않았다. 거의 최면에 가까운 상태에서 존재하며 환각을 일으켰고, 신들이 보내는 걸로 여겨지는 목소리를 들었으며 신들의 지시를 따랐다. 인류는 매우 느린 속도로 이런 속박에서 벗어났으며, 오늘날 우리가 경험하는 변화된 상태는 전의식(前意識)이 지배하는 과거의 잔재에 지나지 않는다는 것이다.

제이니스의 주장은 여전히 논쟁의 여지가 있지만, 이 장에서

시간과 공간 인식에 급격한 변화를 일으킨다. 변화된 의식 상태는 오랜 세월 과학자와 예술가들을 매혹시켰으며, 영국 소설가 올더스 헉슬리(1894~1963)처럼 많은 이들이 마약 실험을 했다. 마약이 정신 활동에 미치는 영향을 알아내려는 게 일부 이유였다. 헉슬리의 메스칼린 복용 체험담은 『인식의 문 *The Doors of Perception*』(1954)에 실려 있다. 정도의 차이는 있지만 모든 마약—적법한 것이건 아니건 상관없이—은 마음에 악영향을 미치며, 상용자는 자제력이 떨어질 뿐 아니라 이따금 편집증에 빠져든다.

심리학자 줄리언 제이니스는 『2원제 마음 붕괴 과정에서의 의식의 기원 *The Origins of Consciousness in the Breakdown of the Bicameral Mind*』(1976)이라는 도발적인 저서에서, 변화된 의식 상태는 원시 시대로의 퇴행이라고

살펴볼 현상 가운데 상당수는 공통점을 갖고 있다. 우리는 변화된 의식 상태에서, 정상적인 의식으로는 접근하기 어려운 진실과 접촉하는 느낌, 자아의 한층 근본적인 측면을 탐구하고 있다는 느낌을 받는다. 이런 진실이 고대 신들의 메아리라고 말하면 허황된 얘기로 들릴 것이다. 그러나 프로이트와 융의 작업은 의식 아래쪽에 묻혀서 발굴되기를 기다리는 자아가 있으며, 이런 측면의 자아에 대한 귀중한 통찰이 존재한다는 걸 인정했다.

"변화된 상태"는 여러 현상을 포괄하는 용어이다. 어떤 상태는 자연스럽게 저절로 발생한다(가령 모든 포유동물이 꿈을 꾸는 걸로 여겨진다). 또 어떤 상태는 명상 같은 학습에 의한 기술을 통해서 도달할 수 있다. 마약이 유발하는 상태도 있다. 어떤 것들—초자연적인 상태—은 여전히 논란의

초현실주의 운동은 1920년대와 1930년대 유럽에서 번창했다. 이 운동의 화가와 작가들은 "한층 수준 높은 진리"에 이르기 위해서 변화된 의식 상태를 탐구했으며, 의식과 무의식의 현실을 "초현실" 속에서 통합하고자 노력했다. 어떤 이들은 "자동기술"을 실험했는데, 보이지 않는 힘이 작가의 손을 움직이게 만드는 기술이었다. 또 어떤 이들은 계속해서 광기에 들린 것처럼 행동하였다. 영국 화가 토머스 로윈스키의 〈아침 산들바람The Breeze at Morn〉(1930)은 사실주의 기법으로 불합리한 풍경을 묘사하는 초현실주의 "속임수"를 사용

한 작품이다. 모든 사람이 경험하는 변화된 의식 상태가 한 가지 있다—다름아닌 꿈을 꾸는 잠이다. 꿈은 보통 때 깨어 있는 상태와 상당히 다르기 때문에, 한때는 꿈의 근원을 초자연적인 것으로 여겼으며 예언을 전하는 수단으로 보기도 했다. 가령 이집트 왕의 꿈을 묘사한 창세기를 보면, 요셉은 7마리 살찐 소와 7마리 비쩍 마른 소가 등장한 꿈을 7년의 풍요에 이어 7년의 기근이 닥칠 것을 예언하는 꿈으로 해석했다(아래 그림). 프로이트는 꿈의 심리학에 관한 현대적 연구를 출범시켰으며, 꿈은 무의식의 이해에 이르는 "지름길"이라고 주장했다.

여지가 다분하며, 많은 이들이 이런 상태의 존재를 믿지 않는다. 이처럼 의식 상태가 다양하다는 사실은 인간 정신의

작용에 관해서 많은 의문을 불러일으킨다. 가령 지난 30년 안쪽의 가장 유명한 심리학자에 속하는 프랑스 리옹 대학의

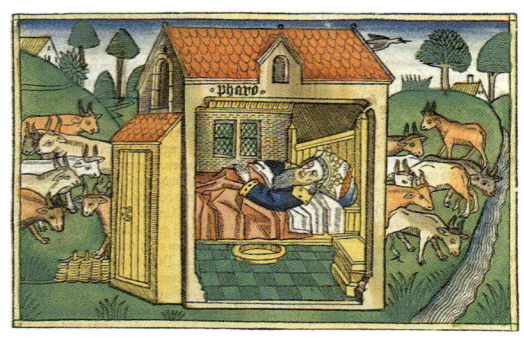

미셸 주베는 "직관으로 판단할 때 꿈은 아무런 쓸모가 없다"고 주장한다 — 꿈의 생리학적 · 심리학적인 근거를 찾는 건 전혀 쓸데없는 짓이라는 얘기이다. 프로이트 학설 신봉자뿐 아니라 많은 심리학자와 정신요법사들은 주베의 주장에 전혀 동의하지 않을 것이다. 프로이트는 꿈이 마음의 유지에 꼭 필요한 요소라고 믿었으며, 오늘날 어떤 심리학자들은 꿈이 장기간 기억의 통합을 돕는다고 믿는다.

초자연 현상은 한층 복잡한 문제이다. 다른 유형의 변화된 상태 경험에 비해서 상세한 기록으로 남기는 데 어려움이 따르기 때문이다. 그러나 텔레파시나 염력(念力) 같은 초자연 현상이 실체를 갖고 있다는 게 입증된다면, 의식의 비물질 이론(38쪽 참조)을 폄하하는 건 사실상 불가능할 것이다.

변화된 상태를 이해하기 위해선 이런 상태에 "빠져드는" 것이 어떤 경험인지에 관한 주관적인 설명뿐 아니라, 이런 상태의 정신적 토대와 영향을 규명하려는 객관적인 연구들을 살펴보아야 한다. 변화된 상태의 주관적인 실재와 객관적인 실재는 서로 상당히 다르다. 가령 뉴기니의 메케오 부족은 기독교와 현격히 다른 영혼 개념을 갖고 있다. 이들은 사람이 꿈을 꿀 때 영혼이 육신을 빠져나가서 꿈의 풍경 속을 돌아다니며 모험을 겪는다고 믿는다. 영혼은 특정한 개인의 육신에 속해 있지만, 그의 뇌는 영혼의 야간 활동을 제어하지 못한다. 메케오 사람들은 잠에서 깨어날 때, 자신의 영혼이 간밤에 행한 일에 대해서 걱정하는 경우가 많다. 영혼의 행동 결과가 잠에서 깨어 있는 자아에게 영향을 미쳐서 고통

수천 년에 걸쳐서 인류는 변화된 의식 상태에 이르기 위해서 아편(왼쪽 그림의 양귀비꽃에서 추출한다) 같은 마약을 사용했다. 많은 화가들이 마약은 창의력을 자유롭게 발산하게 해준다고 믿었다. 영국 시인 새뮤얼 테일러 콜리지(1772~1834)는 아편 때문에 몽롱해진 상태에서 신비로운 단시 「쿠빌라이 칸」을 쓴 걸로 전한다. 프랑스 시인 아르투르 랭보(1854~1891)와 샤를 보들레르(1821~1867)는 결국 마약중독자가 되었다. 1960년대에 티머시 리어리 같은 비트족 힌두교 도사들은, LSD 같은 마약이 다른 방법으로는 도달할 수 없는 영혼의 세계로 자신을 데려다준다고 주장했다. 그러나 마약의 부작용을 두려워하는 이들은 그런 낭만적인 주장이 망상에 불과하며, 마약 상용자 대부분은 현실에 맞설 자신이 없기 때문에 마약을 복용하는 거라고 주장한다.

을 줄지 모르기 때문이다. 생리학자의 입장에선, 의식에 여러 단계가 있다는 믿음은 미신에 지나지 않는 걸로 여겨질 것이다. 하지만 메케오 사람들은 이런 믿음이 경험을 통해서 도달한 진리라고 여긴다. 게다가 우리의 마음은 변화된 상태를 경험하는 중엔 판단력이 떨어진다. 따라서 다른 사람들에게 이런 상태가 어떤 것인지 제대로 설명한다는 건, 불가능한 일은 아닐지라도 난감한 일에 속한다.

우리는 변화된 상태에 대해서 많은 걸 알수록 의식과 무의식, 자유의지와 자연, 깨어 있는 상태와 잠의 경계선이 사실상 모호하다는 사실을 깨닫게 된다. 가령 피터 햄슨과 피터 모리스는 최근의 연구에서 "무의식"의 행위는 "의식"의 영향을 받지 않는다는 견해 — 오랜 세월 정설로 간주되어온 — 에 대해서 이의를 제기한다. 그들은 실험대상자들이 최면 환각의 내용물 — 우리가 잠과 깨어 있는 상태 사이의 과도기(119쪽 참조)에서 흔히 "보는" 생생한 이미지 — 을 제어할 수 있다는 걸 알아냈다.

잠, 꿈, 상징 *Sleep, Dreams and Symbols*

오랜 세월에 걸쳐서 사람들은 꿈에 중요한 의미가 담겨 있다고 믿었다. 고대 이집트에선 신들이 왕의 꿈을 통해서 자신의 얘기를 전한다고 여겼다. 다른 문화권에서도 꿈 체험에 초자연적인 의미를 부여해서, 한밤에 영혼이 다른 세계를 방문하는 것으로 보았다. 유대 기독교 전통에선 꿈에 종종 천사들이 나타나서 계시를 전한다. 꿈은 우주와 신들과 자아를 이해하는 데 도움을 주는 걸로 여겨진다. 우리의 꿈엔 종종 이상야릇한 사건과 상징이 잇달아 등장하는데, 이런 사건과 상징을 해독하는 일은 마음의 본질을 탐구하는 이들의 주된 관심사였다.

프로이트의 꿈 이론은 초자연적인 요인을 거론하지 않았다.

오랜 세월 사람들은 꿈 내용이 비교적 수준 높은 영적(靈的) 질서를 보여준다고 믿었다. 화가이자 신비주의자 윌리엄 블레이크(1757~1827)의 〈야곱의 사다리 Jacob's Ladder〉(위)는 창세기에 나오는 야곱의 꿈을 묘사한 작품이다. "그는 꼭대기가 하늘에 가 닿는 사다리가 지상에 서 있고, 신의 천사들이 사다리를 오르내리는 꿈을 꾸었다."

그는 『꿈의 해석 *Interpretation of Dreams*』(1899)에서, 너무나도 두렵거나 죄책감을 띤 나머지, 의식 속에서 출구를 찾기 힘든 까닭에 무의식 속에 억압되는 내용물의 표현이 바로 꿈이라고 주장했다(41쪽 참조). 꿈은 유년기에 억압된 욕구를 충족시키는 수단을 제공하며, 해석 과정에서 "무의식의 이해에 이르는 지름길" 역할을 한다.

꿈속에서 우리는 무의식의 욕구와 근심으로부터 해방된 상태에서, 잠이 우리의 심리와 생리 작용에 베푸는 혜택을 누린다. 따라서 프로이트가 보기에 꿈은 "잠의 보호자"였다.

프로이트는 꿈의 상징에 잠재된 내용을 밝혀내고자 자유연상 기술에 의지했다. 그는 꿈에 나타나는 상징이 사적인 체험과 당대 문화의 유행에 영향을 받는다고 믿었다. 그런데 꿈 상징 가운데 사적인 연상에 좌우되는 일이 없으며, 오로지 문화에 영향을 받아서 생겨나는 상징들이 있다. 이는 프로이트 사상의 대표적인 상징들인데, 끝없이 세인의 논평과 농담을 유발한다. 가령 칼, 권총, 탑처럼 무언가를 뚫거나 직립하는 성질을 지닌 사물은 남성 성기를 상징하며 지갑, 보석상자, 동굴처럼 무언가를 담거나 받아들이는 성질을 지닌 건 여성 성기의 상징이다. 이와 동시에 모든 사람은 제각각 나름의 역사를 갖고 있으며, 이런 개인사는 고유한 상징을 만들어낸다. 가령 우리 어머니가 늘 악어 핸드백을 갖고 다닌다고 가정해보자. 만일 내가 악어를 쓰다듬는 꿈을 꾼다면, 이런 꿈은 어머니를 범하고 싶은 욕망—억압된 오이디푸스 콤플렉스—의 표현이라는 것이다.

카를 융(42쪽 참조)의 꿈 이론은 프로이트의 작업에서 상당한 도움을 받았다. 융은 프로이트처럼 꿈을 무의식 내용물의 표현으로 보았다. 그러나 꿈 상징의 의미와 근원을 정의내리는 과정에서 프로이트와 현격한 견해차를 드러냈다. 융의 이론 역시 흥미로운 동시에 영향력을 지니고 있지만 타당성을 입증하거나 반증하는 게 불가능하다.

융 계열의 요법사들은 꿈에 세 가지 "단계"가 있다고 여긴다. 첫번째 꿈은 깊은 의미를 담은 상징이 없으며, 최근에 의식을 통해서 생각하고 느낀 내용의 잔재에 불과하다. 두번째 꿈은 개인 무의식(42쪽 참조)의 내용물 — 주로 신체와 성에 관한 선입견과 연관이 있는 — 을 표현하고자 상징을 사용하는데, 꿈이 상징을 사용하는 이유에 대한 프로이트의 해석과 일치하는 부분이다. 융 스스로 "위대한 꿈"으로 부른 세 번째 꿈은 다른 꿈들과 질적으로 차이가 있다. 이런 꿈은 우리를 인간으로 만드는 선천적인 특성과 행동 성향을 의미하는, 감정이 가득 담긴 강력한 상징을 지니고 있다 — 융은 이런 상징을 원형이라고 불렀다. 원형은 모든 사람의 집단무의식 속에 깊이 뿌리내리고 있으며, 인류가 말을 배우기 전에 발달했기 때문에 오로지 상징적인 형태를 통해서 모습을 드러낸다. 또한 이처럼 역

사가 오래된 까닭에 모든 사람의 원형적 상징이 동일하다. 이러한 융의 집단무의식 개념은 사실상 근거 없는 얘기라고 여기는 사람이 많다. 어떻게 먼 옛날의 상징이 오랜 세월을 거쳐서 후세에 전해질 수 있느냐는 것이다.

프로이트와 융 모두가 꿈꾸는 일에 심리적인 "목적"이 있다고 주장했지만, 오늘날 일부 이론가들은 꿈을 하찮은 것으로 여겨서 무시한다. 마음의 일상적인 작용이 남긴 정신의 부산물에 지나지 않는다는 것이다.

그러나 이는 가능성이 낮은 얘기로 여겨진다. 특히 연구 결과 상당히 많은 종의 동물이 잠을 자면서 꿈을 꾼다는 게 밝혀졌기 때문이다. 동물의 오랜 진화 역사는 꿈이 생물학적으로 중요하다는 사실을 강력히 시사한다. 나아가서 잠 박탈 실험을 보면, 오랜 기간 깨어 있다가 마침내 잠을 자게 된 실험대상자는 무엇보다 먼저 그 동안 결핍되었던 '꿈꾸는' 잠을 되찾는다. 이 역시 어쨌든 꿈이 필요하다는 사실을 보여준다.

프로이트의 『꿈의 해석』 초판은 1000부도 팔리지 않았다. 그런데 1905년을 전후해서 진지한 독자들의 눈길을 끌었으며, 꿈 분석에 대한 상

당한 관심을 불러일으켰다. 하지만 꿈이 실험심리학자들의 관심을 끌면서, 신체와 신경학과 관련된 꿈의 특성이 밝혀지기 시작한 건 1950년대에 들어선 뒤였다.

초기에 꿈 실험을 행한 사람은 윌리엄 디멘트와 너새니얼 클라이트먼이었다. 이들의 꿈 실험실에서 연구자들은 제각각 다른 단계의 잠을 자는 실험대상자들을 깨워서 꿈속 활동에 대해서 물었다. 급속안구운동(rapid eye movements, REM)을 보이는 잠 중에 깨어난 이들은 매우 생생한 꿈을 보고했다. 반면에 REM이 없는 시간대에 깨어난 이들은 색채감이 훨씬 떨어지는 꿈("보통 때의 생각"에 한층 가까운)을 보고했는데, 이런 시간대에 꿈을 꾸는 비율도 25퍼센트에 불과했다.

REM 잠 중엔 심장 박동수가 늘어난다. 또한 뇌전도 기록장치(EEG, 72쪽 참조)로 측정한 뇌 활동을 보면, 의식이 깨

어 있는 상태의 주의력 활동과 매우 비슷하다(이런 이유에서 REM 잠을 역설적인 잠이라고도 부른다). 우리가 꿈을 꿀 때 눈동자가 움직이긴 해도(꿈꾸는 이가 반드시 꿈속의 사건을 "바라보고" 있다는 얘기는 아니다) 몸의 다른 수의근은 마비된 상태이다. REM 잠 중에 우리의 뇌는 매우 활발한 활동을 하지만 활동력이 없는 몸속에 갇힌 포로나 마찬가지라는 얘기이다. 뇌의 운동신경 부위는 근육들과 연락을 나누지 못하며, 뇌의 지각 부위는 몸에서 아무런 정보도 받지 못한다. 길을 걷는 꿈을 꿀 경우에 우리는 이런 체험이 "실제"처럼 느껴진다. 낮에 의식이 깨어 있는 상태에서 산책할 경우와 동일한 뇌 부위를 사용하고 있기 때문이다. 그러나 이 순간에 근육을 사용하는 일은 없으며, 자신이 근육을 사용하고 있지 않다는 인식도 없다. 프랑스 신경학자 미셸 주베는 이런 현상을 연구하기 위해서 고양이를 상대로 일련의

고양이는 어떤 꿈을 꿀까?

미셸 주베는 매우 놀라운 꿈 실험에서 고양이의 뇌교─REM 잠을 자는 동안 고양이의 몸 움직임을 억압하는 뇌 조직고양이는─를 수술로 제거했다. 그러자 고양이는 REM 잠에 빠졌을 때 몸을 움직이면서 꿈의 내용을 "실제로 연기했다". 주베는 그 순간의 고양이 행동을 관찰했으며, 고양이 애호가들을 당황하게 만드는 다음과 같은 내용을 보고했다. "고양이는 대부분의 시간 동안 공격적인 행동을 보인다. 매우 진부한 행동, 극도로 단조로운 행동이다. 보통 때는 매우 고상한 고양이들이 꿈을 꿀 때면 사악한 호랑이가 되어서 상상 속의 먹이를 향해 달려든다. 내 사무실에 늘 고양이 한 마리를 놔두었는데, 꿈을 꿀 때면 사람들을 놀라게 만들었다.

카를 융은 무의식적인 원형이 꿈에 침입해서 종종 신화나 전설 속 인물을 통해 모습을 드러낸다고 믿었다. 가령 아니무스—융이 여성의 무의식에 들어 있는 남성 에너지로 여겼던—는 빛나는 갑옷을 입은 기사 같은 이상적인 남성의 모습으로 등장한다(위 그림). 트릭스터는 반항적이면서 조롱을 일삼는 집단무의식의 에너지인데, 꿈에서 어릿광대나 바보로 등장한다(아래 그림).

주목할 만한 실험을 행했다. 그 결과 REM 잠 중에 근육 활동과 지각 활동을 억압하는 일에 뇌 망상조직의 뇌교가 관여한다는 사실을 밝혀냈다(116쪽 설명 참조).

위에서 언급한 어떤 연구도 왜 우리는 꿈을 꾸는가 하는 기본적인 의문에 답을 주지 못한다. 또한 현 시점에서 꿈속 생활에 관한 설득력 있는 생물학적 설명은 찾아볼 수 없다. 하지만 여러 이론이 서로 경쟁을 벌이고 있다. 어떤 이론은 꿈이 기억 흔적을 통합하게 해준다고 믿으며, 어떤 이론은 뇌 속의 단백질 회복을 돕는다고 주장한다. 또 어떤 이론은 꿈이 어떤 식으로든 성격의 원상태 유지에 관여한다고 믿는데, 이러한 이론을 지지하는 건 미셸 주베이다. 그의 주장을 옮기면, 개개인의 DNA(유전 물질)는 REM 잠 도중에 자체 프로그램을 재구성하는 작업을 한다. "만일 약물을 사용하여 어떤 사람의 꿈을 억압한다면, 진취적으로 행동하는 동시에 그의 본모습과 자유의지를 유지하게 해주는 유전자 프로그램 재구성 작업이 자취를 감추게 될 것이다." 그의 말이 옳다면, 꿈은 변화된 의식 상태의 차원을 넘어서서 낮 시간에 우리가 의식이 깨어 있는 상태에서 하는 행동을 지배한다. 주베의 이론은 여전히 논란의 여지가 남아 있으며, 현 시점에서 우리로선 오로지 꿈꾸기에 관한 이런 논쟁들이 끝나는 날을 꿈꿀 수 있을 뿐이다.

공상 *Daydreams*

정서장애나 신경증이 없는 일반인들은 매일같이 많은 시간을 환상, 몽상, 공상에 빠져서 보낸다. 영국 심리학자 E. J. 던리는 희한한 연구를 했는데, 여러 날에 걸쳐 일정치 않은 시간에 버저가 울리게 했다. 그리고 그때마다 자신이 어떤 생각을 하고 무슨 일을 하고 있었는지 기록했다. 그 결과 자신이 놀랍게도 깨어 있는 시간대의 11퍼센트에 이르는 시간 동안 환상이나 공상에 사로잡혀 있다는 사실을 알아냈다.

상당한 집중력이 필요한 일을 하는 사람들도 공상에 빠진다. 시카고 대학의 마이클 칙젠미핼리는 외과의사들조차 수술 중에 돈이나 섹스 환상에 빠져든다는 걸 알아냈다. 이처럼 즉석에서 이루어지는 환상은 짜임새 있는 이야기를 지닌 경우가 드물다. 우리가 지금 자신이 보고 듣는 것에서 관심을 끊고, 마음속의 상상 무대로 장소를 옮겨서 소망 성취 놀이를 하는 건 바로 이런 순간이다. 가령 던리의 공상 가운데 상당수는 동네 술집에 앉아 있는 공상이었다.

그런데 어떤 환상은 지속성을 지니고 있다는 점에서, "만일 이런 일이 벌어진다면 얼마나 좋을까?" 하는 일순간의 상상과 질적으로 다르다. 이런 환상은 비교적 중요한 심적 욕구를 충족시키기 위해서 공들여 만들어 여러 번 다듬은 것처럼 보이는 경우가 많다. 지속성 환상은 비교적 길이가 길고 일관성 있는 이야기 형식을 띠며, 꿈보다 내용이 선명해서 한결 해석하기 쉽다. 예일 대학의 제롬 싱어는 어린 시절의 환상과 이후의 환상 사이에 어떤 관계가 있는지 연구한다. 그의 주장을 옮기면, 때로는 60초 이상 이어지는 지속성 환상은 어린 시절의 뿌리 깊은 근심과 두려움에 맞서 싸우는 수단이다. 싱어는 모든 환상에 치유력과 창의력이 있다고 주장한다. 죄책감이 따르는 환상조차 죄책감을 씻는 수단이라는 것이다. 그러나 특정한 범죄자들을 상대하는 정신과의사들은 이런 주장에 동의하지 않을 것이다. 우리가 공상에 잠길 때 보통 때의 금기는 무시된다. 따라서 상당수 범죄자의 경우에 공상은 폭력 계획을 미리 연습하는 마음속의 무대를 제공한다. 연쇄 살인범들의 매우 섬뜩한 일대기를 보면, 그들이 살인을 저지르기 전에 폭

잠에서 막 깨어나려는 순간에 경험하는 최면 환각은 색채가 강렬하고, 이미지가 생생하다.

력적인 환상을 자주 머리에 떠올렸다는 걸 알 수 있다.

　세번째 유형의 공상은 최면 환각이다. 이런 공상의 생생한 이미지는 막 잠에 빠져드는 순간에, 또는 이보다 빈도수는 적지만 잠에서 깨어나는 순간에 경험할 수 있다. 최면 환각은 매우 강렬한 색채와 더불어 현실을 과장한 느낌을 지닌 것으로 묘사될 때가 많다. 이런 공상이 유난히 매혹적인 건 꿈과 달리 의지의 지배를 받기 때문이다. 프로이트가 꿈의 내용을 부각시켰듯이, 벨기에 심리학자 욘 바렌도크는 최면 환각 현상을 정신분석 이론의 영역 속으로 끌어들이고자 최선을 다했다. 그러나 실험대상자들이 보고한 이미지 중에는 혼란스러운 이미지가 많아서, 소망 성취라는 관점에서 해석하는 게 보통 어려운 일이 아니었다. 또한 우리가 공상 중에 자신에게 들려주는 이야기와 달리 줄거리를 "읽는" 일이 쉽지 않았다.

환상과 섹스 *Fantasy and Sex*

20세기를 거치면서 공식적이건 비공식적이건 페티시즘과 성(性) 환상을 탐구하는 일이 갈수록 자유로워졌다. 성 환상을 대하는 문화적 태도가 대폭 바뀐 결과였다. 19세기엔 성을 주제로 다루는 게 허용되지 않았지만(어떤 문화 해설자들은 바로 이런 이유에서 포르노가 융성했다고 여긴다), 오늘날 서양인은 영구적이며 침투력이 강하고 널리 허용되는 성 문화 속에서 살아간다. 프로이트는 인간이 성숙하지 못할 때 성 환상에 빠진다고 말했지만, 오늘날 요법사들은 그의 엄숙주의를 거부하고 성 환상에 빠지는 건 지극히 정상적인 일이라고 믿는다. 심지어 성 환상을 통해서 성생활의 만족감을 높일 수 있다고 주장하는 이들도 있다.

앨프리드 킨제이는 1938년에 시작한 조사에서, 대상자 대부분이 성 환상에 빠지며 사춘기 직전에 이런 환상이 시작된다는 사실을 밝혀냈다. 심지어 만족스러운 성생활을 하는 사람에 이르기까지 성 환상은 성년기에도 지속되는 걸로 드러났다. 결국 인간이 섹스에 대한 생각으로 소비하는 시간이 엄청나다는 얘기인데, 여타 연구에 의해서 이런 견해가 옳다는 게 입증되었다. 1970년대에 시카고에서 이루어진 표본조사에선 모든 사람이 하루에 여덟 번씩 성 환상에 빠지는 걸로 나왔다.

많은 문화권에서 에로틱 미술은 인간의 뿌리 깊은 욕구를 채워주었다. 〈연인들〉은 기타카와 우타마로(1753~1806)의 연작 '베개의 시'의 한 작품이다.

각 사회마다 문화적 특성에 의해서 성 환상과 페티시즘의 대상으로 허용하는 내용에 차이가 있다. 오늘날 페티시즘 숭배물 가운데 상당수가 나름의 신비한 매력을 잃어버렸다. 사람들이 그런 숭배물을 접할 기회가 대폭 늘어났기 때문이다. 예전엔 고무제품 옷이나 신체 피어싱처럼 섬뜩한 느낌을 주는 것들을 허용하지 않았지만, 오늘날엔 페티시즘 숭배물인 동시에 다소 역설적이게도 고급 패션으로서 시장에서 거래되고 있다. 빅토리아 시대 사람들로선 이해할 수 없는 일일 것이다 — 그들이 보기에 페티시즘은 위험하면서 소름끼치는 행위이며, 매우 음험한 성욕이었다.

그러나 사회가 허용하는 것과 허용하지 않는 것의 경계선이 늘 분명한 건 아니다. 대부분의 사람은 자신

이나 다른 사람한테 심각한 해를 입히는 내용의 환상에 대해서 찬성하지 않는다고 말할 것이다 — 하지만 저명한 성 연구자 매스터스와 존슨이 밝혀냈듯이, 남녀 모두의 성 환상에서 가장 흔한 주제는 강간당하는 것이다(또다른 주제로는 자기 파트너가 아니라 다른 이성과 섹스를 갖는 것, 다른 사람들의 섹스 장면을 바라보는 것 등이 있다). 자해를 하거나, 서로 완전한 합의까지 한 상태에서 상대한테 해를 입히는 행위에 대해서, 어느 선까지 이런 행위를 허용할 것

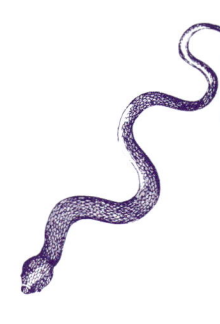

인지에 관해서도 적법성 논쟁이 진행 중이다. 성 환상 연구는 복잡한 작업이며, 환자들이 요법사에게 보고하는 내용에 의존할 수밖에 없다. 그런데 어떤 연구에 의하면 환상은 어린 시절의 경험과 연관이 있다. 이런 경험은 성폭력, 또는 엄격하면서 억압된 가정교육이다. 환상과 행동은 명백한 차이가 있다─환상은 다른 사람에게 해를 입히지 않는다. 하지만 자신이나 다른 사람들에게 심각한 해를 입히는 장면을 포함하는 환상에 빠져드는 사람 가운데, 실제로 이런 환상을 행동에 옮기고 싶은 충동을 느낀다고 말하는 이들이 있다.

이보다 덜 과격한 성 환상을 지닌 이들은 때때로 환상을 실행하는 쪽을 선택한다. 그들이 과연 이런 일을 시도할지를 결정하는 요소는 네 가지로 압축할 수 있다. 첫째, 얼마나 강렬한 성욕을 지닌 환상인가. 둘째, 파트너가 상대의 제안을 얼마나 잘 받아들이는가. 셋째, 환상을 지닌 이가 얼마나 대담한가. 넷째, 환상이 얼마나 기괴한 것인가. 그런데 성 환상의 일부만을 실행에 옮기는 사람이 많다. 노예와 주인 관계를 만들어 즐기는 섹스를 꿈꾸는 여성이 파트너의 손목에 느슨하게 스카프를 묶는 경우가 그러하다.

최면 *Hypnosis*

오스트리아 내과의사 프란츠 안톤 메스머가 1780년대에 "자성(磁性) 영향력" 시범으로 파리를 발칵 뒤집어놓은 이래, 최면의 명성은 유흥 사업가와 사기꾼들에 의해 시련을 겪었다. 그러나 이런 사실은 최면이 변화된 의식 상태가 분명하며, 실제 치료에 적용될 수 있다는 걸 말해준다.

"최면"은 19세기 초에 영국 외과의사 제임스 브레이드가 만든 용어이다. 그는 최초로 최면 현상을 진지하게 실험한 사람이었다. 브레이드는 처음엔 최면이 자연스러운 잠과 비슷한 일종의 "신경성

오스트리아 내과의사 프란츠 안톤 메스머는 최초로 최면을 실험한 사람이었다(그의 이름에서 "최면을 걸다(mesmerize)"라는 용어가 유래했다). 메스머는 자신의 손으로 환자의 "동물적 자기력(磁氣力)"의 통로를 여는 걸 통해 질병을 고칠 수 있다고 믿었다. 이런 자기력이 물리적인 자성과 연관이 있다고 여겨서, 메스너는 환자를 자성을 띤 커다란 튜브 곁에 앉혀놓고 이상한 기술을 시도했다. 자성 이론은 곧 엉터리라는 게 밝혀졌고, 메스너의 성공적인 치료는 그와 환자 간의 직접적인 상호 작용의 결과라는 결론이 내려졌다.

잠"이며, 최면을 일으키는 건 최면술사의 목소리에 계속 집중하면서 생기는 뇌의 피로라고 주장했다. 그러나 이후의 연구에서 실험대상자들이 최면에 걸린 뒤에도 손으로 사물을 꼭 쥐고 있는 걸 알아챘다. 평상시에 잠잘 때와 달리 근육이 이완되지 않았던 것이다. 그는 이러한 증거에 의거해서 생리학의 중요성을 폄하했으며, 최면은 본래 심리적인 것이라는 견해를 제시했다. 오늘날의 연구는 최면에 걸린 사람의 뇌파가 의식이 깨어 있는 사람의 뇌파와 매우 비슷하다는 걸 보여준다.

최면에 걸린 사람은 말을 하고, 걷고, 지시를 따르는 게 가능하다. 그런데 보통 때의 의식에 주목할 만한 변화가 생긴다. 주의력에 선택성이 강해져서 최면술사의 목소리를 제외한 모든 것을 무시한다. 사고나 생각을 새로 시작하는 일이 드물며, 다만 최면술사의 암시를 기다린다. 또한 환상적인

개념이나 상황을 한층 스스럼없이 현실로 받아들인다. 미국 심리학자 아널드 와스먼은 최면을 "최면술사의 목소리에 완전히 집중한 결과 생겨난 변화된 의식 상태"라고 정의한다. 최면술사의 지시에 순응하는 최면 대상자가 긴장을 누그러뜨린 상태에서, 자신의 의식을 제어하는 능력의 일부를 최면술사한테 넘겨준 거나 다름없다는 것이다. 어떤 이들은 최면이 일종의 역할 놀이에 지나지 않으며, 최면술사와 협력하려는 사회의 압력이 낳은 결과라고 주장한다. 그러나 그들은 최면에 걸린 뒤에 암시가 효과를 보이는 현상, 최면이 근거가 확실한 기억을 불러일으키는 현상 가운데 어느 것도 제대로 설명하지 못한다. 둘 다 최면의 몽환상태가 변화된 의식 상태라는 걸 보여주는 현상들이다.

"고전적인" 최면 방법은 대상자가 긴장을 풀게 만든 뒤에, 회중시계 같은 물건을 흔들면서 거기에 신경을 집중하라고 주문하는 것이다. 하지만 반드시 이런 방법을 써야 하는 건 아니다. 초기의 최면 연구가 조지 에스터브룩스는 평소에 실험대상자한테 구두로 내리는 지시 사항을 녹음했다. 자원자 그룹에게 들려주기 위해서였다. 그런데 다른 테이프를 트는 바람에 자원자들에게 스위스 요들송을 들려주는 실수를 저질렀다. 놀랍게도 실험대상자 하나가 최면의 깊은 몽환상태에 빠져드는 일이 벌어졌다. 상대적으로 쉽게 최면에 걸리는

사람이 있음을 보여주는 사례이다. 남자와 여자, 또는 연령대가 다른 사람들 사이에서 최면 감응성은 두드러진 차이가 없다(유난히 최면에 잘 걸리는 8세에서 12세 사이의 어린이들은 예외이다). 그런데 어떤 증거에 의하면, 환상을 쉽게 믿는 사람, 또는 책이나 영화 주인공들의 감정에 잘 동화되는 사람은 최면에 빠져들 가능성이 높다.

최면 상태와 관련해서 특별히 흥미로운 현상은 세 가지이다. 두 가지 현상―최면을 통해서 통증이 억제되는 현상, 그리고 최면에 걸린 뒤의 암시 효과―은 수백 차례의 실험을 통해 타당성이 입증되었다. 최면이 어떤 작용을 통해 통증을 줄여주는지는 아직 밝혀지지 않았다. 심상 시각화 같은 심리적인 통증 억제 방법과 달리, 최면은 엔도르핀―통증 수용체의 활동을 막는 신경전달물질―을 생산하도록 우리의 몸을 자극하는 일이 없다. 통증 완화를 위시한 메시지는 최면에서 깨어난 뒤에도 계속 효력을 유지하는 걸로 밝혀졌다.

최면술사는 몽환상태 중의 최면 대상자에게 지속성을 지닌 두 가지 암시를 내릴 수 있다. 하나는 통증을 느끼지 말라거나, 최면에 빠져 있는 중에 벌어진 일을 기억하지 말라는 부정적 암시이다. 또 하나는 최면 대상자의 전반적인 마음상태를 향상시키는 긍정적 암시이다.

세번째―최면이 기억을 회복시키는 현상―는 한층 논란의 여지가 많은 현상이다. 어린 시절 체험을 되살리고, 스쳐가듯이 짧은 순간에 목격한 사건을 상세히 기억해내는 것처럼 보이는 사람이 있는 게 사실이다. 그런데 어떤 전문가들은 그것이 최면술사를 기쁘게 해주려는 마음에서 나온 행동이라고 주장한다.

명상 *Meditation*

의식의 한 가지 기능은 자아 정체성 감각을 굳건히 다지는 것이다. 그러나 여러 종교 전통에서는, 명상을 통해 자아의 모든 구속을 없애고 "한층 순수한" 의식 상태에 도달하는 것만이 깨달음에 이르는 길이라고 믿는다.

명상술은 대체로 동양의 신앙과 연관이 있지만, 기독교 신앙의 한 가지 특징이기도 하며 갈수록 세속적인 맥락에서 사용되고 있다. 가령 1960년대에 서양에서 인기를 끌었던 초월 명상법은 종교적인 의미가 거의 없다. 많은 정상급 운동선수들도 동작을 조정하기 위해서 명상과 유사한 기술을 사용한다. 임상 심리학자들의 보고 내용에 의하면, 명상은 종교를 믿건 안 믿건 모든 사람의 자긍심을 높여줌으로써 지금껏 억압되었던 감정과 화해하게 만든다.

명상 상태는 심리에 이로운 것은 물론이고 생리 기능에도 효과가 있다는 게 밝혀졌다—이런 현상은 측정이 가능할 뿐 아니라 확실하게 반복되기 때문에 과학 연구에 적합한 대상이다. 이러한 연구를 통해서 주목할 만한 효과가 밝혀졌다. 명상은 신진대사 속도를 낮춰줌으로써, 혈압과 맥박과 근육 긴장도를 떨어뜨린다. 저명한 과학지 『네이처』에 발표된 어느 인도 힌두교 도사에 관한 연구를 보면, 명상을 하는 사람은 평상시 휴식을 취할 때의 3분의 1 수준으로 산소 흡입량을 줄일 수 있다—보통 때 의식적으로 제어하는 게 불가능한 자율신경계가 호흡을 다스린다는 사실을 감안할 때 실로 놀라운 일이다. 명상이 기관지 천식과 고혈압과 불면증을 완화시키고 스트레스를 줄여준다는 연구 결과도 있다—실제로 명상 중의 뇌파는 수면 초기단계(72쪽 참조)의 긴장 이완상태의 특징인 알파파와 비슷하다.

명상술은 크게 두 가지—집중 명상과 개방 명상—로 나눌 수 있다. 집중 명상은 단일한 사물이나 생각에 초점을 맞춰서 의식을 깨끗이 비우는 방법인데, 수많은 명상 전통에서 정형화되었다. 선불

인도의 요가 명상술(위쪽)은 최소한 기원전 2세기로 역사가 거슬러 올라간다. 가장 순수한 형태의 요가는 8단계를 거쳐서 깨달음에 도달한다. 명상자는 명상 대상물과 자신이 하나로 합쳐지는 걸 느낄 경우에 비로소 깨달음을 얻을 수 있다. 요가 수련법은 긴장 완화를 촉진하고 호흡 리듬을 안정시키고 견고한 자세를 만드는 데 목적이 있다. 오늘날 스포츠 심리학자들이 개발한 명상 방법은 국제적인 운동선수 훈련의 필수 항목이다. 운동선수는 경주의 각 부분을 머릿속에 상세히 그려보라는 주문을 받는다. 몸이 경주에 들어갈 준비를 하게 만들기 위해서이다(아래).

교에선 단순하면서 반복되는 행위에 초점을 맞춘다. 가령 명상자 자신의 호흡이나 심장 박동, 똑딱거리는 시계 소리, "한 손으로 박수를 치면 어떤 소리가 나느냐?" 같은 '화두' (역설적인 사고)가 초점이 된다. 15세기 학자 토마스 아 켐피스 같은 기독교 명상가는 곧잘 십자가에 못박힌 예수에 초점을 맞추었으며, 요기들은 만트라 또는 주문을 집중 초점으로 사용한다. 탄트라 전통에선 몸의 자세가 초점 역할을 한다. 상징 언어인 탄트라 경전에서, 쿤달리니 또는 뱀의 기운은 등뼈 맨 밑에서 선잠을 잔다. 명상 자세는 이런 기운이 잠에서 깨어나게 만듦으로써, 수준 높은 의식 상태에 이르는 길을 훤히 열어준다.

심리학자들은 한 개인의 신체상(자기 신체에 대한 심상)이 그의 자아 감각과 밀접한 관계가 있다고 믿는다. 신체상—본능적인 존재 감각—은 줄기차게 몸을 향해 퍼부어

만다라의 질서정연한 기하학적 형상(위 그림)은 동양의 심령 전통에서 명상의 초점으로 사용한다. 만다라는 우주의 시각적 표현이며, 명상자는 만다라의 중심을 향해 마음을 움직이는 걸 통해서 갈수록 더욱 심오한 의미에 접근하게 된다. 어떤 심리학자들은 흥미로운 사례를 언급한다. 동양 신비주의에 대한 기초지식이 없는 환자들이 치료 과정에서 무심코 만다라 비슷한 상징을 그리는 경우가 있다는 것이다.

지는 지각 정보를 통해서 만들어진다. 장시간 똑같은 자세를 유지하면, 계속하여 뇌의 지각 체계와 감각 체계에 동일한 정보가 입력된다. 그 결과 생겨난 습관화는 신체상 인식을 감소시킴으로써, 자아에 대한 속박을 완화한다는 것이다.

개방 명상 또한 집중 명상 기술을 이용하지만, 이와 동시에 이런 기술의 한계를 뛰어넘는다. 명상자는 무언가에 적극적으로 초점을 맞추지 말고, 지금 현재 벌어지는 일을 인식하라는 주문을 받는다. 우리의 모든 지각은 윙윙거리는 혼란을 만들어내며 이런 혼란은 보통 때 뇌에 의해서 여과되는데, 이 모든 지각에 마음을 활짝 열어놓으라는 것이다. 그 결과 인식이 확장되면서 마음이 한층 더 맑아진다는 것이다.

환영과 몽환 *Vision and Trance*

오랜 옛날부터 사람들은 환영(幻影)을 본 일을 진지하게 보고했으며, 누구보다 의심이 많은 심리학자들조차 그들의 증언을 사실로 인정했다. 19세기 심리학자 윌리엄 제임스는 환영에 매료되어, 『종교적 경험의 다양성 *The Varieties of Religious Experience*』(1902)에서 여러 환영 사례를 보고했다. 사실상 실험실에서 환영을 연구하는 건 불가능하다. 환영은 요청에 의해 일어나는 게 아니기 때문이다. 따라서 환영이 존재한다는 증거는 환영을 겪은 이들의 설명이 전부이다.

천사 같은 천상의 사자들은 신성한 메시지를 전하고자 환영을 통해서 모습을 드러낸다. 조토(1276~1337)의 그림 〈요셉의 환영 The Vision of Joseph〉에서 천사는 요셉에게 마리아가 하나님의 아들을 낳을 것임을 알린다.

종종 환영은 스트레스에 대한 반응으로 생긴다. 사막에서 길을 잃은 이들은 종종 자신이 찾던 오아시스를 "본다". 조난당한 이들은 자신이 구조선을 보았다고 믿는다. 과부와 홀아비들도 배우자의 사망 직후에 종종 배우자의 모습을 보거나 느낀다고 말한다. 그러나 사별의 고통과 위안받고자 하는 욕구가 진정되면서 환영이 나타나는 횟수가 줄어든다.

환영은 종교 체험의 중심인 경우가 많다. 수많은 개종 체험 사례에 환영 같은 신성한 계시를 받은 체험이 들어 있다. 어떤 종교의식은 환영이 일어날 수 있는 분위기를 조장한다. 가령 명상 과정은 참석자들에게 환상을 볼 가능성을 높여주는 걸로 여겨진다. 또 어떤 종교 의식은 마음을 변화시키는 여러 종류의 물질을 사용하는데, 포도주와 향(香)에서 환각 약물까지 범위가 다양한 이런 물질은 신비로운 환영을 불러일으킨다.

일부 문화권에서 샤먼은 성직자 역할을 한다. 이들은 몽환의 경지에서 우주의 다른 층으로부터 환영을 수신한다고 한다. 여러 전통 속에서 샤먼의 영혼은 몸을 떠나서 혼령의 세계를 여행한다. 몽환상태는 명상을 통해 도달하는 마음상태와 다르다. 명상을 하는 이들은 한 가지 이미지에 마음을 집중하여 심오한 평온을 얻는다. 샤먼들도 강한 집중력을 유지하지만, 이와 동시에 마음 활동이 매우 활발해서 여러 세계를 여행하며 혼령들을 만난다. 어떤 심리학자들은 샤먼과 정신분열증 환자의 마음상태에 공통점이 있다는 걸 알아냈다. 그러나 대체로 정신분열증 환자의 마음은 혼란스러운 상태이지만, 샤먼의 마음은 일관성을 유지한다. 또한 샤먼은 자신이 속한 공동체에 꼭 필요한 존재이지만, 정신분열증 환자는 공동체와 단절되어 있다.

육체이탈 체험은 종교 의식에 한정된 게 아니다. 이런 체험은 긴급 상황에 대한 반응에서 비롯되는 걸로 여겨진다. 죽음에 가까이 이르는 체험이 그러하다. 체험을 보고한 수많

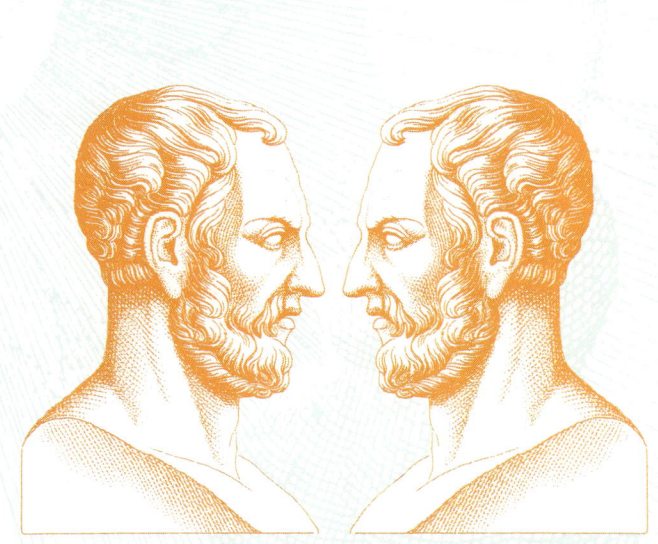

은 사례에서 비슷한 감각을 겪은 일을 언급한다. 체험 당사
자 가운데 상당수가 의사들이 수술하는 장면, 또는 가족과
친구들이 슬퍼하는 장면을 바라본다―그런데 이런 상황에
서도 그들은 오로지 마음의 평화와 행복감을 느낀다. 어떤
이들은 자비로운 존재가 기다리는 밝은 빛을 향해서 터널
속을 여행한다. 또 어떤 이들은 오래 전에 죽은 친구, 가족
구성원, 어서 몸으로 돌아갈 것을 재촉하는 이방인을 만난
다. 육체이탈 체험을 통해서 자신과 다른 사람들의 삶을 더
욱 소중히 여기게 되었다는 이들도 많다.

　신체상의 이유로 육체이탈을 체험하는 경우도 있다. 일부
생리학자는 모든 저산소증―뇌 속 산소 부족증―환자가
일관된 줄거리를 지닌 환각을 겪을 가능성이 있다고 주장했
다. 또 어떤 전문가들은 육체이탈 체험이 오로지 심리적인
요인을 갖고 있다고 말한다. 즉 죽음을 부정하는 수단이라
는 것이다. 삶과 죽음을 연결하는 다리 역할을 하는 또다른
의식 상태라고 말하는 이들도 있다.

마약 *Drugs*

17세기 말에 유명한 영국 내과의사 토머스 시데넘은 "인류의 고통을 덜어주고자 아편을 주신 자비로운 하나님께 감사의 마음을 금할 수 없다"고 말했다. 강력한 환각제 가운데 상당수는 자연에서 얻은 것이다. 부포테닌은 광대버섯(왼쪽 위)에 들어 있다. LSD는 원래 밀과 소맥과 호밀에 기생하는 균류인 맥각에서 추출한 것이다. 메스칼린은 페요테 선인장에 들어 있다.

그런데 오늘날 만일 시데넘처럼 아편을 찬미하는 의사가 있다면 의사 면허를 박탈당할 것이다. 또한 죽어가는 환자에게 모르핀 주사를 놔주지 않은 사례가 있다는 게 최근 연구에서 밝혀졌다. 위와 같은 비교가 유익한 건, 인간이 마음에 변화를 주는 약물과 애증 관계에 있음을 보여주기 때문이다. 마약은 고통을 덜어주거나 우리를 새로운 차원의 의식에 이르게 해주는 한편, 몸과 마음을 퇴화시킨다는 점에서 두려움을 주는 악마 같은 존재이다.

오늘날 우리가 마약에 대해서 이토록 혼란을 느낀다는 건 이상한 일이 아닐 수 없다. 인류는 마약의 유용과 오용에 관한 경험이 매우 풍부하기 때문이다. 유사 이래로 인류는 변화된 의식 상태에 이르고자 줄곧 마약을 복용했다. 기원전 4000년의 수메르 서관은 아편을 언급하고 있다. 기원전 2700년의 중국인들은 마리화나의 효력을 알고 있었다. 중앙아시아에선 최소한 기원전 1000년부터 환각 성분을 얻고자 버섯과 선인장을 먹었다. 고대사회에서 마약은 대체로 의식이나 제의에 쓰였고, 때로는

전쟁에 대비하여 마약을 복용했다. 어떤 역사가들은 바이킹이 전쟁에 광분한 부분적인 이유가 광대버섯을 즐기는 식습관에 있었다고 말한다. "암살단(assassin)"은 아랍어에서 마리화나의 일종인 해시시(hashish)와 어원이 같다. 이들은 12세기 페르시아와 시리아의 전사 집단인데, 살인을 저지르기 전에 마리화나를 피운다는 소문이 있었다. 스스로 용기를 북돋우거나, 자기 자신과 자신의 행동을 분리시키는 효과를 얻기 위한 목적으로 여겨진다.

오늘날도 많은 약물이 현실로부터 도피하고, 금기를 잊고, 접촉할 수 없는 것에 접촉하기 위해서 쓰이고 있다. 지난 50

년 안쪽에 인류는 기분, 행동, 의식에 영향을 주는 다량의 향정신성 약물에 노출되었다. 어떤 이들은 이런 물질이 육체와 정신의 문제를 단번에 해결해준다고 믿기에 이르렀다. 의료계는 마약에 대한 이런 견해를 만드는 데 일조했다. 특히 1970년대 의사들은 우울증과 불안에 시달리는 이들에게 항울제와 진정제를 처방하는 걸 통해서, 향정신성 약물 상용을 정착시키는 데 기여했다. 온갖 사회적 필요에 의해서 근년 들어 마약 복용 — 적법성 여부와 무관하게 — 이 급증했으며, 오늘날 우리는 마약 문화 속에서 살고 있음을 인정하지 않을 수 없다.

의식에 영향을 주는 약물은 네 가지 부류 — 마취제, 진정제, 홍분제, 환각제 — 로 나눌 수 있다. 제각각 뇌에 다른 방식으로 작용하며 심리에 미치는 영향에 차이가 있다. 마취제는 건조한 양귀비 수지에서 추출하거나 수지의 화학성분을 합성한 것이다. 헤로인, 코데인, 모르핀이 아편제이다. 이런 약물은 통증을 죽이는 특성 때문에 한때 의료용으로 쓰였으며, 코데인과 모르핀은 오늘날에도 여전히 처방이 이루어진다. 또한 같은 이유에서 불법으로도 유통된다. 헤로인은 불안을 가라앉히고 일시적인 행복감을 만드는 걸 통해서 "황홀감"을 느끼게 해준다.

마취제는 뇌의 천연 진통제 엔도르핀과 구조가 흡사하다. 엔도르핀은 뉴런 사이를 이동하는 신경전달물질이다. 엔도르핀 분자는 아편 모양의 수용체와 결합하기에 적합한 크기와 형상을 갖고 있는데, 이 과정에서 통증을 막고 쾌감을 만들어낸다. 마취제 또한 아편 모양의 뉴런 수용체와 결합하여 복용자의 행복감을 높여준다.

그러나 마취제를 상용할 경우엔 고통과 심리 교란이 빚어진다. 뇌는 외부에서 진통제를 공급받는 일에 익숙해져서 갈수록 엔도르핀 생산량을 줄인다. 상용자는 계속 복용량을 늘여 부족분을 메우게 되는데, 결국 과용의 치명적인 위험에 직면하게 된다. 마취제 효과가 점점 떨어지면서 뇌는 천연 진통제와 인공 진통제 모두의 결핍을 느낀다. 그 결과 상용자는 위경련, 구토, 심한 두통 같은 고통스러운 금단 증상을 겪는데, 이럴 때 다시 화학성 "마약주사"를 맞으면 증상을 쉽게 누그러뜨릴 수 있다. 약물로 인한 초기의 "황홀감"은 곧 사라지

고, 자동으로 반복되는 마약 탐닉에 사로잡히게 된다. 19세기 작가 토머스 드 퀸시는 아편 중독자가 된 체험담을 최초로 상세히 묘사한 사람으로, 이 내용은 『영국인 아편쟁이의 고백 *Confessions of an English Opium-Eater*』(1821)에 담겨 있다.

진정제는 발륨처럼 처방이 가능한 트랭퀼라이저와 세코날 같은 바르비트루산염을 포함하는데, 불안을 줄여주고 불면증을 치료하는 데 쓰인다. 그런데 가장 널리 쓰이는 진정제는 알코올이다.

수많은 나라에서 알코올을 마시며, 알코올에 관대하며, 심지어 활발하게 거래된다. 따라서 알코올이 중독성을 지닌 약물이라는 사실을 간과하기 쉽다. 여러 가지 이유에서 사람들은 알코올이 신체와 사회에 일으키는 광범위한 문제들을 무시하는 경향이 있다. 알코올이 뇌에 미치는 심리적 영향은 매우 복잡하다. 적당한 음주는 긴장과 억압을 누그러뜨려서 기분이 "고조되는" 느낌을 갖게 해준다. 하지만 과음은 신경 과민과 기분의 현저한 변화 등을 유발하여 기분이 "저하되는" 느낌을 갖게 만든다. 1995년의 살인범 연구에 의하면, 낯선 사람을 살해한 사건은 대부분 술이나 약물에 취한 상태에서 자행된 것이었다.

보통 때 우리가 맑은 정신을 유지하는 건, 뇌신경 활동에 대한 자극과 억제가 섬세한 균형을 이루기 때문이다. 알코올은 두 가지 작용을 모두 억압하지만, 먼저 영향을 받는 건 억제 작용이다. 처음에 술을 몇 잔 마시면 흥분을 느끼는 건 이런 이유에서이다. 그런데 그 순간이 지나면 알코올은 뉴런의 자극 활동을 억압하기 시작한다. 이때부터 우리는 기분이 "저하되는" 걸 느끼기 시작하며, 종종 꽤 오랜 시간 동안 이런 상태가 지속된다.

흥분제는 암페타민, 코카인, 니코틴, 카페인 같은 약물이다. 정도의 차이가 있지만 한결같이 도취감을 만들어내며, 경각심과 기력을 향상시키고 자신감을 고양시킨다. 증거가 다소 빈약하지만, 인식력이 작용하는(즉 생각하는) 업무 수행력을 향상시킨다는 주장도 있다. 흥분제는 노르아드레날린(노르에피네프린), 도파민, 세로토닌 같은 뇌 속의 신경전달물질의 방출을 촉진하거나(또는 이런 물질의 활동 시간을 늘리거나), 뇌의 천연 흥분제에 속하는 아데노신의 활동을 방해한다(가령 카페인은 뇌 속의 천연 "진정제" 아데노신의 활동을 억압한다).

코카나무 잎에서 추출하는 코카인은 가장 강력한 천연 흥분제이며, 아주 오랜 옛날부터 사용되었다. 이 약물은 행복감을 만들어낼 뿐 아니라, 특히 남성의 경우에 성욕 항진제 역할을 한다. 그러나 코카인은 위험한 요소를 갖고 있다. 중독성이 매우 높아서, 코카인을 상용하면 내성이 생기기 때문에 갈수록 많은 양을 필요로 하게 된다. "황홀감"을 느낀 뒤엔 신경과민과 우울증을 겪어야 하며, 지각 뉴런이 걷잡을 수 없이 흥분하므로 장기간 복용은 환각을 유발한다(환각 중엔 코카인 "버그"가 있는데, 살갗 속에서 벌레가 구물구물

12단계 프로그램

알코올중독자치료협회(AA)와 마약중독자치료협회 같은 단체의 12단계 프로그램은 약물 남용 문제, 그리고 도박을 포함한 중독으로 고통을 겪는 이들에게 도움을 준다. 이런 단체는 자조(自助) 모임이다. 회원들은 서로 협력하여 의지할 수 있는 환경을 만들어내서, 이런 환경 속에서 중독 증세에 적응하면서 결국 중독을 극복하게 된다. 대체로 일주일에 세 번에서 다섯 번 집회에 참석한다. 12단계는 중독을 제어하는 방법을 터득하기 위해서 도달해야 하는 자기 인식 단계를 의미한다.

움직이는 듯한 섬뜩한 느낌이다).

환각제는 내면과 외부세계를 인식하는 방식에 큰 변화를 일으킨다. 소리와 색채가 변하거나 한층 강렬해진다(가령 메스칼린을 복용하면 시야 전체의 명암이 비슷해지는 일이 종종 벌어진다). 또한 시간 인식에 심한 영향을 미쳐서 몇 시간을 몇 분으로 느끼게 된다. LSD(리세르그산 디에틸라미드), 엑스터시(MDMA) 같은 환각제를 복용하면 종종 자의식이 줄어드는데, 마치 자신이 주위 환경과 융합되는 느낌이 들 정도이다. 어떤 복용자는 자아와 영혼에 대해서 깊고 의미심장한 통찰력이 생긴다고 주장한다. "여행"(환각 체험)이 늘 즐거운 건 아니다. 방향감각 상실증과 편집증에 빠지게 되면서, 위험한 수준으로 공포가 심해지는 이들이 있다.

LSD 같은 환각제는 심리에 해롭다는 게 일반적인 인식이지만, 어떤 정신과의사들은 이런 약물이 보통 때는 차단되어 있는 부분의 의식에 접근하게 해준다고 믿는다. LSD 사용을 허가받은 마지막 의사는 레이덴 대학 정신병학 교수 얀 바스티안스였다. 그는 1950년대 인도네시아의 사악한 전쟁에서 전투를 마치고 돌아온 네덜란드 군인들을 치료했다. 많은 퇴역군인이 정상생활 복귀에 어려움을 느꼈다. 자신이 목격한 잔혹행위의 기억을 무의식 속으로 억압하거나 묻어버렸기 때문이다. 바스티안스는 억압된 내용물을 해방시키고자 LSD를 투약했다. 여러 사례에서 이 약물이 방어 심리를 누그러뜨려 치료를 가능하게 해준다는 게 밝혀졌다. 그러나 오늘날 의료계에선 정신병 치료에 환각제를 사용하는 걸 용납하지 않는다. 부작용의 위험성이 매우 높기 때문이다.

암시의 위력 *The Power of Suggestion*

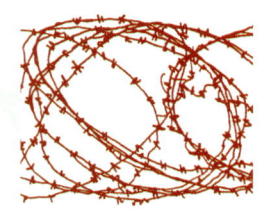

우리의 사고방식은 자신이 활동하는 사회 환경에 영향을 받는다. 우리는 때때로 다른 사람들한테 압력을 받음으로써, 그들의 관점에서 사물을 바라보거나 이전과 다른 방식으로 행동하게 된다. 모든 사람이 외부의 암시에 걸리기 쉬운 성향(암시 감응성)을 어느 정도 지니고 있다. 우리 모두는 이런저런 사회규범에 굴복하며, 대규모 집단에서 일하는 이들은 공동체 "정신"에 의해 행동이 결정되는 경우가 많다. 심리학의 암시 감응성 연구를 보면, 한 가지 이상의 과정이 동시에 작용한다는 걸 알 수 있다.

두 가지 간단한 실험은 서로 다른 상황을 통해서 암시의 위력을 보여준다. 첫번째 실험은 권력을 지닌 사람을 대하는 실험대상자의 반응을 관찰하는 것이다. 실험자는 실험대상자에게 같은 암시를 반복해서 들려준다. 가령 그의 몸이 흔들리고 있다고 말하면, 곧이어 실제로 그의 몸이 흔들리기 시작한다. 모든 사람이 이런 암시 감응성(때때로 제1차 암시 감응성이라 부른다)이 민감한 건 아니며, 신경증 환자는 "정신이 온전한" 사람보다 쉽게 암시에 굴복한다. 1950년대에 이루어진 또다른 유명한 실험에서 사회심리학자 솔로몬 애시는 집단 정신역학을 관찰했다. 그는 7명에서 9명에 이르는 실험대상자 집단에 직선 세 개가 담긴 카드를 보여주었다. 뒤이어 그들에게 또다른 카드에 그려진 기준선과 길이가 같은 직선을 골라보라고 주문했다. 이 질문의 정답은 명확했다—누가 보더라도 직선 한 개가 기준선과 길이가 똑같았

다. 그런데 집단 구성원 가운데 한 명만 제외하고 나머지는 모두 "첩자"였다. 이들에겐 틀린 답을 말하도록 미리 지시를 내려놓았던 것이다. 이 실험의 핵심은 진실한 실험대상자—집단에서 유일하게 "순진한" 구성원—가 어느 선까지 다른 구성원들의 의견을 따르는지 측정하는 것이었다. 연구원들은 네 사람 가운데 한 사람만이 집단의 의견에 시종일관 맞선다는 걸 알아냈다. 암시의 위력이 신체 감각의 증거를 유린할 때가 있음을 입증한 사례였다. 불찬성자가 한 사람밖에 안 될 경우에도 집단 의견에 순응할 것을 강요하는 압력은 약해진다. 심지어 반대자의 견해가 틀린 것일지라도, 실험대상자는 여전히 편안한 마음으로 자신의 견해를 밝힐 것이다.

애시의 실험은 실생활에서 유사한 경우가 드문 인위적인 것이다—그러나 순응을 강요하는 압력이 우리의 지각을 침해하는 게 가능한 일이라면, 일상생활에서 우리가 행하는 도덕적 사회적 판단(우리는 대체로 이런 판단에 대한 확신이 부족하다)은 위와 비슷한 압력, 또는 그보다 큰 압력에 좌우될 게 분명하다.

암시 감응성은 특히 경찰 심문실 같은 환경에서 지대한 영향을 미칠 수 있다. 1970년대 범죄심리학자들은 암시의 위력에 흥미를 느끼고, 진행 과정이 명확한 일련의 소송을 주의 깊게 연구했다. 피의자들에게서 부당한 방법으로 자백을 이끌어냈다는 이유에서 경찰이 피소된 소송이었다. 혐의자

들은 미심쩍은 수단으로 이끌어낸 자백 증거에 의해서 유죄 판결을 받았고, 항소 결과 판결이 취소되기 전까지 몇 년 동안 수감 생활을 했다. 항소의 기본 내용은 자백을 행한 마음 상태에 관한 것이었다. 피의자들은 자신이 죄를 저질렀다는 얘기를 반복해서 들었고, 결국 그들 가운데 몇 명은 그게 사실일지도 모른다는 생각을 하게 되었다. 어떤 혐의자들은 심지어 잠과 햇빛과 음식을 박탈당하고 매를 맞았던 걸로 전한다. 그들은 암시 감응성이 매우 민감해져서, 경찰 쪽에서 기대하는 얘기를 앵무새처럼 되뇌었던 걸까? 일부 사례에선 이런 추정이 옳은 걸로 여겨졌다. 나중에 이들이 보고한 내용에 의하면, 범죄사건 당시에 자신이 어떤 행동을 했으며 어디에 있었는지에 대한 확신이 없어졌다고 말했다.

영국경찰재단의 배리 어빙이 지적했듯, "성공적인 심문에 기여하는 주된 심리적 요소는 은밀한 환경, 즉 심문받는 이와 단둘이 있는 상황이다"(이런 상황의 성공적인 심문은 자백으로 귀결된다). 어떤 혐의자들은 자신에게 유죄 판결이 내려지리라는 걸 잘 알면서도 이런 상황에서 한층 쉽게 암시에 말려든다. 그러나 모든 혐의자가 압력에 굴복하는 건 아니다. 지슬리 거드저드슨은 『심문과 자백과 증언의 심리학 *The Psychology of Interrogations, Confessions and Testimony*』(1992)에서, 자신이 하지 않은 일을 했다고 자백하게 만드는 요인이 여럿 있음을 밝혀냈다. 낮은 지능, 심한 불안, 기억 무능력 등이 여기에 포함된다. 순응하는 성향, 맞서길 꺼리는 성향 같은 성격 요인도 있을 것이다.

신체 언어 *Body Language*

말이 진실한 감정을 숨길 때가 있다는 건 잘 알려진 사실이다. 거짓말에 대한 얘기가 아니라, 너무 긴장하거나 겁먹거나 당황하면 진실을 입에 올리기 어렵다는 얘기이다. 이런 상황에서 진실은 종종 비언어적인 형태로 모습을 드러낸다. 자세 변화, 제스처, 경련, 얼굴 표정이 좋은 예이다.

어떤 이들은 인간의 신체 언어와 다른 동물들의 감정전이 행동을 비교했다. 감정전이 행동은 콘라트 로렌츠와 니콜라스 틴버겐 같은 동물행동학자들이 개발한 개념이다. 기본적으로 동물이 성 에너지나 공격적인 에너지를 방출하고자 취하는 행동을 의미하는데, 여러 본능이 서로 갈등할 경우에 종종 이런 일이 벌어진다. 동물은 새로운 짝을 얻고자 싸우고 싶으면서도 경쟁자가 덩치가 클 때 달아나고 싶은 충동을 느낀다. 그래서 싸우는 것 대신에 폴짝 뛰거나 주둥이로 땅을 파헤친다. 인간 역시 감정전이 행동을 보인다. 누군가를 때리는 것 대신에 주먹을 꼭 쥐거나 손톱을 물어뜯는다. 불안을 느끼지만 내색하고 싶지 않을 때, 자신이 불안해한다는 사실조차 알아차리지 못할 때, 계속 자기 얼굴을 만지거나 발뒤꿈치를 맞붙인다.

비언어적 의사소통의 가장 중요한 통로는 시선 접촉이다. 강렬한 시선 접촉은 생리기능에 분명한 영향을 미친다―맥박 속도를 증가시키고 피부 저항(거짓말 탐지기 검사에서 사

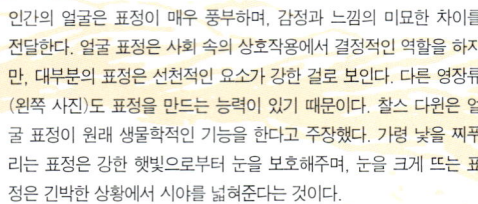

인간의 얼굴은 표정이 매우 풍부하며, 감정과 느낌의 미묘한 차이를 전달한다. 얼굴 표정은 사회 속의 상호작용에서 결정적인 역할을 하지만, 대부분의 표정은 선천적인 요소가 강한 걸로 보인다. 다른 영장류(왼쪽 사진)도 표정을 만드는 능력이 있기 때문이다. 찰스 다윈은 얼굴 표정이 원래 생물학적인 기능을 한다고 주장했다. 가령 낮을 찌푸리는 표정은 강한 햇빛으로부터 눈을 보호해주며, 눈을 크게 뜨는 표정은 긴박한 상황에서 시야를 넓혀준다는 것이다.

용하는 스트레스를 재는 척도)에 변화를 일으킨다. 그런데 시선 접촉은 사회 환경에 따라서 제각각 다른 의미를 내포한다. 직장 같은 계급 조직 속에서 강렬한 시선 접촉은 우월감이나 적개심을 나타내며, 시선을 피하는 건 나약함이나 회피를 나타낸다. 그러나 로맨틱한 상황에서 시선 접촉은 서로 한층 친밀한 관계로 발전할 것임을 예고한다. 수많은 대중서적에서 자세 반영―두 사람이 서로 상대의 자세를 모방하는 경우―같은 문제를 탐구했다. 일반인들은 신체 언어가 전달하는 인상에 대한 지식이 늘어나면, 일정한 신체 언어를 "취하는" 동시에 다른 신체 언어를 숨기려 할 것이다.

신체 언어 문법은 문화권마다 상당 부분 차이가 있다. 가령 서유럽과 미국 사람들은 정면 대화에서 상대방이 2피트(60센티미터)의 "사적 공간"을 존중해줄 것으로 기대한다. 따라서 이들은 사적 공간이 이보다 좁은 남미 사람과 대화를 나눌 때 위협을 느낄 것이다. 마찬가지로 일본인들의 '오모이야리' 또는 감정이입 습성―무조건 다른 사람의 욕구를 이해하기

 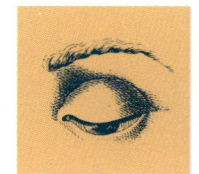 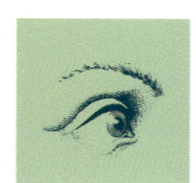 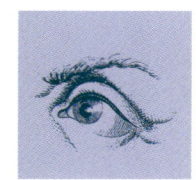 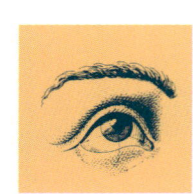 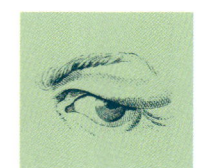

위해서 신경을 집중하는—은 서양인들의 눈에 자신감이 결여된 태도로 보일 것이다. 하지만 어떤 비언어적 소통방식은 한층 보편성을 지니고 있다. 가령 협박하는 얼굴 표정, 그리고 호의적인 얼굴 표정은 문화권마다 형태는 달라도 누구나 쉽게 알아챌 수 있다.

비언어적 행동 연구는 흔히 생각하는 것보다 역사가 오래되었다. 찰스 다윈은 수많은 종의 찌푸린 표정과 제스처를 연구했으며, 1872년에 발표한 『인간과 동물의 감정 표현 *The Expression of Emotions in Men and Animals*』에서 웃음 같은 인간 특성은 유인원 조상의 표정에서 발달했다고 주장했다. 1960년 시점에서 비언어적 의사소통 연구는 여전히 대학 심리학과에 한정되어 있었다. 그러나 오늘날 우리는 제스처와 몸자세의 중요성을 잘 알고 있다. 이런 개념에 대한 인식은 행동방식과 사고방식에 영향을 미치며, 포스트모던 생활의 흥미로운 특성—심리학 지식이 실제로 의식에 변화를 미치는—을 보여준다.

마음과 초자연 현상 *The Mind and the Paranormal*

우리는 보통 때의 의식을 통해선 미래를 예언할 수 없으며, 손대지 않고 물건을 움직이거나 봉투를 뜯지 않고 내용물을 알아맞힐 수 없다. 그런데 초자연적인 의식 상태로 들어가서 위와 같은 비범한 묘기를 부릴 수 있음을 보여주는 사례들이 있다. 기존의 모든 물리학 법칙에 맞서서 정보나 에너지를 전달하여 그런 묘기를 부린다는 것이다. 텔레파시, 예지, 투시, 염력을 포함하는 가상의 마음 현상을 통칭하여 "초자연 현상"으로 부른다.

신비주의자들은 오래 전부터 숨겨진 마음의 힘에 대해서 주장했지만, 초자연 현상을 면밀히 연구하기 시작한 건 1882년 ─ 영국 심령연구협회가 창립된 해 ─ 에 이르러서였다. 저명한 물리학자 올리버 로지 경, 심리학자 윌리엄 제임스, 셜록 홈스를 만든 아서 코넌 도일 경이 참여한 이 협회는 과학적인 방법으로 초자연 현상을 연구했다. 영생의 증거, "혼령"이 "다른 세계"로부터 신호를 보낸다는 증거를 찾기 위해서였다. 이러한 목표를 감안할 때, 많은 과학자가 그들이 발견한 내용에 의혹을 품은 건 놀라운 일이 아니다. 협회에서 연구한 무당 가운데 일부는 뻔뻔스러운 사기꾼으로 밝혀졌다. 그럼에도 그때 이후로 협회는 높은 수준의 연구를 유지하는 데 성공했으며, 지난 세기의 실험에서 이따금 주목할 만한 성과를 이루어냈다.

초자연 현상 연구에서 "가장 뛰어난" 증거는 텔레파시와 염력(念力)에 관한 것이다. 텔레파시는 다른 사람에게 곧바로 자신의 생각을 전달하는 현상이며, 염력은 마음이나 초자연적 작용의 힘으로 멀리 떨어진 사물을 움직이는 능력이다.

초감각적 지각(ESP)에 대한 첫번째이자 여전히 가장 영향력을 발휘하는 실험은 생물학자 조지프 라인이 행한 것이었다. 그는 1930년대에 미국 듀크 대학에서 ESP 연구에 전념하는 학과의 책임자였다. 그는 간단한 방법을 사용했다. 실험대상자 ─ 수신자 ─ 를 방에 홀로 놔두고, 다른 방에서 또다른 사람이 25장짜리 카드를 고르게 했다. 제너 카드라고 부르는 이 카드엔 단순한 기하학 무늬가 새겨져 있었다. 한 벌 속에 같은 무늬의 카드가 다섯 장씩 들어 있었다. 수신자는 다른 방 사람이 뒤집은 카드를 추측하거나 어떻게든 "알아내야" 했다. 라인의 초기 실험 결과는 놀라운 것이었다. 매우 긍정적인 결과가 나왔기 때문이다. 일반적인 추측으로는 다섯 번에 한 번꼴로 "적중"하게 돼 있는데, 수신자들은 시종일관 이보다 높은 적중률을 보였다. 또한 일련의 테스트에서 휴버트 피어스라는 실험대상자는 25장의 모든 카드를 연속으로 정확하게 "알아맞혔다". 라인의 실험은 일부러 또는 부지불식간에 카드 정보가 수신자에게 미리 전달되었을 거라고 의심하는 이들에 의해서 비판을 받았다. 그러나 그 결과의 진실성 여부를 떠나서, 같은 연구소에서 실험한 다른 심리학자들은 라인의 긍정적인 결과를 재현해내지 못했다. 과학자들은 어떤 실험실의 발견이든 반복 가능성 테스트가 매우 중요하며, 실패는 결과의 타당성에 대한 심각한 의혹을 불러일으킬 수밖에 없다고 믿는다. 하지만 ESP 옹호자들은 이런 비판이

설득력이 없다고 주장한다. 초자연 현상은 마음대로 반복할 수 있는 게 아니며, 강렬한 감정이나 개인적인 절박함을 통해서 생겨난다는 것이다. 이들은 초(超)분석으로 알려진 기법에 동조한다. 각 실험 결과의 반복 가능성을 주장하기보다는 해당 실험대상자에 대한 모든 연구를 제각각 서로 다른 단위로 간주한다. 특정한 실험대상자에 대해 통계학적으로 의미 있는 횟수의 연구를 되풀이한다면 과학적 타당성을 입증하는 데 성공할 수 있으리라는 게 초분석 옹호자들의 주장이다.

확실한 입증이 불가능하므로 진정한 증거로 간주할 수는 없지만, 텔레파시 현상으로 보이는 실제 사례가 많다. 한 가지 대표적인 사례를 들어보자. 어느 날 조이시 허스는 위스콘신의 세다버그에서 접시를 닦고 있었다. 그녀의 아들과 남편은 최근에 개봉한 디즈니 영화를 보러 외출했다. 몇 분 뒤에 딸이 파티에서 돌아왔다. 딸 역시 영화를 보고 싶어했다. 어머니는 딸에게 외출한 가족들을 쫓아가라고 말하고, 길을 건널 때 조심하라고 주의를 주었다. 딸이 집을 나선 지 몇 분 지나서 허스 부인은 지독한 오한을 느꼈다. 어쨌든 그녀는 딸이 다쳤다는 걸 알아챘다. 당황하여 극장에 전화를 걸었고, 딸이 극장 바로 앞에서 차에 치였다는 걸 알았다. 딸의 두려움과 감정이 너무 강렬해서 어머니에게 전달되었던 걸까? 또는 사건에 대해서 알게 된 이후에 허스 부인이 무의식적으로 이야기를 구성해낸 걸까?

투시(透視)라는 초자연 현상은 일반적인 방법으로는 접근하기 힘든 지식을 알아낸다는 점에서 텔레파시와 연관이 있다. 그런데 텔레파시와 달리 당사자 이외엔 아무도 같은 지식을 소유할 수 없다. 가령 내가 카드 한 벌을 섞은 뒤에, 맨 위의 카드를 뒤집어서 바라본다고 가정해보자. 당신이 "내 마음을 읽어내는" 걸 통해서 그 카드가 어떤 건지 알아낸다면 그게 바로 텔레파시이다. 그러나 카드를 뒤섞은 뒤에 아무도 카드를 뒤집어보지 않았는데 당신이 맨 위에 놓인 카드의 정체를 알아낸다면, 그건 투시라고 말할 수 있다.

염력(정신력으로 사물을 움직이는 일)의 실험실 증거는 텔레파시 못지않게 의혹을 불러일으킨다. 많은 경우에 실험

방법과 통계 분석과 실험자의 정직성이 의심을 자아내며, 실험 결과가 신뢰성 있게 반복되지 않는 경우가 너무 흔하다. 그러나 염력 또한 실제 사례에서 보여주는 증거는 강력한 호소력을 지니고 있다 — 진짜인지는 알 수 없지만 손을 대지 않고 숟갈을 구부리는 유리 겔러의 능력은 전 세계에 알려져 있다. 그리고 분명한 이유 없이 사물이 움직인다거나, 어린이나 젊은 여성이 "무의식적인" 염력을 갖고 있다는 식의 유령 얘기 같은 사례가 엄청나게 많다. 그런데 텍사스 샌안토니오 마음과학재단의 헬무트 슈미츠 박사의 연구 결과는 언젠가 만족스러운 설명이 제시되리라는 걸 예고한다. 그는 한 개의 방사성 동위원소 스트론튬 90을 붕괴하는 방법을 사용

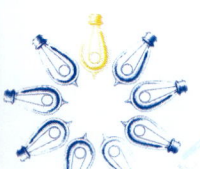

하여 무작위로 숫자를 고르는 기계를 작동했다. (물리학자들이 입증했듯이, 화학적 수단이나 물리적 수단을 통해서 방사능 붕괴 속도에 영향을 주는 건 불가능한 일이다.) 이 기계는 둥근 원으로 배열한 아홉 개의 전구와 연결되었다. 기계가 양수를 고르면 전구들은 시계 방향으로 하나씩 불이 들어오고, 음수가 나오면 반대 방향으로 불이 들어오게 돼 있었다. 이 기계 앞에 실험대상자를 앉히지 않았을 경우에 불이 들어오는 방향은 예상했던 대로 전혀 일정한 규칙이 없었다. 그러나 실험대상자에게 시계 방향이나 반대 방향으로 전구 불이 들어오도록 신경을 집중하라고 주문했을 땐 상황이 달라졌다. 실험대상자가 원하는 것과 다른 방향으로 불이 들어오긴 했지만, 많은 실험대상자들이 전구 불을 조종하는 능력을 지닌 것처럼 보였다. 어떤 초심리학자들은 마음이 원자보다 작은 미립자에 영향을 줄 수 있음을 보여주는 실험이라고 주장했다. 이 실험을 비판하는 이들조차 이런 결과가 나온 이유를 제대로 설명하지 못한다.

예지(豫知)는 미리 어떤 일이 벌어질지 예측하는 현상이다. 이 경우에도 많은 증거가 있다—사실상 대부분의 사람이 한두 번쯤 예지의 느낌을 경험한 적이 있다. 이후에 벌어질 일을 꿈에서 보았다고 말하는 사람을 주위에서 흔히 볼 수 있다. 대중 언론매체에서 심령술사들은 매년 그해에 벌어질 일을 예언하는데 대부분 틀린 예언으로 판명난다. 지금부터라도 실험실에서 두루 만족할 만한 수단을 동원하여 예지를 검증해야 할 것이다.

토끼의 텔레파시

냉전시대에 소련에선 토끼의 텔레파시에 관해서 기괴한 실험을 했다. 어린 토끼들을 어미한테서 떼어내서 잠수함에 태워 물 속으로 데리고 들어갔고, 그동안 어미들은 계속 물에 남겨두었다. 미리 정한 시간에 맞추어 수심 수백 피트 속에서 어린 토끼들을 죽였다. 수천 마일 떨어진 곳에서 초심리학자들은 어미 토끼의 뇌파를 추적했는데, 새끼가 죽는 순간 뇌파 형태가 눈에 띄게 일그러졌다. 이 실험은 마르크스 심리학의 한 가지 모순을 보여준다. 마르크시즘은 인간이 영혼이 없는 사회적 동물이라고 주장하는데, 마음의 비물질적 측면을 부정할 경우엔 초자연적 현상은 존재할 수 없다.

회의론이 널리 퍼져 있지만, 여러 분야 전문가들은 ESP 같은 초자연 현상에 대한 주장을 완전히 무시할 수는 없다고 믿는다. 부정적인 견해—초자연 현상은 존재하지 않는다는—를 입증하기 어렵다는 게 한 가지 이유이다. 초자연 현상은 계속해서 대중의 관심을 사로잡고 있다. 또한 일부 법집행기관에선 도둑맞은 물건이나 유괴당한 사람의 소재를 알아내고자 심령술사의 의견을 참조하며, 이들이 제시한 단서를 열심히 추적한다.

과학자들은 근거가 확실하건 불확실하건 초자연 현상에 관한 모든 주장에 반대한다. 많은 주장이 지나치게 고지식하며, 오로지 사례 증거에 의지하는 주장도 적지 않다. 뿐만 아니라 제임스 랜디 같은 마술사는 우리에게 친숙한 무대 마술을 통해서 수많은 초자연 현상을 만들어낼 수 있음을 보여주었다. 그러나 초자연 현상에 관한 반박하기 힘든 증거를 제시하려면, 기존의 마음 이론 가운데 상당 부분을 완전히 새로 쓸 필요가 있다. 그리하여 뇌의 생물학에 대해서 오늘날 통용되는 정설에 도전해야 한다. 바로 이런 이유에서 대부분의 과학자는 초자연 현상 연구에 대해서 매우 비판적인 태도를 보이는 경향이 있다.

한 세기 동안 실험이 행해지고 강력한 주장이 많이 제기되었지만, 초자연 현상이 존재한다는—또는 존재하지 않는다는—결정적인 증거는 없다. 따라서 우리로선 계속 마음을 열어놓는 동시에 회의적인 자세를 적절히 유지하는 게 좋을 것이다.

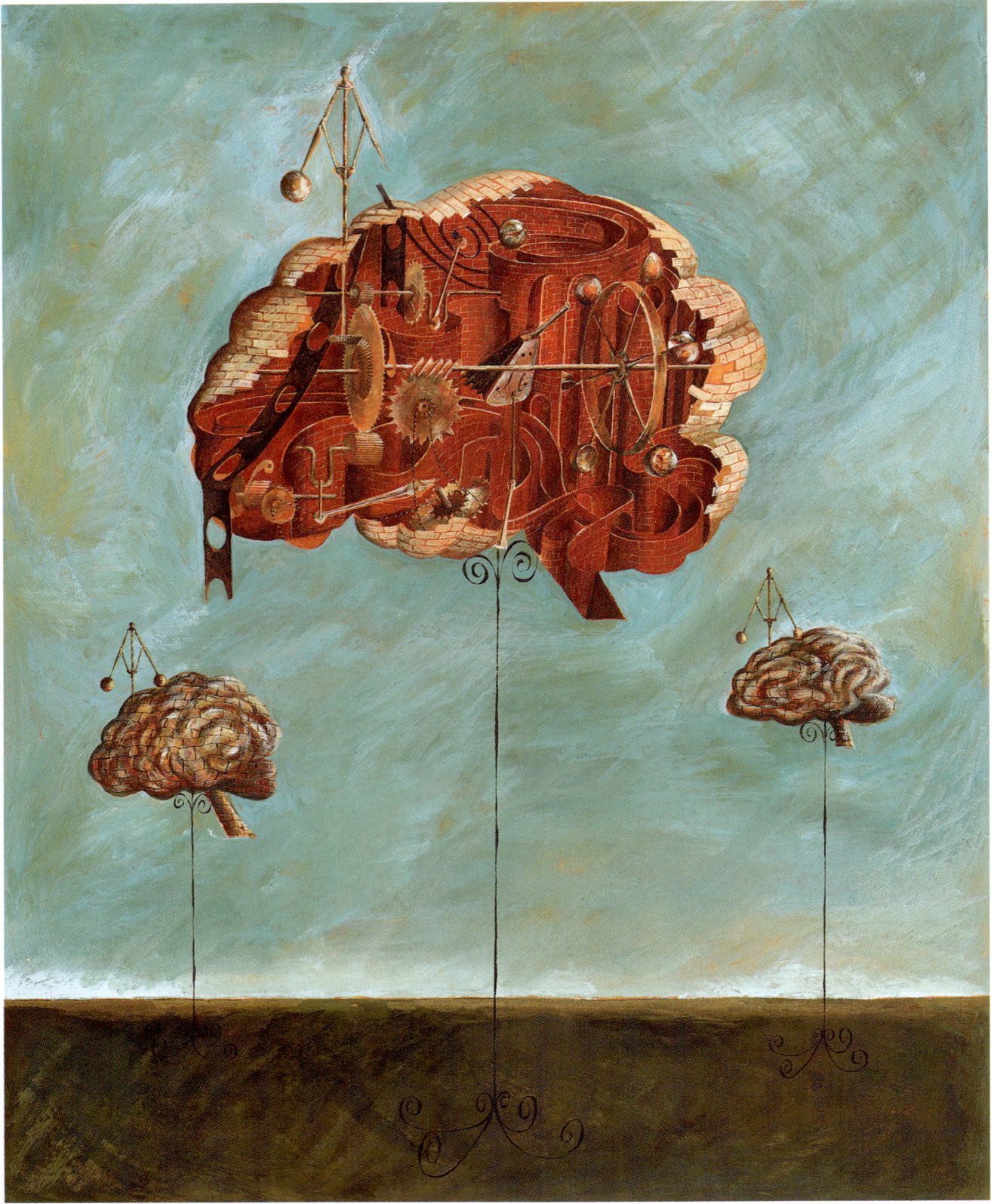

포위공격을 받는 마음
The Mind under Siege

인간은 광기에 매혹을 느낀다. 망상, 정신착란, 폭력 같은 테마는 할리우드 영화의 기본 소재이다. 그런데 광기에 대한 관심은 전혀 새로운 것이 아니다. 2000여 년 전에 아리스토텔레스는 천재성이 대부분 광기를 띤다는 데 주목했으며, 서기 1세기에 카파도키아의 내과의사 아레타이오스는 『질병의 원인과 징후 *De Causis et Signis Morborum*』에서 오늘날의 정신과의사들도 인정하는 여러 정신병을 잘 분류해놓았다.

우리가 정신장애에 매료되는 이유는 크게 두 가지이다. 하나는 공포에 대한 애정, 또 하나는 "진정한" 자아를 제어하는 능력 상실에 대한 두려움과 매혹이다. 우리는 다른 사람의 광기에서 자신의 모습을 본다. 누구나 정신이 "돌" 수 있다. 과거 어느 때보다 가능성이 높은 얘기이다. 평균 수명이 늘었을 뿐 아니라, 통계에 의하면 85세가 넘는 사람의 20퍼센트가 이런저런 형태의 치매를 앓기 때문이다.

수많은 위대한 예술가들이 광기와 광기가 보여주는 인간 조건의 내용에 흥미를 느꼈다. 엄청나게 많은 셰익스피어 연극 주인공―햄릿, 오필리어, 리어 왕, 맥베스 부인, 맥베스―이 광인에 가까운데, 셰익스피어는 광기에 진실이 담겨 있다고 여긴 게 분명하다. 제1차 세계대전과 제2차 세계대전 사이에 유럽에서 융성한 초현실주의 운동의 여러 작가와 화가들도 같은 믿음을 지니고 있었다. 프로이트의 작업과

TYPES OF INSANITY.

19세기 사람들은 정신병 분류에 대단한 흥미를 느꼈다. 어떤 심리학자들은 환자의 외모에 바탕을 둔 유형학(위 그림)을 제안했다.

정신분석 운동에 영향을 받은 살바도르 달리(1904~1989) 같은 화가는 광기에 들린 것처럼 행동했다. "초현실" 속에서 의식과 무의식을 통합하기 위해서였다.

사회는 여러 단계의 광기에 흥미를 느끼면서도 "광인"을 가혹하게 대했다. 악마가 들린 결과라는 주장―1650년 이전까지의 기독교 학자들의 관점―과 질병에 희생된 결과라는 주장 중에서 어느 쪽이 당대의 공식적인 견해이건 마찬가지였다.

정신병자들에 대한 오랜 세월의 무심한 대우는 사회의 두려움과 오해를 반영한다. 여러 세기에 걸쳐서 사람들은 악령이 들려서 광기가 생기며, 적절한 치료법엔 과격한 수단이 포함된다고 믿었다. 이런 수단은 두개골에 구멍을 뚫어 출구를 만드는 것부터 굶기고 채찍질하는 것까지 다양했다. 한결같이 악령이 견디기 힘든 조건을 만드는 게 목표였다. 다른 부류의 사상가들은 신체에 정신병의 원인이 있으며, 질병의 근원인 체액 불균형을 바로잡을 수 있는 길이 없다고 여겼다. 정신병자들은 불치병을 앓는 위험한 존재로 여겨졌으며, 종종 잔인한 학대를 받았다. 게다가 대부분의 사회에서 정신병을 폭넓게 해석하여, 미혼모에서 범죄자와 반체제주의자에 이르기까지 당대의 사회규범을 따르지 않는 사람은 모조리 정신병자의 범주에 넣었다.

최초의 전용 정신병원은 1402년에 런던에 세워진 베들레

헴 성 마리아 병원이었다 — 베들램이라는 이름으로 더 유명했다. 이 병원은 18세기 내내 환자들을 구경할 수 있도록 일반인의 입장을 허용했다. 매년 수천 명의 구경꾼을 불러들인 기괴한 오락거리였다. "베들램"은 끔찍한 혼돈과 소동을 의미하기에 이르렀으며, 15세기와 16세기의 정신병원 분위기를 반영하는 용어로 여겨진다. 환자들은 병원보다는 감옥에 가까운 컴컴하고 습한 곳에서 곧잘 매를 맞았으며 족쇄를 차고 지냈다.

정신의학 역사에서 상당한 공헌을 한 사람으로 파리 의사 필리프 피넬(1745~1826)이 있다. 그는 각각 남성과 여성 정신병원인 비세트르 병원과 살페트리에르 병원에서 일했는데, 환자들의 발에서 족쇄를 풀어주면서 이런 걸 채워놓을 정도로 위험한 사람들이 아니라고 주장했다. 그에게 자극을 받은 다른 의사들은 "도덕적 대우"로 불리게 되는 비교적 자유로운 체제를 개발했다. 그 결과 시골에 정신병원이 세워졌고 환자들의 옥외 활동이 허용되었다. 환자들은 여전히 수십 년 동안 감금된 생활을 했지만 최소한 이전보다는 나은 환경에서 지내게 되었다.

정신병자를 전담 치료할 것을 요구하는 목소리가 높아지면서 유럽과 미국 양쪽에서 정신병원 숫자가 급증했다. 그러나 치료 수준은 향상되지 않았으며 많은 환자들이 계속해서 행동을 구속당했다. 행동을 제한하는 다양한 수단이 개발되었는데, 환자들은 지나친 자극 때문에 고통을 겪고 있으므로 움직임 없이 지낸다면 정신이 진정될 거라는 게 일부 이유였다.

20세기 전반에 베들램에서 볼 수 있었던 환경은 약간 개선되는 데 그쳤다. 앨버트 도이치의 저서 『미국의 불명예 *The Shame of the States*』(1948)는 수천 명의 미국 환자가 겪는 소름끼치는 환경을 묘사했다. 이들은 대형 정신병원에 구금되어 종종 매를 맞았고, 질병을 앓고 있는 게 분명한데도 의사를 대할 기회가 거의 없었다.

1930년대에 새로운 치료법 두 가지가 개발되었는데, 잔인하다는 이유에서 많은 비난을 받았다. 하나는 전기충격요법(ECT)이었다. 환자를 단단히 묶어놓고 양쪽 관자놀이에 전극을 붙여서 머리에 전자충격을 준다. 이 과정을 찍은 필름을 보면 온몸이 오싹해진다. 충격을 받은 환자는 한참 동안

정신병을 일으키는 데 유전적 특질(오른쪽)과 환경(맨 오른쪽)이 어떤 역할을 하는지에 대한 논쟁은 지금도 계속되고 있다. 오늘날 많은 전문가들이 유전자가 질병의 근원이지만 사회적인 요인이 결정적인 역할을 한다고 믿는다.

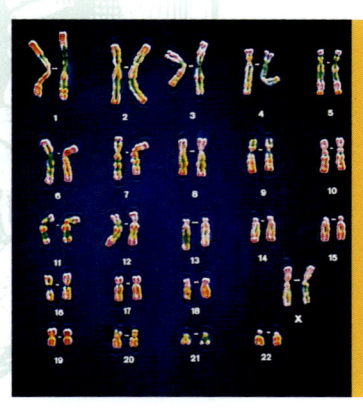

몸에 경련을 일으키며, 이때 기억을 상실할 가능성이 있다. 이런 치료법은 심한 우울증에 반격을 가하는데 어느 정도 쓸모가 있지만, 정신과의사들은 절차에 들어가기 전에 환자에게 근육 이완제를 놔주는 것 이외엔 아무런 개선책을 시도하지 않았다. 한쪽 뇌반구에만 충격을 주더라도 치료 효과는 동일하며, 자연히 기억상실을 줄일 수 있음이 연구 결과 밝혀졌다. 그런데도 많은 정신과의사들이 여전히 양쪽 뇌반구에 충격을 준다. 오늘날 ECT는 광범위하게 사용되고 있다 — 1994년에 영국에서 환자의 명확한 동의 없이 ECT를 실행한 사례는 5000회에 이른다. 두번째 치료 방법은 대뇌 피질과 전두엽의 연결 부위를 절단하는 수술이었다. 정서 장애가 완화된 환자도 있었으나 대부분 식물인간이 되었다.

많은 이들이 보기에 이처럼 절충하여 혼합한 잔인한 방법들은 정신병에 대한 성숙한 이해가 부족한 현실을 반영한다. 정신병은 여전히 불가사의한 질병으로 남아 있으며, 정교한 약물치료가 가능한 오늘날에도 효과적이면서 인도적인 치료법을 고안해내기엔 지식이 부족하다. 정신병에 대한 우리의 정서적 반응은 원시상태에 머물고 있다 — 우리는 자신이 정신을 잃는 걸 두려워하며, 이런 불행한 병에 걸린 걸로 보이는 이들을 난폭하게 다룬다.

반(反)정신의학 계열 — 스코틀랜드 정신과의사 R. D. 랭,

많은 정신병자가 자신이 앓는 병의 복잡성을 시각적으로 표현하는 게 가능함을 깨닫는다. 데이비드 칙의 그림 〈자아에 도달하고자 노력하는 사람들 People Trying to Reach Me〉이 좋은 예이다.

미국 정신과의사 토머스 채츠가 포함된 — 은 정신분열증 진단이 지나치게 부정확하며, 정신분열증 진단을 받은 많은 이들이 "생계 곤란"(채츠)과 "가족 연좌제"(랭)로 고통을 겪었다고 주장한다. 채츠는 『잔인한 동정심 Cruel Compassion』(1994)에서, "병자"들이, 병에 걸렸다는 진단을 받음으로써 도움을 받기는커녕 상태가 더욱 나빠졌다고 주장한다.

오늘날 이런 주장의 영향력은 1960년대와 1970년대보다 줄어들었다. 정신분열증 진단법을 개선하는 작업이 이루어졌으며, 생화학 분야에서 이 질환에 대한 지식이 향상되었기 때문이다. 그런데 이상하게도 뇌의 생화학 지식이 늘어날수록 생물학적인 견해를 고수하는 데 어려움이 따른다. 정신병은 유전병이라는 주장, 그리고 사회적 정서적 박탈 때문에 정신이 쇠약해진 것이라는 주장 사이에서 오랜 세월 신랄한 논쟁이 있었다. 현재는 열성적인 심리학자와 정신의학자 모두가 생물학적으로 발병 가능성이 누구보다 높은 사람일지라도 스트레스를 받지 않는 한 정신분열증이 나타날 가능성이 없음을 인정하는 추세이다. 이는 양쪽 분야가 나날이 성숙해가고 있음을 보여주는 증거이다.

정신분열증 *Schizophrenia*

19세기까지도 일부 사람들이 경험하는 환영과 환청에 미래를 예언하는 의미가 담겨 있는 걸로 간주되었다. 서양에서 경험주의 심리학 연구가 시작된 이후에야 비로소 이런 현상을 새로운 각도에서 바라보게 되었다. 1897년에 저명한 독일 정신과의사 에밀 크레펠린은 정신분열증("분열된 마음"을 뜻하는 그리스어가 어원이다)을, "외부의 힘"이 환자 자신을 제어하는 느낌과 환각을 경험하는 동시에 심리 위축과 감정 결핍이 뒤따르는 질환으로 묘사했다. 그는 정신분열증을 뇌 구조의 변화에서 생겨나는 신체장애로 여겼으며, 환영과 환청을 "병든 마음의 토막난 쓰레기"로 해석했다.

오늘날 정신분열증의 정의는 예전보다 불분명하다. 1960년대에 스코틀랜드 정신과의사 R. D. 랭 같은 급진적인 심리학자는 정신분열증에 대한 전통적인 인식에 의문을 제기했다. 이런 인식에 의하면 거의 모든 유형의 행동을 정신분열증 증상으로 볼 수 있기 때문에, 정신과의사들이 가족이나 사회의 기대에 순응하지 않는 이들에게 스스럼없이 환자 딱지를 붙이는 걸 용인한다는 것이었다. "내가 보기에 사실상 아무런 문제가 없는 사람들에게 정신과의사들이 정신병자 진단을 내리는 경우가 종종 있다. 이런 진단은 사회라는 체스판 위에서 각 사람의 위치를 배정하는 작업과 다를 바 없다." 또한 그는 정신분열증 환자들의 환청 내용을 분석했다. 이런 내용은 "토막난 쓰레기"와 거리가 멀며, 환자들이 살아오면서 겪은 실제의 정신적 외상을 반영한다는 게 그의 결론

이었다. 근년 들어서 네덜란드 레이덴 대학 연구팀은 환자들에게 이런 환청을 듣는 방법을 집중적으로 가르쳤다―크레펠린을 경악시킬 만한 진전이었다.

지구상에서 정신장애를 앓는 사람은 2억 5000만 명인데, 정신분열증은 사람들이 가장 두려워하는 동시에 가장 오해하는 정신장애이다. 흔히 생각하는 것과 달리 이 질환은 "분열된 성격"과 거의 무관하다. 정신과의사들은 정신분열증의 "1급" 증상을 밝혀냈는데, 환자가 자신의 마음을 제어할 수 없다고 여기는 증상이 여기에 포함된다. 이런 환자는 대체로 환상과 환청을 경험한다―일반인에게 "미쳤다"는 인상을 주는 대표적인 사례이다. 정신분열증 환자는 생각이 혼란스럽고 비논리적이며, 심리가 매우 위축된 상태여서 의사소통에 어려움을 느낀다. 그런데 만일 이런 증상이 없다면 다른 정신질환을 앓고 있다고 봐야 한다. 어떤 이들은 긴장병(緊張病)으로 발전할 만큼 심리가 위축되어 있지만, 모든 정신분열증 환자가 이런 상태로 나아가는 건 아니다. 이 질환에 대한 많은 오해는 진단에 일관성이 없기 때문에 생겨난 것이다. 세계보건기구(WHO)는 이런 문제점을 계속 제기하고 있다. 1976년부터 WHO가 운영하는 프로젝트는 전 세계 정신과의사들이 진단에서 동일한 기준을 적용하게 하려는 목표를 지니고 있다.

정신분열증은 정신과의사와 심리학자와 신경과학자를 매료시킨다. 환자들의 생각과 느낌이 매우 특이하기 때문이다. 이 질환은 편집증과 망상을 동반하는 경우가 많다. 가령 자

냉전 의학

소련 정부는 반체제자를 사회에서 격리시키고자 빈번하게 정신분열증 진단을 이용했다. 소련 의사들은 기괴한 이론적 근거를 만들어 내서, 자신의 환자들은 "나태한" 정신분열증을 앓고 있으며, 전체주의 정권의 부정에 맞서 싸우겠다는 그들의 결심은 정신분열증 증상을 보여주는 것이라는 주장을 폈다. 환자라는 진단을 받는 건 간단한 일이었다―연주회 중에 무대로 달려 올라가서 첼로를 낚아채고 "미국 대통령 만세!" 하고 외치는 걸로 충분했다.

신을 하나님이나 로버트 드 니로, 시바의 여왕으로 여기는 것이다. 어떤 환자들은 극도로 기괴한 환각을 경험한다―가령 어떤 환자는 브리티시 오픈 골프대회의 스코어를 하나님이 자신에게 직접 내린 암호 메시지라고 믿었다. 때때로 자신이 "받은" 메시지에 이끌려 폭력이나 살인 충동을 느끼는 경우도 있다. 이런 사례는 극히 드물지만, 이 질환에 대한 공포를 일반인에게 널리 퍼뜨리는 데 일조한다.

모든 정신분열증 환자가 늘 "정신이 나간" 상태로 지내는 건 아니다. 많은 이들이 이따금 정신이 차분하고 맑아질 때가 있어서, 심신에 큰 타격을 주는 증상에 대하여 다른 사람들에게 들려줄 수 있을 정도이다. 대표적인 사례는 어느 미국 여성의 경우이다. 그녀는 "이따금 모습을 드러내서 나를 쫓아다니며 고문하는 내 머릿속의 사람들"을 묘사한다. 그들은 늘 그녀를 에워싸고 그녀의 인생을 무시무시한 악몽으로 만드는데, 그녀에겐 이런 "사람들"을 쫓아버릴 능력이 없다.

미국, 일본, 독일, 영국에서 정신분열증의 신경학과 생화학을 연구한 결과, 환자들의 뇌 조직에 여러 기형이 있음이 밝혀졌다. 일부 환자는 뇌실―뇌의 전두엽 전부(前部) 피질의 일부―이 상당히 크다. 환자의 약 15퍼센트는 이 부위가 위축되어 있다(사실상 죽어 있다). 뇌 기능을 사진으로 보여주는 PET 스캔에 의하면, 많은 정신분열증 환자가 전두엽

피질의 활동 수준이 낮다.

이처럼 뇌의 일부가 죽은 상태인데도 뇌 활동이 전반적으로 지나치게 왕성하다는 건 역설적인 일이다. 대부분의 환자가 뇌 속에 도파민이 과다한 걸로 여겨진다. 이 신경전달물질은 세포들의 사이로 메시지가 부드럽게 통과하게 해준다. 도파민이 과다할 경우엔 세포들이 "지나치게 매끄럽게" 변해서 부적절한 메시지를 중계하게 된다.

이런 이론은 환자들의 생각이 혼란스러운 이유를 설명하기에 적합하지만, 애당초 도파민 수치가 높아진 이유에 대한 의문을 불러일으킨다. 유전 때문일까? 불안한 가정환경에 요인이 있는 걸까? 정신분열증이 유전되는 건 분명한 사실이지만(환자의 친인척은 보통 사람들보다 발병 가능성이 열 배 높다), 오늘날 많은 정신과의사들은 스트레스 역시 영향을 미치는 것으로 여긴다. 환자는 보통 때는 잘 지내다가 가정환경에 문제가 생겨서 스트레스를 받으면 증상이 나타난다. 확실히 정신분열증 환자가 있는 가정은 다른 가정보다 쉽게 불안해지고 긴장될 가능성이 높다. 자연히 원인과 결과의 악순환이 벌어지기 때문에 질병의 근본 이유를 제대로 규명하기 어렵다.

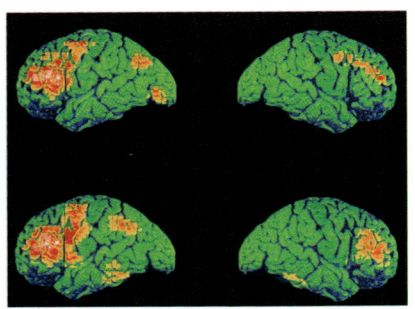

위의 PET 스캔(183쪽 참조)은 말하는 중의 정상인의 뇌 활동(위)과 정신분열증 환자의 뇌 활동(아래)을 비교해서 보여준다. 정신분열증 환자의 뇌가 훨씬 더 활동적이다.

가족 관계에 덧붙여, 전 세계에서 행해진 연구에서 드러나듯이 정신분열증 환자는 상류층이나 중산층보다 하층계급에 훨씬 많다. 또한 도시 빈민층에서 발병률이 가장 높다. 두 가지 설명이 가능하다. 하나는 모든 사람이 정신분열증 소인(素因)을 갖고 있지만, 사회경제적인 여건 때문에 환경에서 받는 스트레스가 많으므로 특정 사회계층에서 발병률이 높다는 해석이다. 또다른 설명은, 정신분열증을 앓는 사람은 학교와 직장 생활에 어려움이 있기 때문에 하층민으로 전락하게 된다는 것이다. 두 가지 이론 모두 타당성이 있는 걸로 여겨진다.

오늘날 뇌에서 도파민이 하는 역할에 대한 지식이 점증하고 있다. 이런 지식을 활용하여 환자들의 환각 억제에 효능이 있는 약을 만들어낼 수 있다. 할로페리돌, 데픽솔 같은 약은 도파민 수용체 활동을 방해한다. 과다한 도파민 양이 줄어들면 환자는 정신이 차분해진다. 세포에서 세포 사이로 제어하기 힘들 만큼 빠르게 생각이 이동하는 일이 사라지며 환청을 겪는 일도 없어진다. 그러나 모든 약이 그렇듯이 부작

용이 있다. 제멋대로 몸이 움직이거나 근육 경련이 일어날 가능성이 있다. 또한 많은 환자가 불평하듯이 진정 효과는 환자에게 무력감을 갖게 만든다. 정신분열증 환자들이 약 복용을 중단하는 경우가 종종 있는데, 부작용이 너무 끔찍하다고 여기기 때문이다. 이런 일이 생기면 역설적인 결과가 빚어진다. 정신분열증을 앓는다는 건 자신을 제어하지 못한다는 것, 즉 정상이 아니라는 것을 의미한다. 약은 이런 증상을 억제하지만, 약에 의지하여 평온을 회복한 환자는 자신에게 주체성이 없다고 여긴다. 자신의 마음을 강탈당했다는 느낌을 받는 것이다.

지난 20년 동안 많은 서양 국가에서 정신병원이 문을 닫으면서 정신분열증 환자를 대하는 태도에 변화가 생겼다. 예산상의 어려움, 그리고 장기간의 공공시설 수용은 환자를 무력하면서 의존적인 사람으로 만들기 때문에 비생산적이라는 개혁론자들의 주장이 원인이었다. 정신분열증은 약을 통해서 효과적으로 제어할 수 있다. 또한 증상이 가볍거나 지속성이 없기 때문에 보통 때는 증상이 나타나지 않는 환자가 많다. 따라서 일부 환자는 "외부세계"에서 제대로 자기 역할을 수행할 수 있다.

그런데 많은 환자를 공동체로 돌려보낸 것이 그들 모두에게 유익한 일이었는지는 확실치 않다. 평가 자료에 의하면, 뉴욕의 집 없는 사람들의 쉼터에서 생활하는 사람 가운데 3분의 1 이상이 정신질환을 앓고 있으며, 교도소 수감자의 정신질환자 비율도 마찬가지로 높다. 어떤 환자들의 경우엔 가정 복귀 자체가 증상

발현을 유발하는 환경 스트레스이다. 어떤 이들은 아예 돌아갈 집이 없다. 또 어떤 이들은 이미 살펴보았듯이 계속 약을 복용하는 데 어려움을 느낀다. 게다가 정신분열증 환자들은 폭력을 저지를 우려가 있기 때문에, 그들을 사회로 돌려보내는 순간부터 더욱 철저하게 감시해야 한다는 주장이 제기되었다. 그러나 범죄 성향을 지닌 이들의 치료를 전담하는 법정 정신과의사들의 주장을 옮기면, 정신분열증 환자가 다른 정신질환자보다 폭력성이 심한 건 아니며, 어떤 사람이 폭력을 저지를지 미리 예측하는 건 매우 어려운 일이다.

우울증과 조증 *Depression and Mania*

통계에 의하면 남성의 9분의 1, 여성의 6분의 1이 생애 중의 어느 시기에 우울증을 앓는다. 우울증은 인생살이의 재난에서 생기는 슬픔보다 심각한 증상이다. 사실상 직장을 잃거나 이혼하거나 사별할 때 기분이 "저하되는" 건 정상적인 반응이다. 대부분의 사람은 몇 달 안쪽에 이런 정신적 외상에서 회복되지만, 회복이 매우 느리거나 절망감이 심할 때는 우울증 진단을 내릴 수 있다. 대표적인 증상은 의기소침, 자부심 저하, 업무와 여가생활과 대인관계에 대한 흥미의 상실이다. 환자들은 매사에 좀처럼 의욕을 느끼지 못한다. 자연히 삶의 성취가 줄어들면서 자신이 부족한 존재라는 느낌이 심해지고, 계속 내리막길을 걷는 악순환에 사로잡히게 된다. 때로는 잠자리에서 일어나는 일마저 불가능해진다. 그 밖의 증상으로는 식욕과 성욕 상실, 잠에서 일찍 깨어나는 현상, 피로감 등이 있다. 또한 우울증은 내성적인 사고를 유발하기 때문에, 사소한 불쾌감을 과장해서 생각하게 만듦으로써 여러 증상을 악화시킨다. 일부 환자의 경우에 우울증은 만성 질환이지만, 대부분은 증상이 6개월 이상 지속되지 않으며 재발 가능성은 50퍼센트가 안 된다.

우울증의 원인에 대해서 고대 그리스 시대 이후로 줄곧 연구가 이루어졌

우울증은 심신을 쇠약하게 만들지만 언제나 큰 타격을 입히는 건 아니다. 저명한 영국 정치가 윈스턴 처칠 경은 우울증 환자였으며, 자신의 절망감을 "나의 검은 개"라고 표현했다.

다. 어떤 책보다 광범위한 설명이 담긴 『우울증 해부*Anatomy of Melancholy*』(1621)에서 영국 성직자 로버트 버턴은 기괴한 요인을 포함하여 우울증을 일으키는 요인들을 제시했다―그중엔 사별, 무절제한 열애, 나쁜 공기, 도박, 과식 등이 있다. 그의 주장 중엔 예리한 내용도 들어 있다. 가령 그는 모든 사람이 우울증에 걸릴 가능성이 같은 건 아니라고 믿었다. "어떤 사람한테는 벼룩에 물린 정도에 지나지 않는 것이 또 어떤 사람에겐 견딜 수 없는 고통을 준다." 또한 기본적으로 "절제력"이 있는 사람(오늘날 사용하는 용어로는 적응력이 뛰어난 사람)은 좌절감을 잘 견디는 반면에, "또다른 부류는 이를 전혀 견디지 못하며, 오해에서 비롯된 사소한 모욕, 사소한 손해와 슬픔과 창피와 상실, 그리고 사소한 헛소문을 접했을 때 격정에 가까운 감정을 느낀다. 그 결과 안색이 변하고, 소화가 잘 안 되고, 잠을 못 이루고, 정신이 흐려지고 기분이 격해진다."

오늘날 심리학자들은 개개인마다 우울증에 걸릴 가능성이 다르며, 이런 우울증 감응성은 개개인의 심적 "안정성"과 어느 정도 연관이 있음을 잘 알고 있다. 버턴의 우울증 원인 목록은 타당성이 없는 걸로 여겨진다. 그러나 오늘날까지 우울증 원인 규명에서 별

다른 진척이 없으며, 심지어 모든 우울증이 동일한 유형인지조차 밝혀내지 못했다. 1950년대에 이미프라민(직접 중추신경계에 작용하는) 같은 약이 일부 우울증 환자 치료에 성공을 거두면서, 이론가들은 우울증에 두 가지 유형 — 내인성(內因性)과 반발성 — 이 있다고 보았다. 그들의 주장을 옮기면, 내인성 우울증은 외부 사건이 일으키는 게 아닌 듯하며 약물이 치료에 효과가 있다. 따라서 생화학적인 원인을 지닌 걸로 추정된다. 이와 달리 반발성 우울증은 가난, 이혼, 사별 같은 비애에 대한 반작용이라는 것이다. 오늘날 많은 정신과 의사들은 이런 분류 방식이 문제를 지나치게 단순화했다고 여기는데, 심리적 원인과 물리적 원인을 분리한다는 게 간단한 일이 아니기 때문이다.

우울증의 생물학적인 구성요소 역시 여전히 별로 밝혀진 게 없다. 이 질환은 뇌의 신경전달물질인 노르아드레날린(노르에피네프린)과 세로토닌 수치의 감소와 연관이 있는 걸로 보인다. 대부분의 항울제는 이런 복잡한 신경전달물질 체계를 자극하는 작용을 한다. 그러나 이러한 화학 변화가 우울증의 심리적인 고통을 일으키는 건지, 또는 반대로 심리적인 고통이 뇌의 화학작용에 변화를 일으키는 건지는 확실치 않다. 이런 이유에서 많은 심리학자들이 우울증의 진짜 원인을 찾는 과정에서 신경증을 외면하고 뉴런에 관심을 집중하는 건 어리석은 일이라고 주장한다.

유전적 특질과 사회적 영향의 역할을 비교하는 논쟁도 있다. 심리적인 이유에서 우울증을 앓는 게 분명한 어느 사내의 사례를 들어보자. 그는 부모의 보살핌을 받지 못하고 자랐는데,

프로작

1990년대의 특효약이라 부르는 프로작(플루옥세틴)은 우울증 치료에 널리 처방이 이루어졌다. 프로작은 "행복한" 약으로 명성이 높으며, 부작용이 거의 없는 가운데 기분을 향상시킨다 — 한 가지 부작용은 체중 감소인데, 사실상 많은 사람들이 유익한 부작용으로 여긴다. 또한 프로작은 간접적으로 세로토닌과 노르아드레날린(노르에피네프린)의 농도를 높여준다. 약 3주일 뒤에 효력을 보이기 시작하는데, 기존의 항울제보다 짧은 기간이다. 부작용이 적긴 하지만, 초기에 이 약을 복용한 환자 가운데 10퍼센트 가량이 불안 증세를 겪었다. 프로작은 강박신경증, 돌연한 공포증을 앓는 이들에게도 효과가 있는 걸로 밝혀졌다.

자신이 버림받았다는 느낌에 괴로워한다. 그의 부모는 그에게 열등한 유전형질을 물려준 걸까? 그리고 부모 역시 자신들을 열등한 부모로 만드는 특질을 물려받은 걸까? 또는 그 사내의 어린 시절 경험이 우울증의 유일한 원인인 걸까?

정신분석 이론에 따르면, 우울증 환자는 사실상 어린 시절에 "내면의 대상" — 어버이의 사랑 또는 어머니의 젖가슴 — 을 잃어버린 일을 애도하고 있는 것이다. 정신적 외상은 이후에 세상을 살아가는 중에, 처음 상실감을 맛보았을 때 겪은 두려움을 되살려낸다. 그 결과 환자는 무기력 상태 — 즉 우울증 상태 — 로 되돌아간다.

인식 이론은 결함이 있는 뇌가 아니라 결함이 있는 사고가 우울증을 일으킨다고 주장한다. 어떤 이들은 자신을 쓸모없는 인간으로 여겨서 불행의 원인을 개인적인 부족함으로 돌린다. 따라서 모든 사건을 한결같이 부정적인 시각에서 바라본다. 이러한 인식 왜곡은 자존심을 더욱 떨어뜨려서 결국 당사자를 우울증에 빠뜨린다.

또다른 인식 이론은 학습에 의한 무기력증 이론인데, 1970

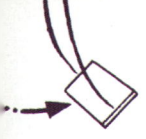

년대 미국 심리학자 마틴 셀리그먼이 동물행동 연구를 통해 개발한 것이다. 동물들은 어떤 행동을 하더라도 긍정적인 결과를 낳을 수 없다고 여길 때, 즉 어떤 행동으로도 자신의 상황을 향상시킬 수 없다고 여길 때, 무기력 상태가 되어서 순순히 운명을 받아들인다. 마찬가지로 인간도 자기 힘으로 변화시킬 수 없는 부정적인 상황에 부딪혔을 때—가령 사랑하는 사람이 죽거나 실직했을 때—우울증에 빠져든다. 이런 이론은 특정한 사람들이 우울증에 빠질 가능성이 높은 이유를 설명하는 데 이용되었다. 어린 시절에 자신의 환경을 제어하는 데 실패한 사람은 무기력해지는 법을 "학습하게" 된다. 그 결과 일종의 "귀속 습성"—모든 사건에 대해서 자기 자신에게 변명하는 습성—을 발달시킴으로써 우울증에 빠져들게 된다는 것이다. 그들은 부정적인 사건이 벌어질 때마다 자신의 잘못으로 여기며, 자기 힘으로는 이런 상황을 바꿀 수 없다고 믿는다. 이처럼 변명을 늘어놓는 습성은 우울증 환자의 특징이다.

우울증에 관한 모든 인식 이론은 근본적인 결점을 공유하고 있다—역시 닭이 먼저냐 달걀이 먼저냐의 문제이다. 즉 부정적인 마음 자세가 우울증에 선행하는 건지, 아니면 우울증이 부정적인 태도를 낳는 것인지에 대한 의문에 답을 주지 못한다. 당연한 일이지만 우울증 치료법은 우울증의 원인에 관한 이론을 반영한다. 수많은 치료법에서 심리적 원인(160쪽 참조)을 제시하는데, 항울제는 이런

조울증

정신장애 가운데 가장 인상적인 장애는 조울증 또는 양극성 장애이다. 환자는 기분이 심하게 변하는 걸 경험한다. 조증상태에서 환자는 활력과 의욕이 넘친다. 야심에 찬 계획을 세워서, 그 계획이 실현 가능성이 있음을 낯선 이들에게 납득시킬 때가 많다. 조증 환자는 이따금 현실감각을 잃는 경우가 있지만—가령 신용카드로 그어가며 실컷 술을 마시면서 방탕하게 논다—사교성이 매우 뛰어나다. 어떤 이들은 조증이 창의력을 최대한 발휘하게 해주며, 사실상 "천재성"의 필수조건이라고 주장한다. "고양된" 기분은 여러 주 동안 이어지기도 하지만, 대부분 여타 우울증보다 심각한 우울증으로 급속히 전환되는 일이 벌어진다. 이 과정에서 일부 환자는 자살을 기도할 위험성이 매우 높다. 조울증은 약으로 어느 정도 제어할 수 있다. 물론 환자는 활달한 "다른" 성격을 상실한 걸 한탄하게 될 것이다. 또한 조울증 약은 신체에 영향을 미치는 부작용이 많으며, 장기간에 걸쳐서 신장에 해를 입힐 가능성이 있다.

원인에서 비롯되는 생화학적인 결과를 다루는 데 효험이 있다. 우울증의 일부 증상을 화학 약물로 완화시키는 걸 통해서, 심리적 원인을 한층 효과적으로 치유하는 경우를 종종 볼 수 있다. 또다른 우울증 치료법은 논쟁의 여지가 있는 전기충격요법(ECT, 142쪽 참조)이다. 머리에 붙인 전극을 통해서 뇌 속으로 전류를 통과시켜 환자가 경련을 일으키게 만드는 방법이다. 아무도 영문을 모르지만 어쨌든 ECT는 효력을 지니고 있다. 환자의 70퍼센트가 증상이 완화된다는 보고가 나와 있다. 정신과의사들은, 약이 듣지 않는 중증 우울증 환자 가운데 유일하게 ECT 하나만 효력을 보이는 경우가 있다고 주장한다. 그러나 이 방법은 장기간 기억상실증을 포함한 심각한 부작용을 갖고 있다.

공포증과 불안 *Phobias and Anxieties*

모든 사람이 살아가는 중에 불안으로 고통을 겪는다. 스트레스—긴장하고 근심하는 느낌—는 불면, 두통, 빠른 심장박동 같은 구체적인 증상을 일으킨다. 그런데 실제 위협이나 위협으로 추정되는 것에 대한 반응으로서의 일반적인 불안과 달리, 프로이트가 신경증 불안으로 부르는 불안은 파괴력이 엄청나서 깨어 있는 시간의 대부분을 침해한다. 일부 사례에선 정신없이 공격을 가하는 바람에 메스꺼움과 가슴 두근거림, 호흡곤란 같은 심한 신체 고통을 겪는다. 자신이 곧 죽을지 모른다는 느낌이 들 정도이다. 어떤 사람의 경우엔 이런 불합리한 불안이 "부동성"(시간과 장소를 가리지 않고 나타날 가능성)을 띠는 반면에, 나머지 사람들은 특정한 상황에 의해서 유발된다.

특정한 자극과 연관된 불안 가운데 공포증이 있다. 밀실공포증(밀폐된 공간에 대한 두려움)이나 거미공포증(거미에 대한 두려움)처럼 일반적인 공포증이 있는가 하면, 지극히 개인적인 공포증도 많다. 가령 자기 집 밖에서 화장실을 사용하는 것에 대한 공포증을 지닌 환자도 있다.

공포증은 환자에게 큰 타격을 줄 수 있다. 가장 흔한 건 열린 공간을 두려워하는 광장공포증이다. 슈퍼마켓과 도로에서 탁 트인 들판에 이르기까지 매우 다양한 공간이 이런 증상을 일으킨다. 극단적인 경우에 광장공포증 환자는 자기 집에 갇힌 죄수 신세가 된다. 여타 공포증은 삶을 불편하게 만든다. 거미공포증 환자는 거미에 대한 불합리한 두려움에도 불구하고 줄곧 같은 직장을 유지하면서 결혼생활을 원만하게 꾸려나간다. 그러나 모든 형태의 공포증은 갑자기 일상생활을 침해할 가능성이 있다—가령 거미

공포증 환자가 갑자기 구석을 두려워하는 일이 벌어질 수 있다. 종종 그런 곳에서 거미가 숨어 있다가 발견된다는 사실을 스스로 잘 알고 있기 때문이다.

프로이트는 무의식 속에 억압되어 상징으로 바뀐 두려움에서 공포증이 생겨난다고 주장했다. 프로이트가 임상 초기에 다룬 환자—말한테 물릴까봐 두려워서 밖에 나가는 걸 꺼렸던 다섯 살짜리 소년 한스—는 이런 이론의 대표적인 사례이다. 프로이트에 의하면 꼬마 한스는 사실 말을 두려워하지 않았다. 이 아이가 두려워하는 건 거세였다. 이런 두려움의 원인은 "오이디푸스 콤플렉스"—어머니에 대한 무의식적인 정욕과 아버지에 대한 질투—였다. 한스는 이런 금지된 감정을 느낀 것에 대해서 거세당하는 벌을 받을까봐 두려웠다(역시 무의식적으로 두려움을 느낀 것이다). 그래서 길에서 유난히 음경이 큰 말을 보게 되면, 자신이 느끼는 거

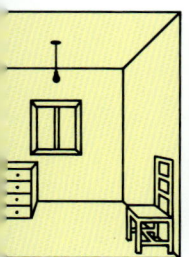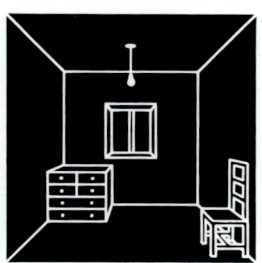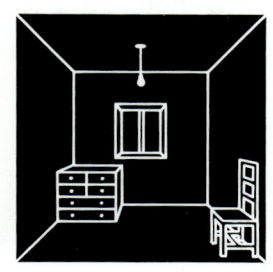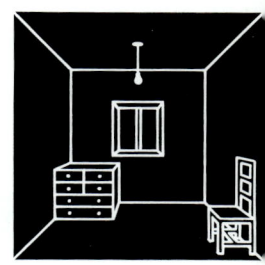

세의 두려움을 천진한 짐승의 탓으로 돌렸다.

학습 이론에 의하면 공포증은 전형적인 조건반사(30쪽 참조)가 만들어낸 연상의 산물이다. 대표적인 실험은 이후에 많은 논쟁을 불러일으킨 "꼬마 앨버트" 실험인데, 행동주의 창시자 존 B. 윗슨과 그의 아내가 행한 것이었다. 존 B. 윗슨은 꼬마 앨버트가 쥐를 바라보는 중에 머리 뒤쪽에서 쇠막대기를 부딪치는 소리를 냈다. 꼬마 앨버트는 요란한 소리에 놀라서 몸을 움츠렸다. 쥐와 더불어 소리가 제시되었기 때문에, 앨버트는 중립적인 자극—쥐—에서 두려움을 연상하게 되었고, 2년 뒤에 쥐를 보았을 때 몹시 흥분했다. 존 B. 윗슨의 말을 옮기면, "쥐를 보는 순간 아이는 울음을 터뜨렸다. 거의 동시에 옆으로 홱 몸을 틀고 벌렁 나자빠졌으며, 네 발로 몸을 일으키더니 엉금엉금 기었다. 어찌나 빨리 달아나던지, 침상 끝으로 떨어지기 직전에 가까스로 아이를 잡을

수 있었다."

하지만 프로이트 이론이나 학습 이론은 공포증에 관한 모든 사실을 설명하지 못한다. 거미와 높이와 어둠이 불합리한 두려움의 원인인 경우가 많은 반면, 어째서 꽃 공포증이나 안락의자 공포증은 찾아보기 힘든 걸까? 조건반사 이론이 옳다면 모든 중립적인 사물에 대해 공포증이 생겨나야 한다. 어떤 전문가들은, 인간은 자신에게 위협을 가할 가능성이 있는 사물이나 동물에 대해 두려움을 느끼는 생물학적 소인(素因)을 갖고 있다고 주장했다—따라서 다른 대상보다는 이런 대상에 대해 두려움을 갖도록 조건반사 학습을 시키는 게 한층 수월하다는 것이다. 또 어떤 이들이 제시하는 연구에 의하면, 인간은 다른 사람들, 특히 부모의 두려움과 공포증을 관찰함으로써 자신의 두려움과 공포증을 학습한다.

공포증의 원인에 대해선 논란이 많지만, 제감작(除感作) 요법—항원에 대한 과민성을 없애는—과 행동요법처럼 숱한 시행착오를 겪은 치료법들이 존재한다. 모든 치료법의 기본 요소는 긴장 이완이다. 환자는 긴장이 느슨해진 상태에서, 자극이 두려움과 돌연한 공포를 만드는 과정을 한 단계씩 차례로 머릿속에 그려본다. 가령 승강기를 타는 걸 두려워하는 환자에겐, 자신이 기다란 복도에 서 있고 복도 끝에 승강기가 있는 광경을 상상하라고 주문한다. 뒤이어 문을 향해 다가가서, 문을 열고 승강기로 들어서고, 저절로 문이 닫히고, 마침내 승강기를 타고 위층으로 올라가는 광경을 차례로 떠올리도록 주문하는 것이다. 이는 간단한 발상에서 나온 치료법이다. 대부분의 사람은 몸의 긴장을 풀고 가장 두려워하는 대상을 상상 속에서 점차 정복하는 걸 통해서, 자극과 두려움 사이의 연상—학습을 통해서 갖게 된—을 완전히 제거할 수 있다는 것이다.

노화와 치매 *Ageing and Dementia*

10대 후반에서 80대 초반 사이에 우리의 뇌는 8퍼센트까지 무게가 줄어든다. 그러나 이런 사실이 곧바로 "뇌 능력" 상실을 의미하진 않는다. 나이를 먹으면서 뉴런 사이의 상호 연락 횟수와 복잡성은 계속 증가하며(정신 활동을 지속하는 한), 경험이 속도를 벌충해주기 때문이다. 하지만 나이와 더불어 뇌 작용 속도가 느려진다. 뇌의 한쪽 부위에서 다른쪽 부위로 보내는 신호가 약해진다. 또한 자발적인 뉴런 흥분이 만드는 "소음"의 방해가 심해져서, 신호가 목적지에서 "등록"되기까지 걸리는 시간이 늘어난다.

많은 사람이 나이가 들면 단기간 기억의 질이 나빠지고, 이런 기억이 장기간 기억으로 전환되는 효율성이 떨어진다. 즉 망각 증상이 심해지는 동시에, 암산처럼 기억 내용을 "마음속에 유지할" 필요가 있는 작업이 갈수록 어려워진다.

그런데 이러한 일반적인 노화의 결과는 노인성 치매와 매우 다르다. 대체로 치매는 말 그대로 정신이 나가는 것인데, 정신병학에선 한층 정교한 의미를 지니고 있다. 1940년대

이전까지 조발성 치매(이른 나이에 나타나는 치매)는 오늘날 우리가 정신분열증이라 부르는 증상을 칭하는 용어였다. 그러나 오늘날 치매는 초로에 접어든 이들에게 영향을 미치는 뇌 기관 퇴화를 묘사할 때 사용된다. 치매의 주된 형태는 알츠하이머병이며, 85세가 넘는 사람의 25퍼센트가 이런 증상을 보인다. 평균 수명이 늘어나면서 이 병에 대한 두려움도 커지는 건 당연한 일이다.

알츠하이머병의 초기 증상에 단순한 기억상실증이 있는데, 증상이 훨씬 더 악화되면 성격과 지능에 영향을 미칠 수 있다. 환자들은 종종 글쓰기와 말하기 능력을 잃으며—검시 결과를 보면 뇌의 언어 부위가 심하게 훼손된 경우가 많다—심리에 문제가 생긴다. 일찍이 1948년에 신경학자 커트 골드스타인은 중증 치매 환자들이 "파국적인 반응"을 보인다고 말했다. 치매 환자는 자신의 정신기능 쇠퇴의 본질을 모르는 상태에서, 자신에게 일상생활에 필요한 일들을 수행하는 능력이 없다는 걸 알아챈다. 그 결과 걷잡을 수 없이 울

음을 터뜨리거나 분노하거나 안절부절못하는 반응을 드러낸다. 일부 환자는 어떻게든 정상적인 겉모습을 유지한다. 그러나 많은 환자가 억제력을 상실하고 난폭해지거나 성적(性的)인 문제로 다른 사람들을 당황하게 만든다.

알츠하이머병의 기본적인 신경학 원리가 밝혀진 지 20년쯤 된다. 뇌의 신경세포는 죽게 되어 있으며, 일단 세포가 죽으면 다른 세포로 대체되지 않는다(29쪽 참조). 알츠하이머병의 경우에 죽은 신경세포는 플라크와 뒤엉킨 신경섬유의 조직으로 바뀌며, 아직 살아 있는 뇌 세포들이 제대로 기능하는 걸 방해하는 섬유물질과 합쳐진다. 어떤 환자는 특정 부위에서 퇴화가 일어나서 한 가지 심각한 증상만을 일으킨다. 또 어떤 환자는 넓은 부위에서 퇴화가 일어나기 때문에 전반적인 기능이 저하된다.

알츠하이머병은 환자의 심리가 아니라 신체 기관에 원인이 있으며 대부분 빠른 속도로 병이 진척되지만, 스트레스를 받으면 증세가 더욱 악화된다. 그러나 최소한 발병 초기 단계에서 도움을 주는 여러 전략이 있다. 저명한 심리학자 도널드 헤브는 70대 때 알츠하이머병 때문에 자신의 기억력이 퇴화하는 상황에 직면하여, 자기 몸에 작은 "올가미"를 씌웠다. 자신에게 이런저런 행동을 할 것을 상기시켜주는 메시지를 발견하기 전에는 집 밖으로 나가는 일이 없게 하려는 것이었다. 그는 이런 책략을 사용하여 이 질병의 "의표를 찌르는" 걸 통해서, 비록 뇌는 퇴화할지라도 질병을 막아낼 수 있다고 믿었다.

마음과 환경 *Mind and Environment*

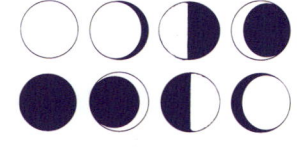

오랜 세월 동안 여성의 28일 생리주기와 달의 28일 주기가 우연히 일치하는 것에 대해서 많은 이론이 제시되었다. 남성도 달의 기울기에 영향을 받아서 갑자기 폭력을 드러낸다고 믿었다—이런 믿음에서 늑대 인간 전설이 만들어졌다. 어떤 이들은 달의 기울기와 우울증 사이에 관계가 있다고 주장했다.

그 밖에도 여러 자연 주기가 인간의 심신에 영향을 미친다. 기원전 5세기에 히포크라테스는 사람들이 여름에 오한증과 심각한 발한증—불안과 연관이 있는 병—을 앓는 걸 보았다. 오늘날의 통계는 사람들이 여름에 폭력성이 강해지고, 가을이나 겨울에 우울증이 걸릴 가능성이 높다는 걸 보여준다. 우울증은 봄이 다가오면서 완화되는 경우가 많다—이런 증상을 '계절 정서장애' 또는 영어 앞 철자를 따서 SAD라는 적절한 용어로 부른다.

어떤 심리학자들은 자연이 인간의 생체시계 활동에 간섭함으로써 SAD가 일어난다고 믿는다. 생체시계는 일부 호르몬의 수치와 체온의 변화를 포함하는 수많은 생리 변화를 다스린다. 낮 또는 밤 시간의 측정을 돕는 보통 때의 모든 외부 자극—햇빛이나 시계, 규칙적으로 벌어지게 돼 있는 사건들—을 박탈하여, 실험대상자 스스로 자신의 시간표를 만들게 하면 흥미로운 일이 벌어진다. 대부분의 실험대상자는 평상시의 24시간 시계가 아니라 25시간 시계에 의거해서 생활하게 된다.

SAD는 햇빛을 덜 쬘 경우에 일어난다. 가을에 낮 시간이 줄어들면서 우울증이 생기며 종종 수면장애가 뒤따른다. 특히 백야의 땅인 알래스카와 노르웨이, 시베리아, 핀란드에 SAD를 앓는 사람이 많다. 대체로 증상 지속 기간이 짧은 편이어서 3일을 넘는 경우는 극히 드물다. 그러나 일부 환자는 늦가을부터 이른봄까지 계속해서 우울증을 앓는다. SAD와 자살 역시 서로 관계가 있는 걸로 보인다. 자살 통계는 신뢰하기 힘든 걸로 악명이 높지만, 어쨌든 어떤 전문가들은 겨울에 자살률이 높다고 주장한다.

SAD의 원인에 대한 비교적 단순한 설명이 있다. 진화 과정에서 우리 인간은 햇빛에 매우 민감해졌다는 것이다. 조상들과 마찬가지로 우리는 낮과 밤의 변화에 상당한 지배를 받는다. 감각을 박탈당한 사람은 매 순간 지금이 낮인지 밤인지 알아내고자 필사적으로 노력한다. 그리고 이런 일이 불가능할 경우엔 당황하여 괴로워한다. SAD는 겨울철 여러 달의 자연광 부족과 연관이 있는 듯하다. 따라서 치료법이 비교적 간단하다. 호화로운 요법은 한층 따뜻하고 햇빛이 풍부한 지방으로 여행을 떠나는 것이다. 이보다 훨씬 실용적인 요법은 인공조명을 사용하는 것이다. 보통 때는 일반 전구, 특수한 경우엔 자외선을 사용한다(그런데 자외선 빛을 쬐는 건 위험이 따른다). 인공조명은 72시간 안쪽에 우울증을 가라앉히기 시작한다. SAD를 일으키는 외부 자극과 커다란 효능을 보이는 치료법에 대해선 잘 알려져 있지만, SAD의 생화학 과정은 여전히 베일에 싸여 있다. 사람마다 SAD에 걸릴 가능성이 다른 이유도 분명치 않다.

식욕과 운동 *Appetite and Exercise*

오늘날 전문가들은 운동의 심리적 효과를 자신이 처음 발견한 것처럼 말한다. 그러나 몸과 마음의 관계는 이미 오랜 세월 전부터 널리 알려졌다. 1980년대에 운동은 당대에 유행하는 생활방식의 필수항목이 되었으며, 현대판 힌두교 도사들은 설교에서 운동이 많은 치료 효과를 드러낸다는 사실을 역설했다. 그러나 단기간에 갑자기 유행하는 것들이 대부분 그러하듯이, 운동은 동전의 양면을 갖고 있다. 어떤 전문가들은 운동이 식욕장애와 연관된 부정적인 측면 ― 이상적인 신체상에 대한 강박증 ― 을 지적하는데, 가령 신경성 무식욕증과 다식증 같은 제어하기 힘든 식사장애를 들 수 있다.

현대인은 체중에 대한 강박증에 사로잡혀 있지만, 19세기 사람들보다 체중이 더 나가면서도 칼로리는 덜 섭취한다는 믿을 만한 증거가 나와 있다 ― 19세기에 비만이 높은 신분의 상징이었다는 걸 고려할 때, 그때보다도 체중이 더 나간다는 건 확실히 역설적인 일이다. 그런데 빅토리아 시대 사람들은 현대인보다 운동량이 많았다. 그들은 자동차에 얽매인 카우치 포테이토(소파에 앉아 TV만 보며 지내는 사람)가 아니었다.

운동은 단순히 근육을 강화시키는 것에 그치지 않는다. 격렬한 활동은 아드레날린과 엔도르핀 같은 신경전달물질과 호르몬의 방출을 자극한다. 사람들은 30분 동안 격렬한 운동을 하면, 운동하기 전보다 한결 행복감을 느낀다. 연구 결과에 의하면 석 달 동안 계획대로 운동한 사람들은 우울한 느낌이 줄어들고 성 충동이 순화되었다고 말한다. 어떤 연구자들은 운동이 인식력

을 요구하는 작업의 능률을 높여준다고 주장한다. 그러나 운동에도 한계가 있다 ― 어떤 이들은 몸을 혹사시켜서 지나치게 야위게 만든다. 또한 굶주렸을 때와 동일한 심리적 결과를 만들어냄으로써 건강을 해친다.

소화기관뿐 아니라 뇌도 배고픔을 조절하는 일을 한다. 위와 소장과 간은 몸에서 쓸 수 있는 영양분의 잔량에 관한 메시지를 뇌에 보낸다. 동시에 뇌는 몸에 축적된 지방질의 양을 추적한다. 이런 정보를 처리하는 시상하부는 특히 포도당(에너지를 만드는 데 필요한)과 지방질(에너지 비축량을 나타내는) 같은 생화학 물질이 안정 수치를 유지하게 하고자 노력한다. 포도당이나 지방질 수치가 떨어지면 뇌는 배고픔 메시지를 발사하고, 반대로 수치가 적당할 땐 메시지가 중단된다. 지방질 저장량이 정상치 밑으로 내려가면, 몸은 저장량을 회복하고자 최선을 다한다. 즉 신진대사 속도를 늦추고 중요하지 않은 기능을 줄인다. 가령 여성 운동선수의 경우에 종종 월경이 중단되는 건 이런 이유에서이다.

그러나 몸의 자기 조절 작용에 문제가 생길 때도 있다 ― 가령 식사장애가 있으면 이런 일이 벌어진다. 비만의 경우에 원인이 내면에 있는지 외부에 있는지, 또는 안팎의 요인이 합쳐진 결과인지 아직 밝혀지지 않았다. "세트 포인트" 이론 주창자들은 내적인 가설을 지지한다. 몸은 출생 때나 유아기에 숫자가 결정된 일정한 지방질 세포를 갖고 있는데, 살아가는 중에 숫자가 불변하거나 증가한다는 것이다. 지방질 세포의 크기(숫자가 아니라)가 줄어들면서 체중이 줄 수는 있지만, 뇌는 늘 몸을 부추겨서 지방질 세포를 정상 크기로 회복하게 만든다. 이는 체중이 계속해서 정상치를 회복하게 되어 있음을 의미한다. 또다른 과학자들은 행동주의의 관점을 옹호한다. 비만한 사람들은 정상 체중인 사람과 식사 습관이

다를 뿐이다. 이들은 음식물의 존재, 맛, 냄새 같은 외부의 식욕 자극에 한층 민감하며, 상대적으로 마른 사람은 포도당 수치 같은 내부의 자극에 보다 민감하다는 것이다.

날씬해질 것을 강요하는 사회적 압력은 모든 사람에게 영향을 미치며, 엄청난 해악을 불러올 수 있다. 다이어트는 급격한 체중 감소를 일으키며 암과 심장병에 걸릴 가능성을 높인다. 특히 다음의 두 가지 장애를 앓을 경우엔 때때로 엄청난 결과를 초래할 수 있다. 하나는 신경성 무식욕증인데, 음식을 거의 안 먹음으로써 종종 아사지경에 이른다. 또 하나는 신경성 다식증으로, 폭식한 뒤엔 구토해서 속을 비우는 일이 끝없이 반복된다. 이런 두 가지 장애의 원인은 밝혀지지 않았다. 수지 오어배치는 저서 『비만은 여권주의자의 쟁점이다 *Fat is a Feminist Issue*』(1979)에서, 소녀를 포함한 여성들은 자신에게 강요된 성 역할에 대한 항의(거의 무의식적인) 수단으로 무식욕증을 활용하는 경향이 있다고 주장한다. 무식욕증을 앓는 사람의 80퍼센트가량이 입원 치료를 받으며, 30퍼센트는 결국 사망한다. 환자들은 대체로 체중이 정상이기 때문에, 환자 스스로 나서서 도움을 요청하지 않는 한 누가 환자인지 알아내는 건 불가능하다.

정신요법 *Psychotherapy*

프로이트가 남긴 최대 유산은 정신분석, 좀더 분명히 표현하면 정신요법 — 생물학이나 화학이 아니라 심리학을 통한 정신장애 치료법 — 이다. 이 요법의 목표는 단지 치료에 그치는 것이 아니라, 환자로 하여금 자신의 진정한 잠재력을 알아차리고 진정한 자아를 발견하게 만드는 것이다. 요법사 칼 로저스의 표현을 옮기면, "치료 과정에서 사람들은 고착성, 감정과 경험으로부터의 거리감, 자아 개념의 경직성, 다른 사람들로부터의 거리감, 역할 수행에서의 냉담함 등을 떨쳐버리고 유동성, 가변성, 감정과 경험의 직접성으로 옮겨가는 걸로 보인다." 어린이 정신과의사이자 정신분석학자 D. W. 위니코트는 로저스보다도 더욱 희한한 표현을 사용하여, 치료는 "상대를 갖고 노는 두 사람"으로 이루어진다고 말했다.

위의 두 인용문은 정신요법을 정의하는 일의 어려움을 여실히 보여준다. 실제로 1978년에 영국 합동특별조사위원회는 "돌보는" 일을 하는 직업에 대한 조사를 마치면서, 만족

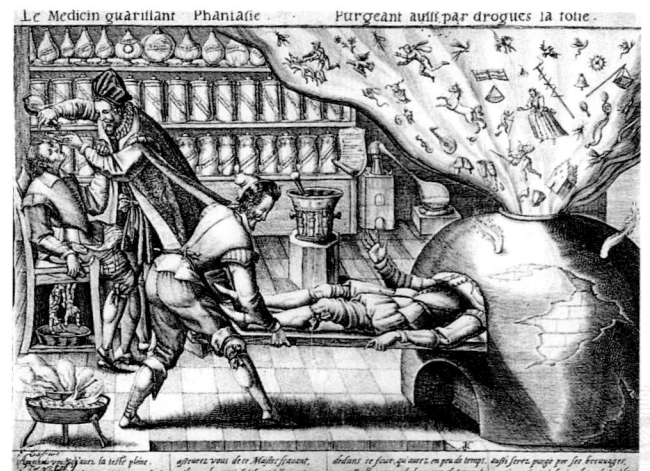

스러운 정의에 도달하는 건 불가능하다는 결론을 내렸다. 1973년에 J. D. 프랭크는 정신요법의 정의를 내리면서, 인가받은 숙련된 치료사가 도움을 모색하는 사람에게 행사하는 사회적 영향이라고 말했다. 그러나 이런 명확한 정의조차 결함을 갖고 있다. 정신요법사 중엔 최소한의 훈련 과정만을 거친 이들이 많기 때문이다. 정신요법은 대체로 정서적 사회적 요소의 중요성을 강조한다. 이 점에서 정신요법은 의학과 차이가 있다. 의학은 심적 고통을 신체적 생물학적 요인을 지닌 질병으로 간주한다 — 가령 도파민 과다는 정신분열증을 일으키고, 아세틸콜린 과소는 치매를 일으킨다는 식이다. 또한 의학은 변화보다 치료를 강조한다. 환자들이 자신의 본모습에 다가가거나 "진정한 자아"를 회복하도록 돕는 게 아니라, 고통을 주는 증상을 제거하는 것이 의학의 목표이다.

오늘날 정신요법은 주요 산업이다. 가령 영국의 경우에 현재 활동하는 요법사가 얼마나 되는지 정확한 숫자를 알 수 없다. 정식 자격증 없이도 합법적으로 영업할 수 있기 때문이다. 가장 믿을 만한 통계에 의하면 대략 5만 명쯤 되는 걸로 보인다. 미국은 이보다 수가 많다. 요법 학파도 매우 뛰어난 학파에서 도무지 믿을 수 없는 학파에 이르기까지 다양하다. 따라서 모든 학파를 총망라한 목록을 만드는 건 불가능한 일이다.

그러나 대부분의 정신요법 학파에선 둘 중 한 가지 접근법을 강조한다. 하나는 프로이트가 택한 역사적 연구법인데, 그는 과거의 진실을 이해하면 현재의 문제를 해결할 수 있다고 주장했다. 또 하나는 '지금 이곳'의 접근법으로, 과거를 무시한다. 진단과 치료를 위한 기초 자료로서, 요법을 시행하는 시점에서 환자가 제시하는 정보를 중시한다.

프로이트는 대부분의 신경증과 정서적 문제가 어린 시절에 무의식 속에 억압된 행동 동기와 불안에서 생겨난다고 확신했다. 정신분석 요법은 그의 이러한 믿음에 토대를 두고 있다. 요법사의 목표는, 과거에 입은 손상을 회복하려면 어떻게 해야 하는지 깨달을 수 있도록 의뢰인을 돕는 것이다. 통찰력과 내면 분석력은 치료를 유도해내는 데 꼭 필요한 요소이다.

행동 요법은 통찰력을 불신하며, 존 B. 윗슨과 스키너(30쪽 참조) 같은 심리학자가 옹호한 조건반사 기술을 통해서 행동을 치료하는 일에 집중한다. 이 방법은 광장공포증과 비행공포증 같은 불안증 치료에 매우 효과가 높다. 요법사는 의뢰인이 바람직한 행동을 배우거나 바람직하지 않은 행동을 배우지 않도록 도와준다.

인식 행동 요법을 개발한 사람은 아론 베크인데, 그는 특히 우울증 환자 치료에 이 방법을 사용했다. 베크는 사고하고 추론하는 과정이 행동에 영향을 미친다고 주장했다. "개개인의 정서와 행동은 대부분 그 스스로 세상을 구성하는 방식에 의해서 결정된다." 요법사는 사고

방식의 왜곡과 모순을 지적하는 걸 통해서, 환자들에게 자기 자신과 자신의 경험을 다른 각도에서 바라보는 방법을 가르친다.

합리적 감정 요법은 앨버트 엘리스가 만든 것이다. 개개인의 그릇된 사고와 관념이 기능장애 행동을 낳는다고 주장한다는 점에서 인식 행동 요법과 다소 비슷하다. 엘리스는 특히 해악을 미치는 불합리한 신념에 다음과 같은 세 가지 유형이 있다고 말한다. "나는 모든 일에서 유능해야 하며, 모든 사람한테서 능력을 인정받아야 한다."

"다른 사람들은 나를 정당하게 대우해야 하며, 만일 그러지 않는다면 그들은 가치 없는 인간이다." "나는 내가 원하는 모든 것을 즉시 수월하게 손에 넣어야 한다." 요법사는 환자가 한층 합리적이면서 성취 가능한 신념을 갖게 만들고자 노력한다.

프리츠 페를스가 만든 형태 요법은, 환자들이 자신의 전체 성격('형태Gestalt'의 어원은 "통합체"를 뜻하는 독일어이다)을 이해하는 걸 통해서 자립심과 자신에 대한 책임감을 갖도록 도와줄 필요가 있음을 강조한다. 페를스는 과거를 탐구하는 작업을 신뢰하지 않았다. 게슈탈트 요법사들은 지금 이곳에 대한 인식을 강조하며, 비언어적인 행위에 관심을 기울인다. 요법 과정에서

요법사는 환자를 중앙 의자에 앉혀서, 다른 사람들이 실생활에서 행하리라고 여겨지는 역할, 그리고 환자 자신의 억압된 측면의 성격을 행동으로 표현하게 만든다.

의뢰인 집중 요법은 칼 로저스가 창안했는데, 그는 의뢰인("환자"가 아니라 "의뢰인"으로 칭하는 화법을 처음 사용한 사람이 로저스였다)한테 "무조건 사적인 관심"을 기울여야 한다고 주장했다. 이는 의뢰인과 의뢰인의 모든 결점을 포용한다는 걸 의미했다. 이러한 포용은 의뢰인으로 하여금 자신감과 자부심을 갖게 만들고, 자신에 대한 부정적인 느낌에 대항하는 일에 도움을 준다는 것이다. 로저스는 매우 긍정적인 인품과 상당한 영향력을 지닌 사람이었다. 그러나 그의 방법론은 지나치게 소박하고 낙관적이라는 비판을 받았다. 그의 딸 나탈리는 아버지의 작업과 연관이 있는 인간 표현 요법이라는 학파를 창시했다.

인본주의 요법은 에이브러햄 매슬로가 창안했으며, 그의 사상은 1960년대에 대중화되었다. 인간은 음식과 집과 섹스의 욕구가 충족되면, 그 즉시 새로운 목표─자아실현─를 성취하기를 원한다는 주장이었다. 여타 요법과 달리, 인본주의 요법은 의뢰인의 행동을 해석하거나 변화시키려고 애쓰지 않는다. 다만 의뢰인의 느낌과 감정을 정화시키고자 노력할 따름이다. 이 요법의 목표는 "절정의 경험"을 성취하게 만드는 것이다─이는 강렬한 기쁨과 통찰의 순간, 자기 실현의 길로 들어서는 순간을

경험하는 것이다. 매슬로는 대단한 영향력을 지닌 문화평론가였으며, 당대의 수많은 요법 학파에 영감을 주었다.

교류 분석법을 만든 사람은 에릭 번이다. 그는 인생이 일련의 사회적 교류이며, 종종 거짓말과 속임수 때문에 교류가 틀어진다고 주장했다. 환자의 성격을 구성하는 세 가지 측면 —부모, 성인, 어린이의 측면 —을 통해서 그의 행동을 분석함으로써, 대인관계에서 그가 드러내는 포악하면서 파괴적인 상호 작용이 어떤 진실을 담고 있는지 밝혀내는 방법이다.

대결요법은 프랭크 패럴리가 만들었다. 환자의 삶에서 부적절한 측면을 찾아내서 대면하게 해주어야 하는데, 지나치게 환자를 떠받드는 요법이 너무 많다는 게 이 요법의 주장이다. 가령 아내가 자신을 사랑하지 않는다고 강변하는 환자에게, 당신이 너무 이기적으로 굴면서 역겨운 행동을 하니까 아내가 그러는 거 아니냐고 지적해줘야 한다는 것이다.

심리극 기술의 창시자는 제이콥 모레노이다. 그는 환자들이 자신을 괴롭히는 상황을 행동으로 표현하게 만드는 방법을 사용했다. 종종 부모와 애인과 우연히 만나는 상황을 등장시켰다. 환자가 부모나 애인의 역할을 맡아서 연기하여 다른 사람의 관점에서 자신의 행동방식을 바라보게 해줌으로써, 지금 자신이 어떤 곤경에 빠져 있는지 엿보게 만들었다.

위와 같은 여러 요법을 연구해보

면 어떤 요법 기술을 선택할 건지도 중요하지만 요법사의 성격, 요법사와 의뢰인 사이의 신뢰감 역시 중요하다는 게 분명하게 드러난다. 영국 심리학자 한스 아이젱크 같은 저명한 요법 비판자는 요법이 조금이라도 쓸모가 있는지에 대해 의문을 드러냈다. 아이젱크는 정신요법 운동에 이의를 제기하면서, 요법사들이 개입하지 않았더라도 그런 "성공"은 가능했을 거라고 주장했다 —대부분의 신경증은 자연스럽게 사라지게 돼 있다는 것이었다. 그러나 그의 주장을 입증하거나 반증하는 건 간단한 일이 아니다.

요법의 성공 여부를 판정하기 위해선 수많은 문제에 대한 합의가 필요하기 때문이다. 첫째, 요법의 목적은 무엇인가? 당사자가 제대로 기능하게 —프로이트의 유명한 표현을 빌리면 제대로 사랑하고 제대로 일할 수 있게 —만드는 것일까, 아니면 잠재력을 충분히 발휘하고 내면의 행복감을 증대하게 만드는 걸까? 둘째, 상태가 나아졌는지를 판단하는 사람은 의뢰인 자신, 의뢰인의 연인, 가까운 가족, 요법사 가운데 누구인가? 그러나 이런 변수들을 고려한 신빙성 있는 수많은 연구에서 입증되었듯이, 여러 정신질환의 경우에 전혀 치료를 받지 않는 것보다는 정신요법을 이용하는 것이 효과가 있는 게 분명하다.

마음의 상승

The Ascent of the Mind

얼핏 보기에 오른쪽 그림의 화려한 형상은 무정형의 잉크 얼룩에 지나지 않는다. 그러나 좀더 오래 들여다보면 미처 알아보지 못했던 무늬와 형상과 면이 드러난다. 이런 얼룩은 1922년에 스위스 정신과의사 헤르만 로르샤흐가 고안한 심리 테스트의 기초 자료이다. 로르샤흐는 잉크 얼룩 열 개를 환자들에게 보여주고 연관된 관념을 떠올리게 했는데, 이러한 연상은 환자의 욕구와 문제와 전반적인 성격을 드러내 보인다고 그는 믿었다. 로르샤흐 테스트가 과연 무언가를 조금이라도 측정해내는지에 대해선 여전히 많은 논란이 있다. 그러나 중요한 건, 정상적인 사람이라면 누구나 이런 테스트의 성격을 이해할 수 있다는 사실이다. 우리가 테스트에 쉽게 적응하는 이유는 일상생활에서 끊임없이 서로 다른 두 개념이나 사물 사이의 연상 또는 연관성을 모색하며 살기 때문이다.

인간은 이런 측면에서 독특한 존재로 여겨진다. 쥐와 침팬지와 돌고래들을 훈련시켜서(보다 정확하게 표현하면 조건반사를 일으키게 만들어서) 어떤 무늬를 알아보고 그 무늬를 삼각형이나 정사각형과 구분하게 만드는 건 가능한 일이다. 그러나 대부분의 사람은 그런 무늬는 일련의 연상을 유발하지 않는 무늬라고 여긴다. 반면에 어떤 이들은 이런 식의 사고는 인간의 오만함을 보여준다고 주장한다.

컴퓨터 과학에서 쓰는 언어를 통해서 인간의 뇌를 정보처리 장치로 묘사하는 경우가 종종 있다. 그런데 이는 잘못된 생각이다. 컴퓨터는 각 항목을 논리적인 구성요소들로 분해한다. 따라서 각 문제의 논리연산이 동일한 한, 사과 숫자를 세는 일에 관련된 문제와 오렌지 숫자를 세는 일에 관련된 문제를 구별하지 못한다. 컴퓨터는 오로지 "예"와 "아니오", 검정색과 흰색을 인식할 뿐이다. "아마도" 또는 회색은 존재하지 않는다. 이와 달리 인간의 추론과정은 사고의 "내용"에 큰 영향을 받는다. 문제를 풀기 위해서 추측에 의지하고, 정신 모델을 만든다. 또한 로르샤흐 테스트의 경우처럼 이전에 다루었던 사물이나 상황과 비슷한 점을 모색한다. 인간은 자신의 경험을 통합하기 위해서, 철학적으로 표현하면 자신의 삶에 의미를 부여하기 위해서 이론을 모색한다. 인간의 사고방식은 이처럼 광범위한 의미를 알아내려는 욕구에 기반을 두고 있으며, 인간의 창의력과 지능은 이런 의미를 찾는 데 사용하는 도구이다.

창의력과 지능은 인류의 최대 업적이다. 인간의 노력이 빚어낸 결과인 이런 특질을 천재성의 산물로 간단히 규정지을 수는 없다. 그럼에도 불구하고 심리학자들은 창의력과 천재성의 본질을 규정하거나 한정하고자 노력했다. 천재들의 작품이 그 시대의 산물이듯이, 오랜 세월에 걸쳐서 제기된 창의력과 지능에 관한 해석은 당대에 우세한 문화적 정치적 관심을 반영하면서 강한 반향을 불러일으켰다. 오늘날도 이러한 수준 높은 사고 작용에 대한 연구는 모호한 구석이 많은 만큼 많은 논쟁을 야기하고 있다.

지능 *Intelligence*

지능은 매우 다양한 의미를 갖고 있으며, 수많은 사고 유형의 묘사에 사용된다. 탐정의 잔꾀, 판사의 지혜, 과학자의 분석력은 모두 지능의 유형이 분명하다. 게다가 문화권마다 광범위한 온갖 정신 기술을 지능으로 규정한다. 각 사회는 짐승을 추적하는 부족원의 능숙한 솜씨, 추상적인 개념들을 다루는 철학자의 뛰어난 솜씨를 지능의 절정으로 간주한다.

그러나 이런 한계에도 불구하고 철학자들은 포괄적인 지능의 정의를 모색하고자 노력했다. 1921년으로 훌쩍 거슬러 올라간 시점에서, 어느 뛰어난 심리학 잡지는 저명한 심리학자 14명의 견해를 게재했다. 그들의 지능 정의는 두 가지 공통점을 지니고 있었다 — 경험을 통해서 배우는 능력, 새로운 환경과 도전에 쉽게 적응하는 능력이 그것이었다. 이러한 사실은 위에서 언급한 여러 지능이 고작 한두 가지 토대를 갖고 있으며, 지능을 측정하여 개개인의 차이를 비교할 수 있음을 의미한다.

지능 분석은 수많은 논쟁을 불러일으킨 지능 측정법 — 오늘날 IQ 테스트라 부르는 — 의 오랜 역사와 불가분의 관계에 있다. 어떤 이들은 이런 테스트가 학교와 직장에서의 성공 여부를 예측하는 훌륭한 척도를 제공한다고 믿는다. 반면에 별로 쓸모없는 테스트라고 말하는 이들도 있다. 이런 쟁점을 적절한 용어로 요약한 사람은 하버드 대학 심리학 교수 에드윈 보링(1886~1968)이다. 그는 지능의 정의를 묻는 질문에, "지능 테스트가 측정하는 것"이라고 대답했다.

여전히 어떤 이들은 IQ 테스트가 인종과 성을 차별하는 테스트이며, 의식적으로든 무의식적으로든 중산층 백인남성에게 유리하게 만들어진 것이라고 비판한다. IQ 테스트는 한 가지 개념에 집중하는 수렴적인 사고를 측정하기 때문이다. 이 테스트는 답이 하나밖에 없는 질문을 던진다. 남성이

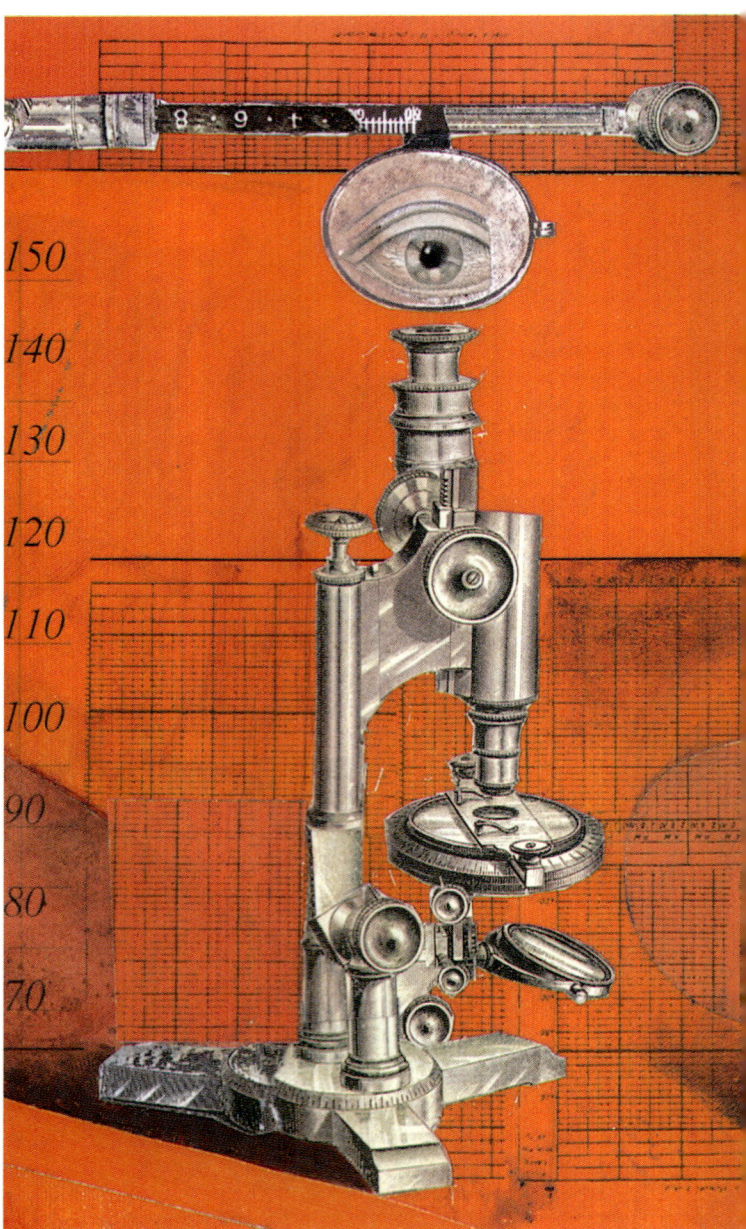

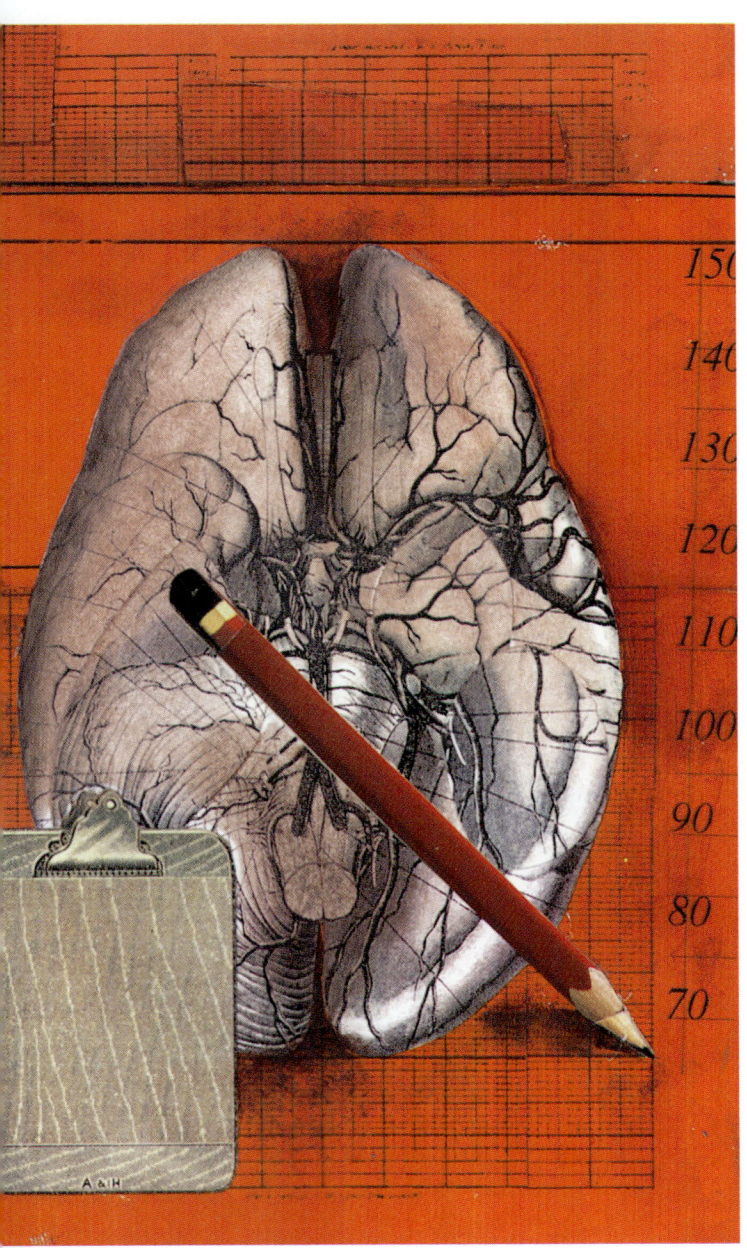

여성보다 수렴 사고력이 뛰어나다는 주장이 종종 제기되는데, 이런 사고는 특히 서양문화권에서 높은 평가를 받는다. 그러나 일상생활에서 생기는 많은 문제는 여러 가지 문제해결 전략을 통해서 답을 얻어낼 수 있는 것들이다. 가령 "2주일 동안 그리스를 여행할 때 어떤 코스를 택하는 게 가장 좋을까?" 같은 문제는 다양한 답변이 가능하다. 그릇된 답변도 있겠지만 — 가령 14일을 아테네에서 보내고 나머지 지역을 모두 무시하는 경우 — 옳은 답변도 많을 것이다. 또한 가장 적합한 답을 얻어내려면 매우 다채로운 수많은 요소를 고려해야 한다. 이런 방식의 사고가 일상생활 속에서 발달한 기술에 한층 잘 적용되는데도, IQ 테스트는 이런 사고를 전혀 고려하지 않는다는 게 비판자들의 주장이다. 또 어떤 이들은 보링의 견해에 의거해서 논점을 확대하여, IQ 테스트 같은 표준화된 테스트는 테스트에 임하는 피검사자의 성향을 평가할 뿐이라고 주장한다 — IQ 테스트가 학교나 개인 생활, 직장에서의 성공 여부를 정확하게 예언하지 못하는 건 이런 이유에서라는 것이다.

게다가 IQ 테스트는 노골적으로 또는 은연중에 일반지식 수준의 문제를 제시하는 경우가 많다. 일반지식은 특정 사회의 문화에 관한 지식일 수밖에 없다. 이런 질문을 예로 들어보자. "다음 단어들은 철자 순서를 바꾸어놓은 것이다. LAID, GRITMETA, THERATCH, SITMASE, SAPISCO. 하나만 빼고 모두 유명한 화가의 이름이다. 화가의 이름이 아닌 것을 골라라." 정답은 'THERATCH'이며, 철자를 바르게 하면 전 영국 수상 '대처'이다. 다른 이름들은 달리, 마그리트, 마티스, 피카소이다. 이 질문에 답할 수 있으려면 서양 미술사에 대한 기초지식이 필요하다.

처음으로 지능 측정을 시도한 사람은 빅토리아 시대 영국

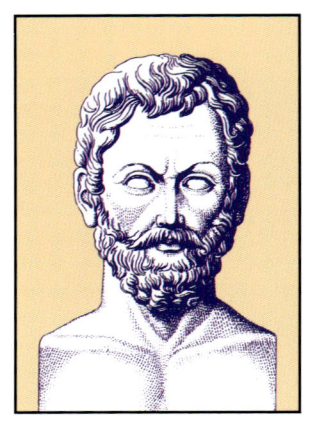  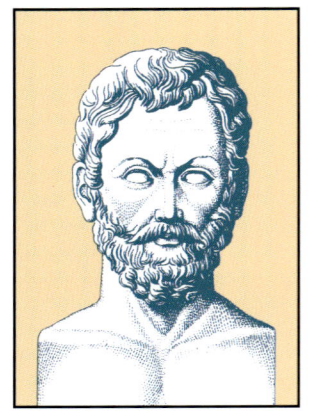 

인 프랜시스 골턴 경이었다. 그는 다윈주의 전통을 계승하여, 현재 진행 중인 인류 진화를 이해하려면 자연 선택 법칙을 따라야 한다고 믿었다. 또한 인간의 다양성에 대한 과학 분석을 통해서 인간의 육체와 정신이 지닌 특성을 측량하는 작업에 들어갔다. 그는 이런 지식을 축적해두면 언젠가는 인간 진화의 방향을 정하는 데 사용할 수 있을 것으로 믿었고, 그 스스로 이런 이론을 우생학이라고 불렀다. 현 시점에선 충격을 주는 견해이지만, 당대의 분위기에 어긋나는 주장은 아니었다 ─ 과학이 인류 진보의 주된 원동력이라는 평가를 받고, 인도유럽어족은 선천적으로 가장 뛰어난 종족이라는 믿음이 고개를 들던 때였다.

골턴은 지능 측정을 위해서 단순한 여러 정신물리학 테스트 ─ 자극 반응속도 테스트, 피부 자극 민감성 테스트를 포함하는 ─ 를 이용했다. 이런 테스트는 이후로 지능이 아니라 감각활동 측정법으로 인식되어왔다. 그러나 어떤 전문가들은 골턴의 주장에 의거하여, 지능은 본래 마음의 민첩성이라고 주장했다. 지능이 뛰어나다는 건 정보 처리 속도가 빠르다는 걸 의미한다는 얘기였다.

골턴 이후에 지능의 본질에 대한 매우 짜임새 있는 연구가 이루어졌다. 지능의 생물학 토대를 밝히려는 욕구보다는 실제 사회의 관심이 이런 연구를 촉발했다. 1904년에 프랑스

심리학자 알프레드 비네와 테오도르 시몽은 파리 교육당국의 의뢰를 받아서, 일반 학교에 다녀도 되는 "정상" 어린이와 보충교육이 필요한 어린이를 구별하는 테스트를 만들었다. 그들은 일단 어린이들이 연령별로 터득할 수 있는 기술의 범위를 정했다. 가령 네 살짜리 보통 아이는 다섯까지 수를 셀 수 있고, 알파벳 철자와 간단한 형상을 인지할 수 있음을 알아냈다. 이런 작업이 가능한 열 살짜리 아이는 지능이 특별히 뛰어나다고 볼 수 없으며, 세 살짜리가 이런 일을 해낸다면 지능이 매우 높다고 말할 수 있다고 주장했다.

비네와 시몽이 단호하게 부정한 건, 지능은 태어날 때부터 확정된 것이며 환경의 영향을 받지 않는다는 견해였다. 그들의 테스트는 "정신 연령"과 실제 나이를 비교하게 해주는 것으로서, 교사들이 학생들의 결점을 교정하는 데 도움을 줄 수 있는 유익한 진단 수단이었다. 그런데 이윽고 결정론을 주장하는 골턴 학파가 이런 테스트 방법을 전용했다. 지능지수(IQ) 개념이 도입되었으며(수치 산정법은 정신 연령을 실제 나이로 나누어 100을 곱하는 것이다), 이후로 어린이의 지능뿐 아니라 변형된 형식을 통해서 어른의 지능 측정에 이용되어왔다 ─ 물론 오늘날엔 개개인의 획득 점수가 평균치에서 얼마나 벗어나는지에 따라서 등급을 매기는 테스트 체계로 이동하는 심리학자도 적지 않다.

1 2 3 4 6 7 5 8 9

많은 이들이 한 사람의 IQ 점수는 유전을 통해서 확정된다고 — 일평생 변하지 않는 꼬리표라고 — 믿었으며, 일부 나라에선 법률 속에 이런 개념을 정식으로 집어넣었다. 가령 1924년 미국 이민법 조례의 "국적 할당" 조항은 "유전학적으로 열등한" 남부와 동부 유럽인의 입국 허용 숫자를 제한한 반면에, "우수한" 북유럽 사람들의 입국을 장려했다(흥미롭게도 이후의 연구에서, 일부 "열등한" 이주민의 자녀가 IQ 테스트에서 평균치를 넘는 점수를 올린다는 게 밝혀졌다).

오늘날 지능이 오로지 유전에 의해서 결정된다고 믿는 심리학자는 거의 없다. 환경과 적응이 상당한 역할을 한다고 보는 것이다. 생물학 결정론자들조차 IQ 테스트는 성공을 예언하는 능력이 형편없다고 말한다.

천성과 교육 논쟁은 혼란스러운 역사를 갖고 있으며, 여전히 만족스러운 해결책이 나오지 않은 상태이다. 지능의 토대는 유전이라는 주장을 강력히 뒷받침하는 건, 런던의 대표적인 교육심리학자 시릴 버트가 1911년부터 수행한 작업이었다. 그는 53쌍의 일란성 쌍둥이의 지능을 측정했다. 모두 어린 나이에 떨어져서 따로 성장한 사람들이었다. 버트는 쌍둥이들이 거의 비슷한 IQ 수치를 갖고 있다는 걸 알아냈다 — 얼핏 보기에 환경이 지능 결정에 아무런 역할을 하지 못하며, 오로지 유전이 중요함을 보여주는 결정적인 증거였다. 그러나 버트의 작업을 평가한 노먼 매킨토시의 『버트 논쟁 The Burt Controversy』(1995) 같은 책들은 그가 이런 자료를 일부 위조했을 가능성이 있다고 주장한다.

버트 이후에 또다른 쌍둥이 연구를 위시한 연구들은 지능에 유전적인 요소가 상당함을 밝혀냈지만, 환경의 영향을 인정한 연구도 적지 않다. 1980년대에 로버트 플로민이 주

도한 콜로라도 쌍둥이 프로젝트는 쌍둥이에 대한 매우 광범위한 심리학 연구이다. 연구 결과를 보면 부모가 다른 아이들을 같은 가정에서 키울 경우에, 7세와 14세 사이의 아이들은 그보다 나이가 많은 아이들에 비해서 한결 서로간에 IQ가 비슷하다. 환경이 가장 큰 영향을 미치는 건 유년기와 사춘기 초기이며, 그후엔 대체로 자기 부모의 IQ에 가까워진다는 얘기이다. 뇌 조직의 관점에서 볼 때, 7세쯤에 시작되는 일정한 신경 발달은 14세쯤엔 정체상태를 보이거나 심지어 퇴행한다는 걸 의미한다. 이는 지능 문제에서 천성과 교육이 늘 복잡한 관계를 맺고 있음을 보여주는 사례이다.

인간의 "뇌 능력"은 뉴런 접속의 복잡성에 어느 정도 의존하며, 이런 접속의 일부는 경험의 산물 — 환경에 노출된 결과 — 임을 우리는 잘 알고 있다. 따라서 이론적으로는 적절한 조건반사 또는 학습을 통해서 이런 접속을 증대시킬 수 있다. 행동주의 창시자 존 B. 윗슨(1878~1958)은 자신에게 7세 이전의 아이를 맡긴다면, 그 아이의 유형을 만드는 방법이 무한하다고 주장했다. 조건반사를 통해서 지능이 뛰어난 행동을 하게 만들 수도 있고, 완벽한 바보처럼 행동하게 만들 수도 있다는 것이었다. 다행스럽게도 그는 이런 주장을 실험하지 않았던 걸로 보이며, 이후에 이런 대담한 진술을 수정했다. 학습을 통해서 어느 정도까지 지능을 만들어낼 수 있는지에 대해선 여전히 논쟁이 진행 중이다.

창의력과 천재성 *Creativity and Genius*

런던 정신의학연구소 명예교수 한스 아이젱크는 천재성 연구를 통해 음악계의 창의력의 특성을 조사했다. 연구 결과 250여 명의 고전음악 작곡가들의 작품이 여전히 연주되고 있으며, 음악회의 절반이 16명밖에 안 되는 작곡가의 작품으로 채워져 있다는 걸 밝혀냈다. 이런 수치는 위대한 불후의 예술작품을 만드는 사람, 그리고 과학과 철학에서 중요한 돌파구를 만드는 사람은 극히 드물다는 일반인의 공통된 견해를 뒷받침한다. 그렇다면 혁신적인 사람과 보통사람을 분리시키는 요소는 무얼까? 창의력의 근원을 열성을 다해서 탐구하는 심리학자들이 종종 던지는 질문이다.

빅토리아 시대의 박식가 프랜시스 골턴(169쪽 참조)은 천재성이 유전의 문제라고 주장했다. 또한 자녀를 가장 좋은 학교에 보내는 가장 좋은 가문에서 가장 우수하고 창의력이 가장 뛰어난 뇌가 만들어지게 돼 있다고 믿었다. 골턴의 엘리트주의는 근거 없는 것으로 밝혀졌다. 천재성은 유전되지 않으며, 전혀 가능성이 없어 보이는 곳에서 모습을 드러낸다. 셰익스피어(그의 가문은 유명하지 않았다)의 표현을 바꿔서 말하면, 천재는 천재성을 타고나지 않는다. 이런 견해를 뒷받침하는 건 E. T. 벨의 저서 『수학자들 *Men of Mathematics*』이다. 벨은 세계적으로 가장 위대한 수학자 28명의 집안 배경을 조사했는데, 능력이 유전된다는 증거를 거의 찾아내지 못했다. 페르마의 아버지는 가죽 상인이었고, 파스칼의 아버지는 하급 공무원으로 아들이 수학책을 보는

걸 금했다. 가우스의 아버지는 농부였다. 몽주의 아버지는 행상인이었고, 역사상 가장 직관력이 뛰어난 수학자로 널리 인정받는 스리니바사 라마누잔 역시 농부 집안 출신이었다. 챔피언 경주마를 길러낼 수는 있지만, 천재성을 지닌 작곡가나 작가, 화가, 과학자, 수학자를 길러내는 건 불가능한 일로 여겨진다.

창의력과 천재성은 지능과 관계가 있는 걸까? 이 질문 역시 정답은 '아니다'일 것이다. 창의력을 연구하는 심리학자들은 천재가 되려면 꽤 영리해야 하지만, 영리하다는 것만으로는 부족하다는 데 의견이 일치한다. 전 세계에서 IQ가 150이 넘는 사람이 수천 명이지만 그들이 창의력 있는 사고를 한다는 증거는 찾기 힘들다. 사실상 IQ가 최저 수준을 넘을 경우엔, IQ와 인생의 성취 사이엔 상관관계가 거의 없다. 또한 오늘날 천재로 인정받는 많은 이들의 학교 때 성적은 평균에 불과했다. 창의력은 지능이 아니라 다른 인식 요소에 의지하는 걸로 보인다. 1930년에 심리학자 찰스 스피어먼은 이런 요소를 사고의 "유연성"이라고 불렀다. 또 어떤 이들은 "확산적 사고"(다채로운 개념을 많이 만들어내는 사고)라고 불렀는데, 전통적인 IQ 테스트로 측정하는 사고 형태인 수렴적 사고(167쪽 참조)와 구분하기 위해서였다.

부화(孵化)라는 독특한 현상은 창의력 작용의 본질을 이해할 수 있는 실마리를 제공한다. 창의력이 뛰어난 사람은 새로운 문제에 직면했을 때 여러 각도에서 접근한다. 그러나 쉽게 해결책이 나오지 않을 경우엔 잠시 그 문제를 덮어둔

다. 재능이 뛰어난 사람 가운데 이런 과정을 통해서 해결책을 얻어낸다고 말하는 이들이 놀랄 만큼 많다. 공상에 잠겨 있거나 카드놀이를 하거나 친구를 방문하는 중에, 무의식 속에서 해결책이 저절로 부화하는 것처럼 여겨진다. 이러한 사실로 미루어 명백히 하찮아 보이는 다른 활동들이 창의적인 정신에 일련의 새로운 "검색 신호"를 제공하고, 이런 신호가 전혀 새로운 방식의 문제 접근법 — 올바른 해결책을 낳는 접근법 — 을 만들어낸다는 주장이 제기되었다. 진정한 천재들의 또다른 특징은 행동에 동기를 부여하는 내용이 심오하다는 점이다. 대부분의 보통사람과 달리 천재들은 돈이나 또래들의 인정 같은 평범한 동기를 신뢰하지 않는다. 그보다는 노력할 만한 실질 가치를 지닌 작업을 물색한다. 이처럼

천재들의 작품은 전통적인 사고를 파괴함으로써 기존의 틀을 뒤엎는다. 천재성의 산물이 지능의 성취물에 견주어 무시되거나 조롱당하고, 나중에 가서야 업적을 인정받고 갈채를 받는 건 바로 이런 이유에서이다.

창의력이 매우 뛰어난 사람은 독특한 인식 체계를 갖고 있는데, 이를 탐지해내는 걸 목표로 삼는 테스트들이 있다. 가장 유명하면서 가장 흥미로운 테스트는 사물의 용도 테스트이다. 기본적인 질문은 이런 것이다. 당신은 벽돌의 용도가 얼마나 된다고 생각합니까? 창의력이 뛰어난 사람은 벽이나 건물을 만드는 차원을 넘어서, 희한한 용도를 많이 떠올릴

것이다—가령 당신의 기금신청 요구를 거절한 연구위원회의 창문으로 날리는 완벽한 미사일로 사용할 수 있다.

또다른 테스트로 원격 연상 테스트가 있는데, 피검사자는 이런 문장의 수수께끼를 풀어야 한다. "생쥐와 포도주와 푸른색의 공통점은 무엇인가?" 이 이론이 주장하는 건, 정답(치즈)에 도달하려면 오로지 확산적 사고를 이용해야 한다는 것이다.

그러나 사고의 유연성 하나만으로는 천재가 될 수 없다. 판별 능력, 즉 간직하여 추구할 만한 연상과 퇴짜를 놓을 연상을 분별하는 능력도 마찬가지로 중요하다. 천재와 "광인"의 차이는 이런 능력의 유무에 있다.

2000여 년 전에 아리스토텔레스는 천재성이 광기를 띠는 경우가 대부분이라고 말했다. 오늘날 그의 얘기는 옳은 걸로 여겨진다. 상당수의 위대한 화가와 작가들—고흐, 니체, 미국 시인 로버트 로웰, 그리고 비트겐슈타인도 이 부류에 들어갈 수 있을 것이다—이 정서장애가 심했으며, 여러 연구에서 광기와 창의력을 결부시켰다. 1994년에 펠릭스 포스트는 미국 정신병학협회의 진단통계편람(DSM)을 이용해서, 291명의 세계적으로 유명한 과학자와 작곡가, 화가, 정치가

들을 진단했다. 그는 놀랄 만큼 많은 사람들이 정신병 문제로 고통을 겪었음을 알아냈다. 작곡가의 31퍼센트, 시각 예술가의 38퍼센트, 작가의 46퍼센트, 과학자의 18퍼센트가 정신병 징후를 보였으며 일정 기간 전혀 작업을 할 수 없어서 휴식을 취해야 했다. 어떤 이들은 병원 치료를 모색했다.

한스 아이젱크는 광기와 천재성 사이에 생화학 측면의 연관성이 있다고 믿는다. 정신분열증 환자도 창의력을 지닌 사람들처럼 희한한 연상이 가능하다. 이미 살펴보았듯이 정신분열증의 한 가지 이유는 뇌의 신경전달물질 도파민(146쪽 참조) 과다로 여겨진다. 이런 경우에 보통 때처럼 방해를 받는 일 없이 세포와 세포 사이에서 생각이 매우 수월하게 이동한다. 아이젱크의 주장에 따르면, 뇌의 도파민 과다 또한 천재성의 필수조건이다. 그러나 정신분열증 환자는 자신의 혼란스러운 연상을 활용하는 능력이 없으며, 인식과 지각과 연상과 환청에 완전히 제압당한다. 반면에 창의력을 지닌 사람은 어떻게든 이런 것들을 제어한다.

커다란 X(오른쪽) 같은 자극을 주었을 때, 대부분의 사람은 이 글자에 별로 주의를 기울이지 않는다. 다시 X를 제시했을 때도 주의력을 쏟는 정도가 비슷하다. 그러나 창의력이 뛰어난 사람과 정신분열증 환자는 보통사람들보다 덜

"합리적"이다. X를 거듭해서 제시할 경우에, 어떤 때는 주의를 기울이고 또 어떤 때는 신경을 쓰지 않는다. 인식 억제의 유연성이라고 부르는 이런 공통된 요소는 광기와 천재성에 연관성이 있음을 보여주는 증거이다.

아이젱크에 의하면, 천재성의 복잡한 생화학적 특징은 역시 복잡한 발생학적 기원을 갖고 있다. 천재성은 유전되는 특성이 아니며, 일부러 만들어낼 수도 없다. 천재는 주기적으로 출현하는 변종이며, 때로는 더없이 놀라운 환경에서 발생한다. 이런 일은 아리스토텔레스 시대 이전부터 지금까지 이어져왔다.

진화하는 의식 *The Evolving Consciousness*

나는 이 책 전체에서, 인간정신의 본질 이야기가 두 가지 다른 언어로 진행되어왔다는 사실을 강조했다 — 하나는 사고, 감정, 경험의 주관적 언어이며, 또 하나는 해부, 생리 기능, 실험의 객관적 언어이다. 각 언어의 접근법은 나름의 함정을 갖고 있다. 요법사의 주관적 언어는 우리에게 더없이 자의식이 강한 사람이 되려는 강박관념에 사로잡히게 만들 우려가 있다. 가령 영국 요법사 존 로원은 고객들에게 자신의 "하위 성격"을 찾아내도록 부추긴다. 자신이 진짜 어떤 사람인지 알아내고, 이런 사람(또는 사람들)에 한층 접근한 존재가 되게 하려는 목적에서이다. 이는 통찰에 이르는 길일까, 아니면 자기 방종에 이르는 길일까? 한편 과학자의 객관적 언어는 우리가 마음 활동의 여러 중요한 측면을 무시하게 만들 우려가 있다. 가령 행동주의자들은 20세기 중반에 의식 개념을 완전히 무시했다(77쪽 참조). 또한 오늘날 많은 생물학자들이 융과 프로이트의 사상을 쓰레기로 여겨서 무시하는데, 과학적 검증이 불가능하다는 이유에서이다.

마음 연구엔 정치적이면서 지적인 경계선이 분명히 존재한다. 이런 경계선이 극적으로 모습을 드러낸 건 미국심리학협회(APA)의 내분을 통해서였다. 실험심리학자들(1893년에 APA를 창립한)은 1980년대에 협회에서 탈퇴하면서, "요법사"들이 협회를 장악하고 있다고 주장했다. 그들은 APA가 더이상 자신들의 언어를 사용하지 않으며, 임상심리학자와 요법사들과 관련된 문제들은 사실상 과학적인 문제가 아니라고 여겼다. 이런 불화에 직면하여 어떤 논평가들은 심리학이 단일한 주체인 것처럼 말하는 것이 옳은 일인지, 서로 다른 언어들과 하위 분야를 통합하기 위해서 원대한 이론을 모색하는 게 가치 있는 일인지 의아해했다. 나 자신은 이런 모색을 포기하는 건 치명적인 결과를 낳을 거라고 믿는다. 만일 어떤 유형의 지식을 주변적인 것으로 여겨서 무시해버리거나, 또는 이용할 수 있는 모든 원천에서 정보를 얻어내 통합하는 데 실패한다면, 우리 자신에 대해서나 우리의 잠재력과 한계를 결코 알아내지 못할 것이기 때문이다.

심리학의 두 가지 언어 사이에 상당한 차이점이 있다는 사실을 은폐하는 건 옳은 일이 아니며, 경계선에 다리를 놓는 방법을 모색하는 작업은 여전히 중대한 과제로 남아 있다. 그러나 지난 100년 동안 뇌 과학에서 이루어진 거대한 진전

을 고려할 때, 인간의 마음에 이런 과제를 해결할 능력이 없다고 보는 건 위험할 정도로 비관적인 태도이다.

오늘날 과학자들은 EEG(72쪽 참조)와 PET 스캔(183쪽 참조) 같은 기술을 통해서, 사고와 생리기능(범위가 아주 넓지는 않지만)을 서로 관련시키는 일이 가능해졌다. 이런 기술은 100년 전엔 들도 보도 못한 것이었다. 앞으로도 인류는 계속해서 유사한 과학기술의 진보를 이룰 가능성이 매우 높다. 만일 신통한 수정 구슬을 들여다볼 수 있다면 앞날을 예견할 수 있을 것이다. 언젠가는 화상 기술을 통해서 특정 작업에 관여할 때 뇌의 여러 부위들이 서로 어떤 작용을 하는지, 그 순간에 어떤 신경망이 활동에 들어가며 어떤 시냅스가 활발하게 변하는지를 실시간에 알게 될 날이 올 것이다. 과연 이런 기술을 어디서 얻을 수 있을까? 사고력 실험을 통해서 이 문제를 탐구해보자. 최신식 스캐너를 갖춘 방에 한 무리의 과학자가 모여 있다. 방음 처리된 다른 방엔 실험 대상자가 있다―해럴드라는 이름의 배우이다. 해럴드는 셰익스피어 희곡 한 구절을 암송하고, 속으로 조용히 읊고, 정신분열증 환자 같은 어조로 이 구절을 발언한다. 과학자들은

요즘 사용되는 화상 진찰 기술로는 해럴드 뇌의 언어 중추가 활동하고 있다는 사실을 알 수 있을 뿐이다. 앞으로 25년 안쪽에, 그들은 해럴드의 세 가지 행위를 구분하는 게 가능해질 것이다. 50년이나 100년 안쪽엔 해럴드가 생각하는 걸 정확하게 "볼" 수 있게 될 것이다―즉 그가 지금 암송하는 구절이 무언지, 생각이 옆길로 새나가서 그날 밤 계획을 궁리하는지, 팔뚝에 가려움을 느끼는지를 정확히 알게 될 것이다.

이러한 시나리오는 흥미로운 의문을 불러일으킨다. 22세기 과학자가 정교한 스캐너를 통해서 지금 해럴드가 버뮤다 휴가 여행을 생각하는 걸로 단정한다고 가정해보자. 그런데 이와 달리 해럴드는 지금 자신이 저녁식사에 대해 생각하고 있다고 단언한다. 객관적인 관찰자로서 우리는 누구를 믿어야 할까? 어떤 환경에선 과학자를 믿게 될 것이다. 가령 해럴드가 정신질환을 앓고 있다면, 우리는 그의 보고 내용보다는 뇌 활동과 시냅스 흥분 형태와 생화학적 불균형에 관한 과학자들의 분석을 지지할 것이다. 그러나 해럴드가 정신병 징후를 보이지 않는 온전한 상태라면 대부분의 사람은 그의

얘기를 믿을 것이다. 과학자들의 정보는 다른 사람들의 의식에서 비약이 이루어지는 것을 용납하지 않는 결로 보인다. 해럴드는 자신의 뇌에 누구보다 먼저 접근할 수 있는 권리가 있다. 그의 의식은 다른 사람들에게는 출입금지 구역이다. 따라서 그의 보고 내용은 고유한 권위를 지닌다.

앞으로 모든 경우에 이런 일이 벌어질 것으로 여겨진다. 뇌의 생화학적 특징과 생리 기능에 대한 과학자들의 지식이 늘어날수록, 우리는 우리의 의식에 대한 그들의 과학적 분석에 대해서 더욱 저항하게 될 것이다. 고집스럽게 인간이라는 존재를 유지하기 위해서, 자신의 통찰력이 탁월하다는 사실을 강조하면서 통찰력을 더욱 세련되게 다듬을 것이다. 따라서 자신이 일정한 사고와 생각을 지닌 이유를 한층 잘 이해하게 될 것이다. 동시에 의식과 자의식의 보호 피막으로 감싸는 걸 통해서, 우리 자신의 인간성 —마음—을 자연과학의 침략으로부터 지켜낼 것이다. 즉 자신의 주관적인 삶을 매우 미묘하고 복잡하게 가다듬어서 가장 정교한 스캐너들을 당황하게 만들 것이다.

의식적으로 마음 작용을 교묘하게 다루어서 과학 연구로부터 마음 작용을 보호하는 게 가능해질 거라는 얘기인데, 공상과학소설에 나오는 비현실적인 환상으로 여겨질 수도 있을 것이다. 그러나 우리는 인간의 의식이 불변하는 것이 아님을 이미 살펴보았다. 의식은 진화하며, 문화의 변화, 과학의 진보, 우리가 우리 자신에 대해서 갖고 있는 지식은 의식 형성에 영향을 미친다.

뇌와 마음의 작용에 대한 과학자들의 지식이 늘어나고 자기 자신에 대한 인간의 지식이 증대되고, 그 결과 모든 사람이 마음의 객관적 언어와 주관적 언어 모두에서 유연성이 생긴다면, 과연 의식의 본질도 변하게 될까? 과연 공상과학소설이 새로운 현실로 모습을 드러내게 될까?

용어풀이

간상체 rod
밤 시간과 어두운 시야를 감지하는 빛 수용체. 색채 시각 능력은 없다. 망막 바깥쪽에 위치하며, 원뿔체보다 길고 수가 많다.

공감각 synesthesia
지각과 감각의 혼란상태. 가령 색채가 소리와 연관된 것처럼 여겨지는 현상.

공포증 phobia
실제 위험이 없는 상황에서 거미나 공개된 장소 같은 특정한 사물, 사건, 환경이 일으키는 과도한 불안.

내인성 우울증 endogenous depression
분명한 원인이 없는 우울증

뇌교 pons
후뇌의 조직. 뇌의 한쪽 구역에서 다른쪽 구역으로 메시지를 전달하는 신경세포들을 함유하고 있다. 또한 머리 일부와 얼굴을 연결하는 신경을 함유하고 있다.

뇌량(腦梁) corpus callosum
뇌의 좌반구와 우반구를 연결하는 신경섬유 다발.

뉴런 neurons
신경세포. 신경계 조직의 기본 구성요소.

단기간 기억(STM) short-term memory
몇 분 동안만 지속되는 기억. 형성방식이 장기간 기억과 다르다.

대뇌 cerebral cortex
피질 뇌의 바깥층. 감각 인식, 고급 의식 기능에 관여한다.

대뇌 변연계 limbic system
전뇌의 조직으로 정서적 행동, 학습, 적응성에 관여한다. 해마상 융기, 편도선, 격막으로 이루어져 있다.

도식 schema
일부 심리학자들이 과거 경험에 토대를 둔, 서로 연관된 개념들을 체계화하는 인식 구조를 묘사하고자 사용하는 용어. 피아제가 아동발달이론에서 사용했다.

두정엽 parietal lobe
대뇌 피질의 네 가지 엽 가운데 하나. 주로 피부와 근육에서 보내오는 정보를 처리하는 일에 관여한다.

마취제 opiate
양귀비에서 추출하는 헤로인, 모르핀, 코데인 같은 물질. 코와 식도로 흡입하거나 피부로 주입하면 통증을 마비시키고 행복감을 준다. 대체로 중독성이 있다.

말초신경계 peripheral nervous system
신경계의 일부. 중추신경계를 제외한 몸의 모든 신경세포들로 이루어져 있다. 뇌와 몸 사이에서 정보를 전달한다.

망막 retina
눈 뒤쪽의 조직으로 빛 수용체를 함유하고 있다.

망상조직 reticular formation
중뇌와 후뇌 속의 뉴런들의 연결망. 의식이 깨어나거나 잠들거나 각성하는 걸 조절한다. 또한 심장박동과 숨쉬기를 조절한다.

문법 grammar
언어 연구 전문가들은 심층 문법, 표피 문법을 구분한다. 심층 문법은 의미의 기본 구조이다. 표피 문법 또는 규범적 문법은 동사, 구두점 등등의 규칙에 적용된다.

반발성 우울증 reactive depression
이혼 같은 납득할 만한 이유가 있는 우울증(내인성 우울증 참조).

브로카 영역 Broca's area
뇌 좌반구의 일부. 언어 처리 작업에 관여한다.

빛 수용체 photoreceptor
간상체와 원뿔체. 망막 속의 조직. 중추신경계가 분석하여 처리할 수 있는 정보로 빛 에너지를 전환한다.

소뇌 cerebellum
후뇌의 일부. 숨쉬기, 공동작용, 균형 감각 같은 자율행동을 조절한다.

소포 vesicles
시냅스 속의 작은 자루로 신경전달물질을 보유하고 방출한다.

수용체 receptor
외부로부터 감각 정보를 받는 신경계의 생리학적 구성요소(망막이 좋은 예이다). 좀더 넓은 의미로는, 귀나 눈처럼 이런 구성요소를 지닌 기관을 칭할 때 사용한다.

수지상돌기 dendrite
다른 세포들과 메시지를 주고받는 축색돌기 끝에 있는, 뉴런에서 갈라져 나온 부위.

숨골 medulla oblongata
척수 맨 위쪽에 위치한 뇌간의 맨 아래쪽 부위. 심장박동, 호흡, 소화, 음식물 삼키기를 조절하는 일에 관여한다. 또한 몸 오른쪽 부위의 신경이 뇌 왼쪽 부위로 전환하고, 몸 왼쪽 부위의 신경은 뇌 오른쪽으로 전환하는 지점이다.

시냅스 synapse
뉴런들 사이의 공간. 이곳으로 신경전달물질이 방출된다.

시상 thalamus
뇌 중앙에 위치한 두 개의 엽으로 이루어진 조직. 감각정보를 전달하고 수면형태를 조절하는 일을 돕는다.

시상하부 hypothalamus
전뇌 아래쪽에 위치한 작지만 매우 중요한 조직. 많은 자율행동(균형 잡기와 식욕을 포함한)을 조절하며, 다른 뇌 부위와 상호 작용하여 특히 의식과 생존 행위, 감정, 통증 반응을 다스린다.

신경전달물질 neurotransmitter
뉴런이 방출하는 화학적인 전달자. 시냅스를 통해서 수신 뉴런으로 메시지를 전달한다.

실착행위 parapraxis
말실수 같은 의미심장한 실수를 칭하고자 프로이트가 사용한 용어.

아드레날린 adrenalin
신장 위쪽의 부신 골수에서 분비되는 신경전달물질. 심장과 근육 활동을 촉진시켜서 우리의 몸이 싸움(fight), 공포(fright), 비행(flight)에 대비하게 만든다.

REM 잠 Rapid Eye Movement sleep
눈동자가 빠르게 움직이는 동안의 수면. 늘 그런 것은 아니고 대체로 꿈을 꿀 때 이런 움직임이 일어난다(역설적 잠 참조).

알츠하이머병 Alzheimer's disease
노인성 치매. 퇴행성 뇌장애. 기억상실증 같은 증상이 있으며, 방향감각 상실증이 심해지다가 결국 사망에 이른다.

암시감응성 suggestibility
자신이 기억하거나 인식하는 것을 부정하게 만드는 작용에 쉽게 감응하는 성향. 최면술의 중요한 결과.

양극성 장애 bipolar disorder
조울증의 다른 이름. 환자는 우울한 기분과 의기양양한 기분의 양극을 오간다.

엔도르핀 endorphin
뇌에서 만드는 신경전달물질의 일종. 종종 뇌의 천연 진통제로 불려왔으며, 아편제와 비슷한 화학구조를 갖고 있다.

역설적 잠 paradoxical sleep
REM 잠 상태로서, 정신이 살아 있지만 몸은 사실상 마비된다.

우반구 right hemisphere
대뇌 피질의 한쪽 절반으로, 몸의 왼쪽을 제어하고 공간 활동을 조절한다.

원뿔체 cone
색채 시각을 전담하는 망막의 수용체. 중심와 속에 집중되어 있다. 간상체보다 길이가 짧고 수가 적다.

원형 archetype
특정한 방식으로 인식하고 행동하는 보편적인 인간 성향. 카를 융은 신화와 전설과 종교적 관습을 연구한 뒤, 아니마(남성 성격의 여성적 측면)와 아니무스(여성 성격의 남성적 측면) 같은 원형적인 개념의 정의를 내렸다.

유연성 plasticity
수정하여 융통성을 유지하는 능력. 뇌의 관점에서 보면, 한쪽 부위가 손상되었을 때 다른쪽 부위가 손상 부위의 기능을 떠맡는 성향을 의미한다.

이드 id
프로이트에 의하면 성격에서 가장 기본적인 층이다. 성 충동과 공격 충동 같은 본능적인 충동으로 구성돼 있으며, 외부 현실이나 합리성을 고려하지 않고 쾌락 원칙에 따라서 작동한다(초자아와 자아 참조).

인공지능(AI) artificial intelligence
생각하는 컴퓨터 프로그램을 연구하는 분야. 과학자들은 인간의 뇌가 작동하는 방식에 대한 이해를 넓히기 위해, 컴퓨터 기술과 인지심리학을 결합하여 최대한 인간의 뇌에 가까운 뇌를 만들고자 노력하고 있다.

자극 stimulus
수용체의 반응을 유발하는 특정한 에너지. 또는 유기체가 반응하게 만드는 모든 것.

자아 ego
프로이트 이론에 의하면, 성격에서 가장 중요한 부분으로 의식이 있는 자기 자신을 의미한다(초자아와 이드 참조).

자율행동 automatic behaviour
매 순간 의지를 작용할 필요가 없는 행동. 숨쉬기와 걷기 등이 좋은 예이다.

자폐증 autism
어린 시절에 처음 나타나는 정신장애. 응답 능력 결핍, 언어장애, 틀에 박힌 행동 유형, 정상적인 대인관계 능력의 결여 같은 증상을 보인다.

장기간 기억(LTM) long-term memory
며칠 이상 지속되는 기억. 몇 분 동안만 지속되는 단기간 기억과 대조된다.

전뇌 forebrain
뇌의 위쪽 구역. 대뇌 피질, 시상, 시상하부, 대뇌 변연계로 이루어져 있다.

전두엽 frontal lobe
대뇌 피질의 네 개의 엽 가운데 하나. 운동, 관념적인 추론 같은 고급 사고 과정에 관여하는 것으로 보인다.

전행성 기억상실증 anterograde amnesia
정신적 외상을 입은 뒤에 벌어진 일을 기억하지 못하는 질환.

정신분석학 psychoanalysis
지크문트 프로이트가 개척한 연구 방법이자 정신요법. 어린 시절에 환자의 마음속에 형성된 무의식적인 개념에 다다르기까지 정신병과 신경장애의 근원을 추적한다. 무의식적인 개념과 정신적 외상을 들추어내는 걸 통해서 장애를 치료하고자 노력한다.

정신분열증 schizophrenia
환자들이 지각, 인식, 감정, 신체적 사회적 행동에서 혼란을 겪는 여러 가지 정신장애.

정신역학 이론 psychodynamic theory
인간 행동과 행동동기 부여에 관한 이론. 어른이 되었을 때의 행동을 결정하는 어린 시절 경험의 중요성과 무의식적인 작용을 이론의 토대로 삼는다.

좌반구 left hemisphere
대뇌 피질의 양쪽 가운데 하나. 몸의 오른쪽을 다스리며, 언어처리와 회화에서 결정적인 역할을 한다.

중뇌 midbrain
뇌 속의 작은 부위로 후뇌 속의 망상조직의 연장이다. 다른 포유동물보다 인간에겐 덜 중요한 부위이다.

중심와(窩) fovea
눈 망막 중앙의 작은 부위로 원뿔체가 매우 밀집해 있다.

중추신경계 central nervous system
뇌와 척수.

지각 perception
수용체(눈과 귀 등등)를 통해서 감지하는 작용. 뇌 속에서 정리되어 경험
으로 바뀐다.

척수 spinal cord
척추 내부의 신경 다발. 뇌에서 시작되어, 두 다리의 말초신경계 부위와
만나는 곳에서 끝난다.

초자아 superego
프로이트의 마음 모델의 일부분. 부모를 위시한 권위자들과의 상호 작용
을 통해 초기 발달 과정에서 획득하는, 내면화한 모든 사회규범과 가치로
이루어져 있다(이드와 자아 참조).

축색돌기 axon
수지상돌기로부터 받은 정보를 다른 뉴런으로 전달하는 뉴런의 기다란 관.

측두엽 temporal lobe
대뇌 피질의 네 가지 엽 가운데 하나. 주로 청각작용에 관여한다.

퇴행성 기억상실증 retrograde amnesia
정신적 외상을 입기 전에 벌어진 일을 기억하지 못하는 질환.

페티시 fetish
색다른 대상이나 성 습관에 관심을 집중하는 성 행위의 일종.

행동주의 behaviourism
관찰된 자극과 반응의 연구에 집중하는 심리학 이론.

후뇌 hindbrain
머리 아래쪽에 위치한 뇌 구역. 숨골과 뇌교, 소뇌, 망상층으로 이루어져
있다.

후두엽 occipital lobe
대뇌 피질의 네 가지 엽 가운데 하나. 주로 시각 처리에 관여한다.

흥분제 stimulant
카페인, 니코틴, 코카인 같은 약물. 심장을 자극하거나 천연 진정제를 억
제하면서 중추신경계의 작용을 고조시킨다. 내성과 중독 문제는 장기 복
용과 관계가 있다.

뇌 화상 진찰 기술 *Brain-Imaging Techniques*

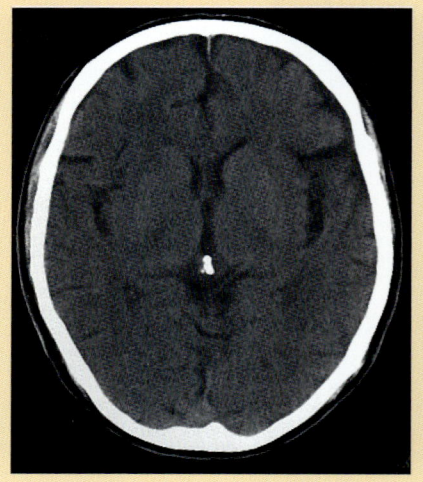

CT 화상에서 뼈 조직은 흰색으로, 부드러운 조직은 밀도에 따라서 색조가 다른 회색으로 나타난다.

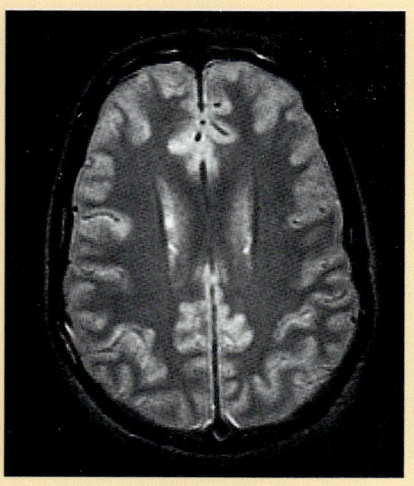

MRI 화상은 뇌의 회색 물질과 흰색 물질을 매우 상세하게 구분한다.

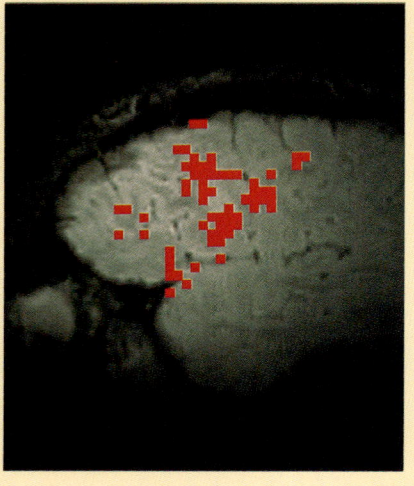

이 기능성 MRI 화상은 환자가 단어들을 기억해내는 동안 뇌 활동의 여러 단계(붉은색)를 보여준다.

컴퓨터 단층촬영(CT 또는 CAT)

CT 스캔은 뇌 "단면"의 화상을 만들어서 조직의 배치상태와 조밀도를 보여준다. 스캐너는 X레이선의 부채꼴 광선을 만드는 튜브와 맞은편의 X레이 검파기 판으로 구성돼 있다. 광선이 환자의 뇌를 통과하여 검파기에 이르는 중에, 조밀한 조직은 부드러운 조직보다 많은 광선을 흡수한다. 광선은 모든 각도에서 화상을 얻기 위해서 회전하며, 컴퓨터는 이런 화상들을 종합하여 한 개의 "단면" 화상을 만들어냄으로써 조직들의 위치와 조밀도를 보여준다. 보다 조밀한 조직은 덜 조밀한 조직보다 빛깔이 옅다. 뒤이어 또다른 "단면"을 찍기 위해서 환자의 자세를 약간 바꾼다. 컴퓨터는 모든 단면 화상을 종합하여 뇌의 3차원 화상을 만들어낸다. 오늘날의 CT 스캐너는 약 1퍼센트의 조밀도 변화를 식별하는 화상을 몇 초 만에 만들어낸다.

자기공명 단층촬영(MRI)과 기능성 MRI

MRI 스캔은 몸에 해를 미칠 가능성이 있는 광선을 사용하지 않으면서 CT 스캔보다 세밀한 화상을 만들어낸다. 화상은 매우 상세하게 조직의 조밀도를 보여줌으로써, 회색 물질과 흰색 물질을 분명히 구분하며 아주 작은 종양까지 노출시킨다. MRI에서 가장 부피가 큰 구성요소는 자석이다. 환자의 몸을 감쌀 정도로 큰 자석이어야 한다. 또한 매우 균일한 자기장을 만들어내야 한다. 기본적으로 MRI 스캔은 수소 원자의 분포도를 그릴 수 있다. 수소 원자는 뇌 속의 다른 원자들보다 자기장에 한층 강하게 반응하기 때문이다. 물 분자는 두 개의 산소 원자를 갖고 있기 때문에, MRI는 뇌와 척수 같은 물 함유량이 많은 조직의 화상을 만드는 탁월한 방법이다. 기능성 MRI는 뇌 조직 정도가 아니라 뇌의 작용 과정을 화상으로 만들어낸다. 다른 사고 작용이나 몸 기능이 이루어

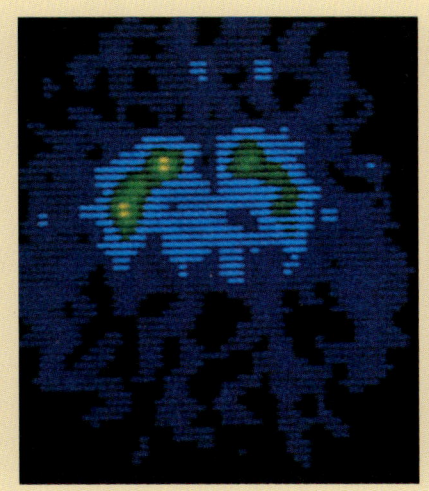 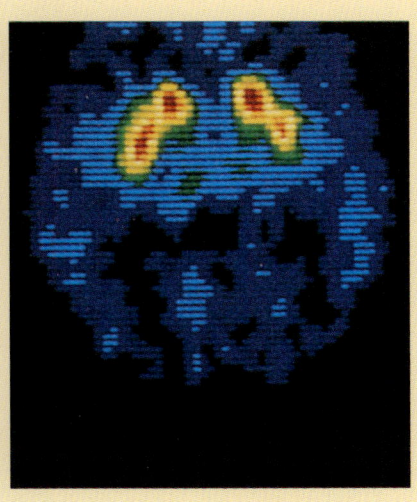

정상적인 환경에 있는 환자의 PET 스캔은 활동이 적은 부위를 파란색으로, 활동이 많은 부위를 녹색과 노란색으로 보여준다.

이 PET 스캔은 유난히 높은 단계의 뇌 활동을 붉은색과 노란색으로 보여준다. 흥분제인 코카인 복용 때문이다.

지는 중에 뇌의 일부가 활성화하면, 그 부위에서 혈액의 산소 소비량이 증가한다. 기능성 MRI는 뇌의 그 부위에서 벌어지는 혈액 산소량의 변화를 측정한다. 이런 일이 가능한 건, 산소가 줄어든 혈액은 산소를 많이 함유한 혈액보다 자성에 한층 강하게 반응하기 때문이다.

양전자 방사 단층촬영(PET)

CT 스캔과 MRI 스캔처럼 PET는 뇌의 "단면"을 보여주는데, 기능성 MRI보다 훨씬 세밀하게 뇌가 기능하는 걸 측정한다. 방사성 원소인 방사성 핵종(核種), 그리고 몸에서 쉽게 흡수되는 또다른 화학물질, 즉 흡입 가능한 기체나 혈류 속으로 주입할 수 있는 당분 같은 물질을 서로 결합하는 걸 통해서이다. 방사성 핵종과 또다른 화학물질의 이러한 결합물은 방사성 의약품이라고 부른다. 이 결합물은 혈류를 통해서 뇌로 이동하여, 그곳에서 가장 활동적인 뇌 부위에 집결한다. 마음 활동이 증대되면 연관된 부위에서 한층 많은 혈액의 유입을 요구하기 때문이다. 방사성 의약품의 방사성 원소는 붕괴하면서 양전자를 만들어내는데, 양전자는 전자와 아주 비슷하지만 양전하를 띠고 있다. 양전자는 필연적으로 전자와 만나게 돼 있는데, 이 순간에 둘은 서로를 소멸시킨다. 이 과정에 만들어지는 두 개의 감마선은 제각각 정반대 방향으로 몸을 빠져나간다. PET 스캐너의 감마선 탐지기는 이런 감마선들을 측정한다. 즉 반대 방향에서 동시에 날아오는 광선들에 대한 자료를 수집한다. 그 결과 뇌 속의 방사성 의약품의 분포상태를 측정할 수 있게 해주는데, 이러한 의약품의 밀도가 가장 높은 부위가 바로 마음의 활동이 활발한 부위이다.

참고문헌

서문

Kline, P. *Psychology Exposed*, 1990.

마음과 물질

Chomsky, N. *Syntactic Structures*, 1957.

Churchland, P. and Sejnowski, T. *The Computational Brain*, 1992.

Darwin, C. *On the Origin of Species by Means of Natural Selection*, 1859.

Descartes, R. *Discourse on Method*, 1637.

Freud, S. *The Ego and the Id*, 1923.

Freud, S. *The Interpretation of Dreams*, 1899.

Freud, S. *Project for a Scientific Psychology*, 1895.

Locke, J. *An Essay Concerning Human Understanding*, 1690.

de la Mettrie, J. O. *L'homme machine*, 1747.

Skinner, B. F. *Beyond Freedom and Dignity*, 1972.

Skinner, B. F. *Walden Two*, 1948.

Wittgenstein, L. *Philosophical Investigations*, 1958.

감각과 지각

Grandin, T. *Thinking in Pictures*, 1995.

Gregory, R. *Eye and Brain*, 1966.

Melzack, R. and Wall, P. D. *The Challenge of Pain*, 1982.

의식

Baddeley, A. *Working Memory*, 1986.

Bem, S. *The Lenses of Gender*, 1993.

Crick, F. *The Astonishing Hypothesis*, 1994.

Damasio, A. *Descartes' Error: Emotion, Reason and the Human Brain*, 1994.

Dennett, D. *Consciousness Explained*, 1994.

Eccles, J. *The Evolution of Human Nature*, 1985.

Firth, U. *Autism*, 1993.

Gardner, H. *Multiple Intelligences*, 1995.

James, W. *The Principles of Psychology*, 1890.

Ornstein, R. *The Psychology of Consciousness*, 1976.

Ornstein, R. *Multiminds*, 1985.

Piaget, J. *Play, Dreams and Imitation in Childhood*, 1952.

Rogers, C. *Counselling and Psychotherapy*, 1942.

Sacks, O. *The Man who Mistook his Wife for a Hat*, 1985.

Sacks, O. *An Anthropologist on Mars*, 1995.

Sperry, R. (1974) "Lateral specialization in the surgically separated hemisphere" in F. Schmitt and F. G. Warden (eds), *The Neurosciences; Third Study Programme*.

환각, 망상, 기만

Freud, S. *Jokes and their Relation to the Unconscious*, 1905.

Freud, S. *The Psychopathology of Everyday Life*, 1904.

Gombrich, E. *Art and Illusion*, 1961.

Gregory, R. *Odd Perceptions*, 1990.

Krafft-Ebing, R. *Psychopathia sexualis*, 1886.

의식의 변화

Darwin, C. *The Expression of the Emotions in Man and Animals*, 1872.

Ellenberger, H. *The Discovery of the Unconscious*, 1970.

Gauld, A. *A History of Hypnosis*, 1988.

Gurdieff, G. *Meetings with Remarkable Men*, 1921.

Gudjuddson, G. *The Psychology of Interrogations, Confessions and Testimony*, 1993.

Hacking, I. *Rewriting the Soul*, 1995.

Huxley, A. *The Doors of Perception*, 1954.

James, W. *The Variety of Religious Experience*, 1902.

Jaynes, J. *The Origins of Consciousness in the Breakdown of the Bicameral Mind*, 1976.

de Quincey, T. *Confessions of an English Opium Eater*, 1821.

포위공격을 받는 마음

Clare, A. *Psychiatry in Dissent*, 1976.

Cohen, D. *Forgotten Millions*, 1988.

Cohen, D. and MacKeith, S. *The Development of the Imagination*, 1991.

Deutsch, A. *The Shame of the States*, 1948.

Eysenck, H. *The Decline and Fall of the Freudian Empire*, 1986.

Jung, C. G. *Archetypes and the Collective Unconscious*, 1954.

Klein, M. *Contributions to Psychoanalysis (1921~45)*, 1948.

Laing, R. D. *The Divided Self*, 1961.

Masson, J. *The Assault on Truth*, 1980.

Maslow, A. *Further Reaches of Human Nature*, 1973.

Orbach, S. *Fat is a Feminist Issue*, 1979.

Rogers, C. *The Clinical Treatment of the Problem Child*, 1939.

Rowan, J. *Subpersonalities*, 1988.

Rowan, J. *Discover Your Subpersonalities*, 1990.

Sizemore, C. C. and Pitillo, E. *I'm Eve*, 1977.

Sizemore, C. C. *A Mind of My Own*, 1989.

Szasz, T. *The Manufacture of Madness*, 1983.

Szasz, T. *Cruel Compassion*, 1994.

Thigpen, C. H. and Cleckley, H. (1954) "A case of multiple personality," *Journal of Abnormal and Social Psychology*, Vol. 49, pp. 135~151.

Thigpen, C. H. and Cleckley, H. *The Three Faces of Eve*, 1957.

마음의 상승

Eysenck, H. *Genius*, 1995.

Hudson, L. *Contrary Imaginations*, 1966.

Joynson, R. *The Burt Affair*, 1989.

도판 저작권

찾아보기

옮긴이의 말

해변에서 저 멀리 바다 위로 보름달이 막 떠오를 때, 우리는 달이 여느 때보다 엄청나게 커다란 걸 보고 놀란다. 그러나 이윽고 허공으로 올라갈수록 달은 점점 크기가 작아진다. 왼쪽 뇌를 다친 사람은 오른쪽 손발을 못 쓰게 되고, 반대로 오른쪽 뇌를 다친 사람은 왼쪽 손발에 문제가 생긴다. 우리는 분명히 혀로 맛을 느끼는데도, 코감기를 앓아서 냄새를 맡지 못할 경우엔 미각이 현격히 떨어진다.

주술사나 마약에 취한 사람은 실제 세계와 또다른 세계 사이를 쉽게 넘나드는 것처럼 보인다. 우리는 언제든 환상을 통해서, 현실 속에 존재하지 않는 마법의 세계와 머리가 여럿 달린 짐승 같은 희한한 사물들을 경험할 수 있다. 노년에 접어들어 치매에 걸리는 사람이 있는가 하면, 젊은이 이상으로 명민한 정신을 유지하는 사람이 적지 않다. 어떤 기억은 수십 년 동안 우리의 머릿속에 남아 있고, 또 어떤 기억은 일순간에 흔적도 없이 사라진다. 일조량이 적은 지역 사람들은 열대 사람들보다 우울증에 잘 걸린다.

베케트의 탄식처럼 인간의 마음은 도무지 깊이를 헤아릴 수 없는 심연의 세계이며, 과학문명이 절정에 이른 현대에도 여전히 신비로운 대상으로 남아 있다. 『마음의 비밀』은 인간의 마음과 뇌와 지각과 인식체계와 정신세계에 관련된 온갖 흥미진진한 의문들을 담고 있으며, 이런 의문들에 답을 제시하고자 노력해온 다양한 분야 사람들의 성과를 집대성한 책이다. 인간의 마음만큼이나 신비롭고 오묘하고 강렬한 일러스트레이션이 다채롭게 담겨 있는 이 책은 마음의 비밀을 탐구하는 작업이야말로 삶의 비밀을 해독하고 인생의 의미를 캐는 지름길임을 우리에게 일깨워준다.

2004년 6월
원재길

원재길

시인, 소설가, 번역가.
1959년 서울에서 태어나 연세대 사학과와 동 대학원 국문학과를 졸업했다.
『달밤에 몰래 만나다』를 포함한 여러 권의 소설,
시집 『나는 걷는다 물먹은 대지 위를』 등을 펴냈으며,
『꿈의 비밀』 『욕조 속의 세 사람』 『구아바』 『아무것도 되는 게 없어』
『틱낫한에서 촘스키까지』 등 40여 권의 책을 우리말로 옮겼다.

마음의 비밀
THE SECRET LANGUAGE OF THE MIND

1판 1쇄 │ 2004년 7월 10일
1판 2쇄 │ 2007년 12월 1일

지 은 이 │ 데이비드 코언
옮 긴 이 │ 원재길
펴 낸 이 │ 강병선
책임편집 │ 최정수 박여영
펴 낸 곳 │ (주)문학동네
출판등록 │ 1993년 10월 22일 제406-2003-000045호

주   소 │ 413-756 경기도 파주시 교하읍 문발리 파주출판도시 513-8
전자우편 │ editor@munhak.com
전화번호 │ 031) 955-8888
팩   스 │ 031) 955-8855

ISBN 89-8281-734-4 04180
www.munhak.com